石野博信討論集

邪馬台国とは何か

吉野ケ里遺跡と纒向遺跡

装幀　新谷雅宣

はじめに

本書は、九州・吉野ヶ里遺跡の二つの内郭が明らかになってきた一九八九年頃から、近畿・纒向遺跡の一直線に並ぶ建物群が報告された二〇一〇年にかけての石野が参加しておこなわれた邪馬台国をテーマとする八つの討論記録を集録した。

とくに顕著なのは、邪馬台国九州説と近畿説の論者が数回にわたって同席し、議論している点にある。そして、議論の場も九州、近畿から関東におよぶ。

議論の内容は、当然、それぞれの討論時期までの資料がもとになっており、したがって、二〇〇九年の纒向建物群検出までは、九州説の吉野ヶ里遺跡の建物群に対し、近畿説の広域土器交流と銅鐸論が中心テーマとなり、加えて卑弥呼の「鬼道」を象徴する祭祀遺構論におよんだように思う。

今回、一書として刊行するにあたり、全発表者の諒解をいただくとともに、現段階での「追記」をお願いした。急な依頼のため追記をいただけなかった方々もあるが、討論の時には言いつくせなかったことや現段階の資料にもとづく新たな知見を寄せていただき、それぞれの立場での提言として貴重である。

最後に収録した「大和・纒向の三世紀の居館と祭祀」は、二〇一二年四月一日発足予定の「纒向学研究センター」(旧纒向幼稚園)でおこなった検討会記録である。現地調査終了後間もない時期で出土品整理も完了していない中間整理の段階であった。討議を録音はしたが、公開の予定はなかったため、書きおこしを見ると日常会話的な部分が多い。今回、各発表者の諒解を得て、調査後間もない時期の担当者、ならびに関係者の記録として公表させていただいた。

なお、本書の各所に九州や近畿の土器形式名が登場するので、およその時期を示す対比表(石野案)を示した(三〇ページ表1)。参考にしていただければ、幸いです。

以前の討議記録の再発表をご諒解いただいた発言者の方々に感謝します。

二〇一二年三月吉日

石野博信

石野博信討論集

邪馬台国とは何か　吉野ヶ里遺跡と纒向遺跡

目次

*本文中に登場される方々の所属は討論当時のままにし、必要に応じて（　）に現在の所属を入れた。地名は、現在の地名を（　）に入れて表示した。

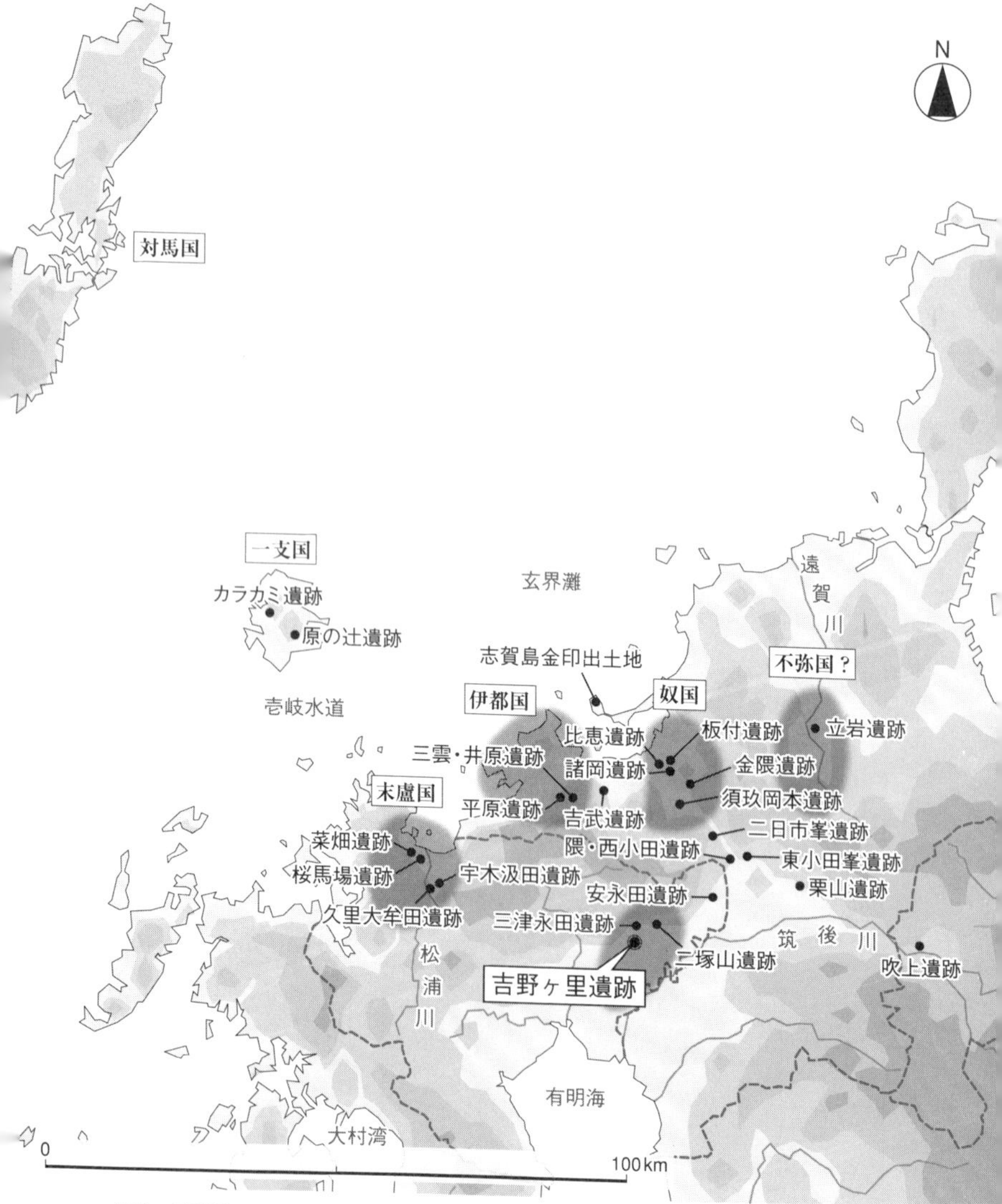

吉野ヶ里遺跡とその周辺

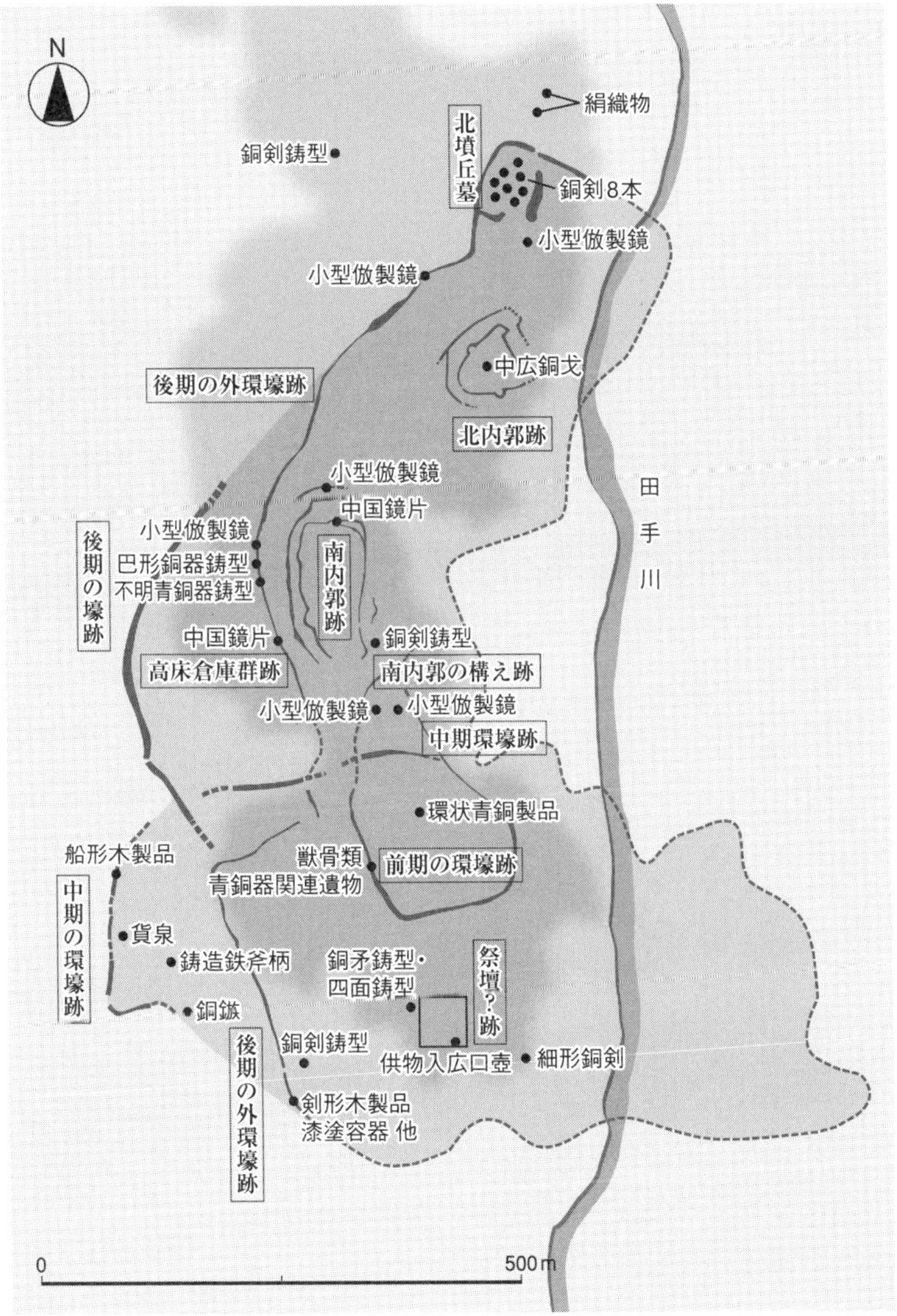
N
絹織物
北墳丘墓
銅剣鋳型
銅剣8本
小型倣製鏡
小型倣製鏡
中広銅戈
後期の外環壕跡
北内郭跡
小型倣製鏡
中国鏡片
田手川
小型倣製鏡
巴形銅器鋳型
不明青銅器鋳型
南内郭跡
後期の壕跡
中国鏡片
銅剣鋳型
高床倉庫群跡
南内郭の構え跡
小型倣製鏡
小型倣製鏡
中期環壕跡
環状青銅製品
船形木製品
獣骨類
前期の環壕跡
青銅器関連遺物
中期の環壕跡
貨泉
鋳造鉄斧柄
銅矛鋳型・
四面鋳型
祭壇?跡
銅鏃
後期の外環壕跡
銅剣鋳型
供物入広口壺
細形銅剣
剣形木製品
漆塗容器 他
0
500m

吉野ヶ里遺跡

N
東大寺山古墳
石上神宮
西山古墳
唐古・鍵遺跡
大和神社
西殿塚古墳
下池山古墳
中山大塚古墳
黒塚古墳
行燈山古墳
天神山古墳
寺
川
大
和
川
渋谷向山古墳
斎槻岳
纒向遺跡
巻
向
川
箸中山古墳（箸墓）
三輪山
大神神社
0
2km
纒向遺跡とその周辺

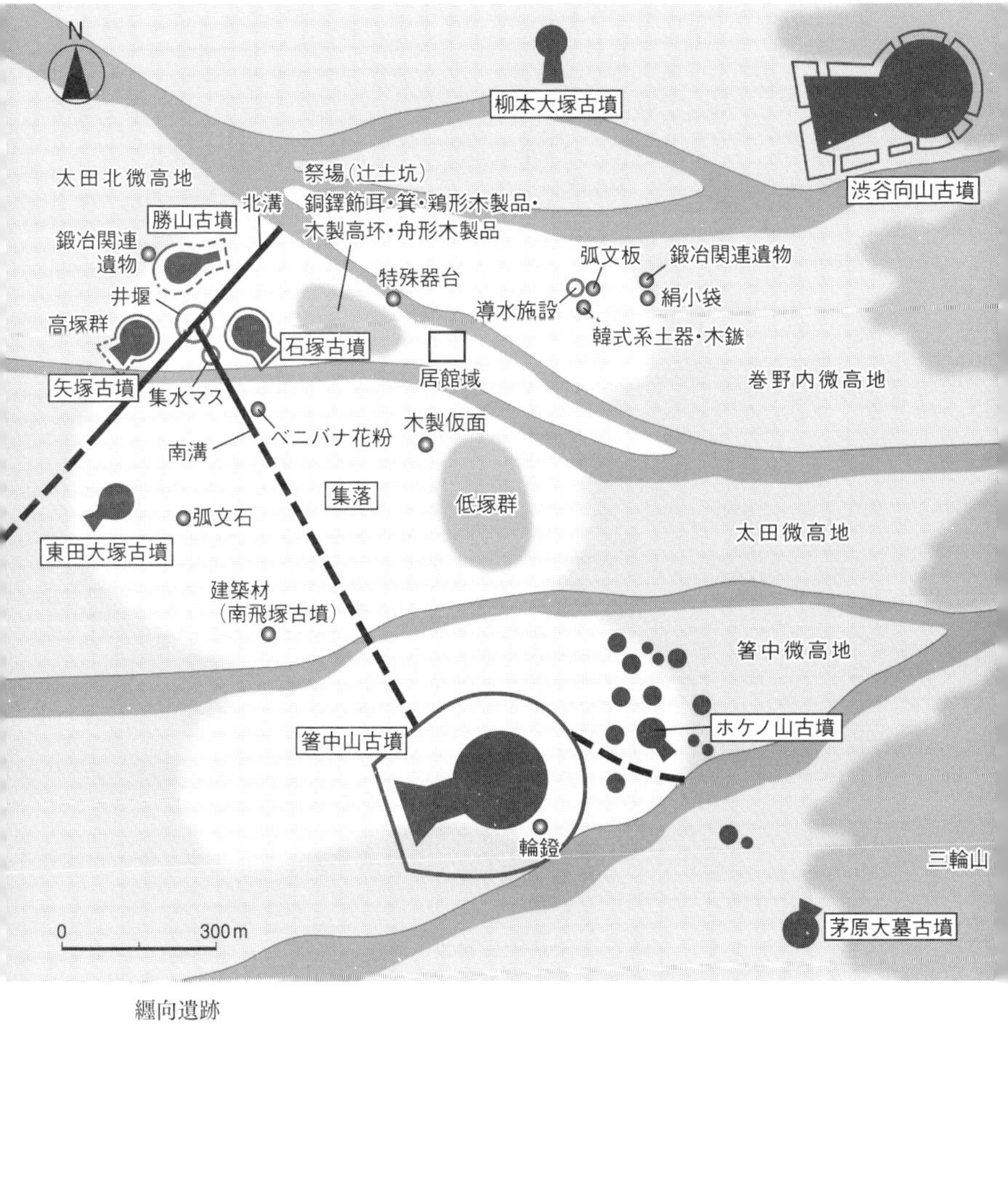
N
柳本大塚古墳
渋谷向山古墳
太田北微高地
祭場（辻土坑）
銅鐸飾耳・箕・鶏形木製品・
木製高坏・舟形木製品
北溝
勝山古墳
鍛冶関連
遺物
弧文板
鍛冶関連遺物
特殊器台
導水施設
絹小袋
井堰
高塚群
石塚古墳
韓式系土器・木鏃
居館域
矢塚古墳
集水マス
巻野内微高地
木製仮面
ベニバナ花粉
南溝
集落
低塚群
弧文石
東田大塚古墳
太田微高地
建築材
（南飛塚古墳）
箸中微高地
箸中山古墳
ホケノ山古墳
輪鐙
三輪山
0
300m
茅原大墓古墳

纒向遺跡

1989

吉野ヶ里と「卑弥呼の時代」

森　浩一
石野博信

なぜ吉野ヶ里発掘は成功したのか

森　公開期間中（一九八九年二〜五月）に吉野ヶ里遺跡を見学に訪れた人が一〇〇万人に達したそうです。まさかこれほどの人気になるとは予想できませんでした。

石野　吉野ヶ里がきっかけになって、古代史ブームが再燃しそうですね。

森　北部九州からは弥生時代の鏡や甕棺がたくさん出土しているし、吉野ヶ里が大きな遺跡だとは以前から知っていました。ただ、それほどくわしい知識があったわけではありません。

石野　二月に新聞やテレビに大々的にとりあげられるまで、吉野ヶ里に関することはまったく知りませんでした。

森　ところが、地元の佐賀県にはかなり昔から吉野ヶ里に注目していた人がいました。今回の発掘に当たった佐賀県教育委員会の七田《しちだ》忠昭《ただあき》さんのお父さんなどが精力的に吉野ヶ里の調査をされ、昭和の初期に甕棺《かめかん》などが出土したことを報告されています。

石野　環濠集落の巨大さに目をみはりましたが、それにもまして感心したのは、あれほどの大規模な発掘がうまくいったことです（図1）。

森　今回、偶然や幸運が重なって発掘調査がうまくいき、ほぼ吉野ヶ里遺跡全域の保存につながったと思う人がいますが、それは違います。ほかのいろいろな遺跡は九州横断道などの工事で犠牲になったけれども、吉野ヶ里遺跡だけは譲れない、という暗黙の覚悟が、佐賀県の学者

図１　発掘調査された吉野ヶ里遺跡

たちの間にあったように思います。なぜそれがわかるかというと、一九八三年に範囲確認調査がおこなわれて、畳一枚くらいの大きさのテストピット（試掘坑）を丘陵全体に二百数十カ所、丘陵の下の低地に百数十、合計約四〇〇のテストピットを掘っているからです。

この範囲確認調査というのは、考古学では基本になる作業なのですが、たいていの発掘調査では、なかなかそれができていない。吉野ヶ里遺跡では、この範囲確認調査で遺跡の全容を、障子を隔てて姿を見る程度には把握しているのです。こういう事前の調査があったから、一部の発掘がすんだから潰してもいいということをせず、じょうずに全面発掘をすることができたのです。今回の調査は文化財保存行政と考古学の二つがみごとに調和できたと思います。

石野 どこの遺跡でもそうですが、一部を掘って住居跡などが出てくると、その部分を広げて調査をしていく。するとつい、そのことに時間をとられて全体を把握することがおろそかになるのです。

森 だから遺跡の重要性もさることながら、こういう調査の方法という面での吉野ヶ里遺跡の評価は、新聞やテレビや雑誌ではほとんど見られないですね。

石野 そういう当たり前と言えば当たり前のことが案外できていないのです。開発する人の力のほうが強いですからね。なかなかそこまでできないという実態のなかで、よくおやりになったと思います。

米作は弥生時代に始まったのか

森　吉野ヶ里は弥生時代としては最大規模の環濠集落跡であることが確認されました。吉野ヶ里を知るには、まず弥生時代とはどういう時代かということを把握しておく必要があります。教科書や考古学の概説書に書いてあるような、概説的な知識どおりには必ずしもいかない部分が多いのです。だからそのあたりから話を始めましょう。

旧石器時代、そのつぎに縄文時代、そして弥生時代があるということになりますが、それぞれの時代には意外と連続性がありますね。

石野　わたしは、時代の変わり目が好きで、縄文から弥生へ、弥生から古墳へという変わり目に興味をもっています。年表では縄文から弥生、弥生から古墳と、すごい変わり目のような印象を受けますが、その時生きている人たちにとっては時間は流れているのです。いろいろな出来事が流れている。

後の学者たちが歴史を説明する必要上、時代を区分するために、こういうものがいつ出たかということで、意識的に何時代という名前をつけている。それにとらわれると、ある日突然田んぼができたような印象を受けますが、実際にはそれに先行する耕作作業はもっと以前に始まっていたということは、かなり強く意識しなければならないと思います。

たとえば九州では、いままで縄文土器だと思っていた土器といっしょに米粒や鍬《くわ》、そして水田も出てきました。ということは、田んぼで米を作っていたということで、いままで縄文時代だと思っていた時期から米作りが始まっているのです。もしかしたら、何かを植えて作るということは、縄文時代の古い段階から始まっている可能性があるということでしょう。そういう下地があって、弥生の農耕文化が主体的になる時期があるのです。

森　ですから、あまり年表に出ているような何時代という分け方で知識を整理すると、学者みずからが自分の首を絞めることになるときがありますね。

石野　一九六〇年代の後半に、兵庫県のある遺跡で縄文晩期の土器に稲の籾跡があるものがありましたが、そんなものがあるのはおかしいということで、調査の概報には載せられていません。それが九州の板付《いたづけ》遺跡などで縄文晩期の水田跡があるということがわかってくると、実はここにもあったということになりました。ですから先入観をもたずに、どこでどういうものが出たということをわたしたち自身がきちんと報告しなくてはいけないということですね。

森　そういうふうに、従来弥生時代のひとつの条件だといわれていた稲作でも、縄文晩期から始まっていることがわかってきました。そのなかでも古い時期に入るのが、佐賀県の菜畑《なばたけ》遺跡です。吉野ヶ里遺跡の西方から唐津市に向かう山道の峠を越すと、日本でも古い時期に米を作った菜畑遺跡があるのですから、重要な地域ですね。

石野　長崎県の雲仙から島原半島の地域でも米作りがおこなわれていました。島原半島には、水田ができないような山の斜面に、原山《はらやま》遺跡や山《やま》ノ寺《てら》遺跡など、縄文の終わりから弥生の初めにかけての遺跡があります。これらの遺跡は支石墓といって、いままで日本列島にはなかった形の墓を造っているのです。ですからこの地域は、朝鮮半島あたりの農耕文化をもった人たちが最初にやってきた場所のひとつである可能性があります。九州の中でも、あの地域はかなり早いですね。そして、必ずしも水稲とはいえない。山の斜面ですからね。

森　狭い北部九州とはいえ、菜畑遺跡では水田、有明海に面した島原半島では水田ではないけれども稲を作っていた。狭い範囲にそういう二種類の稲の作り方が、すでに縄文晩期に入ってきています。

わたしは、米は縄文後期までさかのぼる可能性があると思うのです。花粉分析だけでは、米なのか笹なのかススキなのかという区別はむずかしいのですが、葉に含まれているガラスの結晶には、明瞭な違いが出てくる。これはプラントオパールという方法で、技術が少しむずかしいのですが、宮崎大学の藤原宏志《ふじわらひろし》さんなどが盛んにおやりになっています。

一部では花粉分析について、縄文時代の土だというけれども、野ネズミの穴から深い所に落ちたのかもしれないという批判もありました。

それである日、藤原さんにプラントオパールは熱に強いのかと聞いたら、強いと言うのです。それなら土器を粉にして、その土器の粉の中に入っていれば問題はないではないかと言いました。そして熊本のワクド石《いし》遺跡の縄文後期の土器のいらない破片をもらってやってみたら、やはり稲が出てきたのです。ですから米は後期まではさかのぼる可能性があります。

弥生時代の社会を考えるとき、九州対近畿という荒っぽい対立を想定する学者もいますが、そういう大きな分け方では、歴史の実態は解けないと思うときがあります。

金属と木の混淆文化

森　大学入試の○×式解答では、弥生時代は金属の時代になるということになっていますが、そのあたりはどうですか。

石野　縄文後期の島原半島の小原下《おばるしも》遺跡には製鉄遺跡があると地元の人は言っていますが、あれは学界ではあまりとりあげられていませんね。

森　極端なことをいうと、縄文土器の散布地や弥生土器の散布地のうえで後世に製鉄や製銅をして、そのカスを捨てているということはよくあるのです。そういう判定のむずかしさがありますね。

その時期の人たちが、金属製錬の知識をもっていたかどうかですが、金属文化は三段階に分けられます。ひとつは他の国からでき上がった製品をもち込んでくる段階。第二段階は、他の国から鉄板とか銅の塊などの金属素材をもち込んでくる段階。こちらで加工する技術はある。それから第三の段階が、こちらで鉄や銅そのものを溶かして製品を作る。縄文の場合、まだその段階判定のむずかしさがありますね。

しかし別の考え方をしたら、日本ほど木の資源、木が多いというだけではなく、非常に多種類の材木に恵まれた国は珍しい。たとえば、俗称鉄の木という木がありますね。鉄のように硬いという木です。これが菜畑遺跡ではすでに矢じりとして使われている。木の特徴をよく知っているのです。安物の鋳物で作った鋤《すき》や鍬よりも日本の堅牢な樫《かし》の木で作った鋤や鍬のほうが硬いのです。

金属が一段階高い文化であるというのは、大局的にはいいけれども、日本の豊富な木材資源を見ていると一概に言えないだろうと思います。

石野 たしかに木というのは、かなり使えます。ボロボロに腐った状態で出土しますから、弱いものと思いますが、実際には硬いものです。鉄は入ってきたけれど、いい木があるのであまり使わなかったのかもしれません。北九州の長行《おさゆき》遺跡で縄文晩期の古いほうで鉄斧《てっぷ》が出土して、あまり古すぎて報告書では遠慮して弥生時代のものにしています。あれも、もしかしたら遠慮しなくてもいいのかもしれません。

森 そうですね。先ほど三つの段階に分けた第一段階ですね。朝鮮半島なり中国から製品そのものが入ってくるというのは、縄文のかなり早い時期からあるのかもしれません。いままで先入観で弥生時代に下げてしまっているのかもしれませんね。

吉野ヶ里遺跡では銅剣が出土していますが、高校の教科書に書かれているように、弥生時代の始まりと同時に銅剣《どうけん》（図2）や銅矛《どうほこ》や銅戈《どうか》が全部出揃うというわけではない。いわゆる弥生

図2　甕棺から出土した有柄細形銅剣とガラス製管玉

時代の始まりと銅剣・銅矛・銅戈の出現までで、どれくらい年代差があるのですか。

石野　九州で弥生前期末・中期の初めくらいに出ますから、前期という期間を二〇〇年余りに考えたら、二〇〇年余りしてから揃ってくることになります。

森　剣・矛・戈という三種類の武器があるけれども、そのうちの戈は中国では戦車の上から相手の頸動脈を引っかける武器です。ところが、中国の江南地方、呉《ご》や越《えつ》の国のあった地域では、船軍《ふないくさ》でも使うのです。だから弥生の青銅製武器類三点セットは、平野の戦いだけでなく、意外と船軍に使っていたのかもしれません。有明海とか筑後川とか那珂川など、海や川の利権の奪い合いのような戦いですね。

弥生時代の戦いというと、すぐに田んぼのとり合いだと学者は考えるのです。具体的な武器の用途の研究は、まだ進んでいないですね。

石野　吉野ヶ里遺跡でも、ムラのすぐ横に川が流れていて、それをとり込んでムラがある。川を防御壁にしたからだと言われています。そして、しばらく後に福岡の板付遺跡の再調査があって、従来は直径一〇〇メートルほどの環濠集落だと思っていたのが、そこでも同じように近

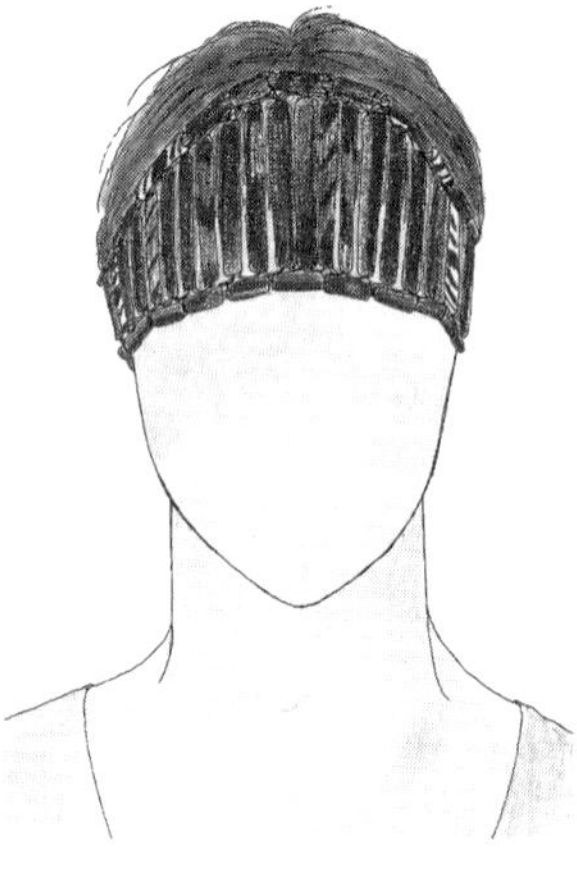

図3　頭飾り（王冠）として用いた管玉の着装想像図

くの川をとり込んでいるという可能性が出てきました。そういうムラを守るための川の戦いというものがあったでしょうね。

見直された有明海沿岸

森　従来、大集落というのは北部九州では奈良県ほども出ていなかったという報道は事実なのですか。

石野　そんなことはないです。福岡県春日市の須玖岡本《すぐおかもと》遺跡の周辺は、現在住宅密集地ですので大きな発掘面積をとることはできなくて、部分しか見えなかったけれども、各市や町で努力して発掘を継続していますから、それを頭の中で総合してまとめると、すごいなということはいままでにも感じました。

　吉野ヶ里遺跡の近くの二塚山《ふたつかやま》遺跡などは以前から調査があって、すごい墓群があるということは知られていたけれども、居住空間、つまり集落の場所としての大面積調査がなかったものだから、福岡平野にくらべて田舎だという印象が強かったですね。

森　わたしが、最初に北部九州を訪れたのが一九五〇年で、そのとき須玖岡本の丘陵の崖面に甕棺がゴロゴロ見えて、たいへんなところだなあという印象を受けましたね。近畿と北部九州の物量の差ですね。

古墳時代になると、奈良県が日本の中心として機能していたということは疑いはないのです。ところが弥生時代についていては、圧倒的に北部九州が勝っている。一九五〇年頃から、この物量の差というものをかなり強く感じていました。

北部九州で出土した鏡などを見ていくと、弥生時代の社会状況が整理できてきます。前原町（糸島市）、これは伊都国の中心地ですね。『魏志』倭人伝にも出てくるし、『日本書紀』にも出てくる。それから春日市の須玖岡本ですね。奴国の中心であろうと言われている。この二カ所の遺跡では、いわゆる王墓、当時中国人が王と呼んだであろうくらいの人の墓から、鏡が三十数枚ずつ出ているのです。二〇枚という墓もある。

そのためにいつしか考古学者には、弥生時代の国王というのは銅鏡を二〇枚も三〇枚ももっていないとだめだという先入観ができてしまった。

その風習は四世紀以後の古墳に受け継がれます。京都の椿井大塚山《つばいおおつかやま》古墳が四〇枚近い鏡を出したとか、全国的にもたくさん例があるわけです。

しかし、前漢、後漢の時代、弥生時代にあたる中国で、皇帝一族クラスの人たちの墓を見ても、鏡は一人一枚、多くて二枚しか入れないのです。朝鮮半島でもそうです。そういうことから考えると、玄界灘沿岸の伊都国と奴国の、異常なほど鏡を入れるという風習は、あの地域の特異性なのだと推察できる。

そういう目で見直すと、先ほど話に出た二塚山遺跡の発掘以後、有明海沿岸でも中国の後漢鏡が出だしたのです。今度の吉野ヶ里遺跡でも、外濠の中から復元したら直径二〇センチくらいの大きな内行花文鏡《ないこうかもん》が出ていますね。いままで大和にひとつの大きな印象を受けすぎていたのですね。それから、北部九州の玄界灘沿岸に大きな印象を受けすぎていた。このことが、どうも有明海の重要性もさることながら、出雲とか吉備とかをみる場合にも妨げになっていたと思います。

石野　たしかに吉野ヶ里遺跡の墳丘墓の評価についても、鏡が大量に出てこない、したがって伊都国や奴国の王とは圧倒的なランクの差がある、というようなことが言われていますね。わたしも実はそう思っていましたけれども、そういう伊都国や奴国の王が特殊なのだと思えば、同じレベルになるかもしれませんね。

吉野ヶ里が考古学研究に与えた衝撃

森　吉野ヶ里遺跡には、二〇〇〇基以上の大型甕棺墓があります（図4）。この大型甕棺というのは、先ほどの前原町（糸島市）と福岡市、春日市のあたりにはおびただしい数があります。しかし、福岡市の中央から東部、つまり玄界灘東部地域は大型甕棺地域ではないのです。また同時に青銅器の武器類も非常に少ない。そのくせ弥生時代の遺跡は非常に多いのです。一方、玄界灘の西の方、福岡、糸島、唐津のあたりの沿岸と有明海沿岸が大型甕棺の共通地です。し

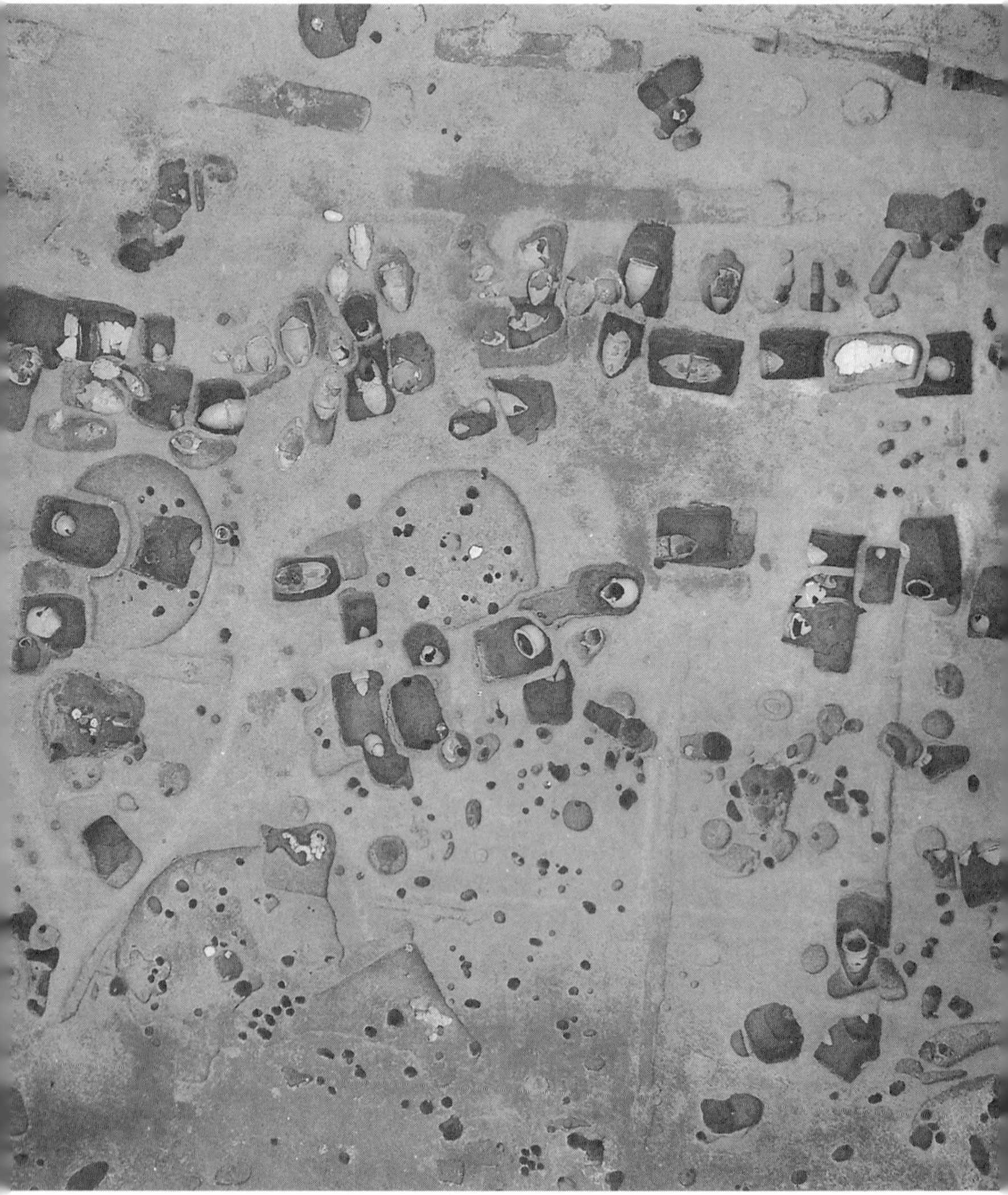

図４　志波屋四の坪地区の甕棺墓列

かし、銅鏡のもち方では明らかに違いが出てくる。
ですから、わたしは北部九州を玄界灘沿岸の東と西、そして有明海沿岸という三つに分けて考えているのです。

石野 近畿とか北部九州とかいうような、広範な地域に同じ網をかぶせてしまうようなくくり方は、弥生時代を語るときに適切でなくなってきたことは確かですね。それぞれの地域性をもっとはっきりさせないと話がしにくくなってきていると思います。近畿全体のなかでも、大和川を通じて大阪湾沿岸の河内の地域と、同じ川筋の奈良盆地の地域が、弥生中期の段階は土器の文様が同一であるという点で、ひとつのまとまりをもった地域であろうといわれています。それとは別に、淀川の北のほう、兵庫県の東から大阪の北のほうですね。あのあたりが、ひとつの共通の文化をもっている。そして、大阪湾の南の和泉の地域が、また別の文化圏をもっている。そういうことはいえますね。

奈良盆地というひとつの盆地のなかでの小さな区分というのが、どこまであるかということも問題になると思います。弥生の終わりから古墳の初めという時期ですと、庄内式土器というのが有名ですが、庄内式という土器が奈良盆地全体にあるのかどうかということが、これまた疑問でしてね。盆地の東南部の纒向《まきむく》とか桜井の地域にはたくさん出てくるのですが、盆地の西から南にかけての地域、それから北のほうでもまだ大量に出ていない。だから、主たる器として同じ形式の土器をもっていたかどうかは、たかだか東西一〇キロ、南北二〇キロという小さな奈良盆地のなかでも定かではない。違う土器の文化をもっていた可能性もありますね。

そういうことがおそらく河内でも摂津でも、先ほど言われた北部九州の三つの地域のなかでもあるのではないでしょうか。

森　吉野ヶ里遺跡が出たことによって、考古学界はもとより、日本列島を歴史的にみる場合の地域の重要性というもの、単に有明海が重要だという問題に限らず、自分たちの地域もその目で見直さなければいけないという活力を各地に与えたと思いますね。いろいろな土地を見直したら、それなりの重要性が出てくると思います。

吉野ヶ里の大集落は三五〇年存在していた

森　今度の吉野ヶ里遺跡の重要性のひとつは、倭人伝が書かれたと思われる時代に、あの遺跡はまだ、わたし流にいえば小都市、別の言い方をすれば大集落が存続していたということ。吉野ヶ里遺跡の外濠は、十分あの頃まであったのではないかということです。春日市の須玖岡本という大遺跡にしても、ひょっとしたら、『魏志』倭人伝の時期には衰退していたとよくいわれたのですが。

石野　外濠がどのくらいの期間管理して維持されていたか、ということですが、掘った年代よりもまず、埋まった年代が土器ではっきりしているのです。調査された佐賀県教育委員会の七田忠昭さんなどにお聞きすると、外濠の上層に土器がいっぱいあって、そのなかに近畿で出る庄内式という、わたしは古墳時代の土器だと思い、他の人は弥生終末と思っている、そういう境目の土器ですね。それが、かけらだけど出ている。それから、瀬戸内でも同じような時期だと言われている酒津《さかづ》系の土器も出ている。そして、やはり九州でも同じ頃だといわれている西新町《にしじんまち》式という土器が上層ではいちばん多いということです（表1）。

ということは、あの外濠が埋まったのは、その時期ですね。大量に弥生末・古墳初頭の土器があるということは、埋めるときによそから大量にもってくるということはないですから、その時期までムラがあって、そして何かの事情でそこに土器をいっぱい捨てていくということがあった。だから、そこまでつづいていたということです。

さて、掘った時期ですが、弥生中期に造られた墳丘墓のあるところの外濠が不自然に出っ張っているのですね。墳丘墓があって、そしてその外濠がそれに沿ってきて、わざと出っ張っている。つまり、あの外濠を造るときには、あの墳丘墓はすでにあったということだと思います。

墳丘墓は弥生中期でも古い時期に造られていますから、その時期に濠が掘削された可能性がありますｏそうするとかなり長い存続時間があって、倭人伝が書かれたころ、卑弥呼が死んだというのが二四七年か二四八年ですから、少なくともその時期は含むだろうと思います。

森　濠などというものは維持していないとすぐに埋まってしまいます。これは相当持続していますね。

表1　2～4世紀の纒向様式と九州土器編年

	纒向 旧編年		纒向 新編年		近畿 編年	九州 編年	土器の特色	古墳	『魏志』
180	1式	（古）	1類	（前）	弥生5様式	下大隈式	最後の長頸壺と小形長頸壺の流行		卑弥呼即位
				（後）					
		（新）	2類	（前）		西新町式	小形器台・小形丸底鉢の登場		
210	2式	（古）		（中）	庄内式		庄内大和形甕の登場	纒向石塚古墳	
				（後）					
			3類	（前）					
		（中）		（中）			庄内大和形甕の増加	纒向勝山古墳？	
				（後）			高坏の坏底面の水平化		卑弥呼遣使
		（新）	4類	（前）			小形器台の定式化 外面ハケ調整の庄内大和形甕	ホケノ山古墳	卑弥呼死
250	3式	（古）		（中）			口縁端部の肥厚した布留式甕の登場	中山大塚古墳 東田大塚・纒向矢塚古墳	
		（新）		（後）	（布留0式）				台与遣使
280	4式	（古）	5類	（十）	布留1式		小形精製土器セットの完成	箸中山古墳	
				（前葉後）				桜井茶臼山古墳 下池山古墳	
		（新）		（中葉前）				黒塚古墳	
				（中葉後）					
340	5式	（古）		（十）	布留2式		奈良盆地での小若江北式段階		
		（新）					小形精製土器セットが失われる段階（布留式設定資料段階）	椿井大塚山古墳	

掘ったのが紀元前一〇〇年くらいで、それから紀元後二五〇年頃までだから、約三五〇年間。徳川政権と同じくらいの期間は大集落を維持していたということですね。

石野　いままでは、九州の弥生時代のムラというのは一カ所で長くつづくことはなく、ひとつの領域のなかを移動しているのだという考え方が強かったのです。

それに対して近畿の弥生の集落は、台風も少なく安定しているから、米がたくさんとれて、一カ所に定着している、一カ所に定住的に三〇〇年でも四〇〇年でもずっと住みつづけている、とされていた。だから近畿は優位にあるという根拠なのですけれどもね。

それが九州と近畿の違いなのだといわれていたのですが、必ずしもそうは言えないということですね。

川が集落の境界線だった!?

森　そういう視点から近畿と九州の墓を比較してみると、吉野ヶ里の都市構造がはっきりしてきます。奈良県の唐古《からこ》・鍵《かぎ》遺跡という弥生の大遺跡のなかにも墓が二つはど出ていますが、あれは墳丘も何もないのです。ところが、吉野ヶ里は大きな、後の古墳といってもいいようなものを、大集落、小都市のなかに濠で囲んで一部にとり込んでしまっている。これは、吉野ヶ里遺跡の特徴ですね。

石野　弥生時代にはムラのまわりを溝で囲むという環濠集落がかなり盛んになるのです。いままでは、近畿ではそれが直径四〇〇メートルとか五〇〇メートルという大きなムラがあるのに、九州のほうは福岡の板付遺跡や同じ佐賀県の千塔山《せんどやま》遺跡などは直径たかだか一〇〇メートルくらいで規模が小さい。

それにこれまでは、近畿は大きくて、九州は小さいという言い方をしていた。それが吉野ヶ里遺跡が発掘されたことで、九州にも大きいものがあるということになったわけです。

森　さらにこういうこともいえるのではないでしょうか。いま世間に出ている吉野ヶ里遺跡の地図類で、外濠とされているところは、あれはひょっとしたら中濠ではないかと思っているのです。そして西の端が城原川《じょうばるがわ》、東の端が田手川《たでがわ》、その両方の川までが大きなクニの中心地の領域と考えたほうがいい。

これまで、狭い範囲の吉野ヶ里周辺の発掘は十数回おこなわれていて、外濠の外側からも、弥生中期や後期のイエの群集や墓地があちこちで出ているのです。最初発掘したときに奈良時代の大倉庫だと思ったものが、外濠の外側でたくさん固まって出ていますが、あれは城原川を西の端だとみたら、完全に中間区画に入ってくるのです。そして、おそらくあの大倉庫群から城原川に突き当たったところあたりに船着場があったのだろうと思います。

石野　そういわれてみると、福岡の板付遺跡でも同じですね。板付も低い丘陵上にあって、両方に川がある。そして最近の調査で川を遺跡にとり込んでいることがわかってきました。両サイドの川を含めたような集落立地というのが、北部九州の特徴的構造なのかもしれませんね。

森　伊都国の中心の三雲《みくも》遺跡もやはり東西の区画に自然の川を利用している。そうすると伊都国も似た形になってきましたね。

石野　自然の川が領域を区画するという働きと同時に、やはりその川を通っての物資の搬入路でもあるわけですね。それに面して倉庫群がある。従来は考えられなかったような、飛鳥の宮殿のようなイメージの大規模な倉庫群が弥生時代にあったということでしょうか。

それと似たものとしては、香川県の善通寺市に矢ノ塚《やつか》という遺跡があります。弥生時代の普通の概念では考えられないようなムラの構造や外とのつながりというものを、吉野ヶ里をきっかけにやはり各地で考えなければならないでしょうね。

ほかにも青銅器の鋳型をもっている遺跡は、佐賀にはたくさんある。そうすると、広く掘ると吉野ヶ里と同じような構造のムラがこれからも出てくる可能性があります。

主要地域間の交流を物語る証拠

森　やはり重要なのは佐賀平野では東のほう、筑紫平野では真ん中にあたる鳥栖市の安永田《やすながた》遺跡です。ここで銅鐸の鋳型が出たときには、学界はショックを受けましたね。

石野　そうですね。従来銅鐸というのは、弥生時代の青銅器を使った祭りのなかでは、近畿の祭祀用具であって、九州は銅剣・銅矛を祭祀用具とする地域であると考えられていました。

銅剣・銅矛地域から、近畿の祭祀用具であるはずの銅鐸の鋳型が出てきた。そのときに、近畿の学者のひとつの考え方として、鋳物を作る人は全国を歩くから、近畿の銅鐸を作る人が九州へ行って銅鐸を作ったその証拠だという考え方が出たのですが、その鋳型を調べたら地元の石で作っているということになりましてね。

その頃に、いったいどういうふうに考えたらいいのかということで知恵をめぐらせて、こう思い至ったのです。銅鐸そのものは近畿で非常に発達しているけれども、作り始めたのは九州である。ただし、九州では近畿で使っているような祭りの用具には仕立てあげずに、単なるベルとして作り始めた。やがて近畿に銅鐸というものが伝わって以後、それを非常に大きく作って、そして近畿の地域の祭りの用具に仕立てあげた、と。

森　それともうひとつわたしが注目しているのは、吉野ヶ里周辺で、研《と》ぎ出しによって綾杉文《あやすぎもん》状に模様をつけた銅矛が何カ所か出ていることです。あのあたりのひとつの特徴ですね。吉野ヶ里遺跡の調査担当の七田さんの論文をみると、太陽に直接光を当てたとき、異常な反射をする銅矛だと書いていますね。

それと同じ物が島根県の荒神谷《こうじんだに》遺跡の二年目の発掘で出てきたのです。だから出雲と佐賀平野の関係というのが、非常に見直されてきている。

学者はつい出雲と大和、筑紫と大和とか吉備と大和というように、大和から放射状に考えがちですが、それだけでなく、日本の主要な地域でそれぞれの交流がおこなわれていた。土器の交流もあるわけでしょう。

石野　そうですね。土器ですと、出雲系の土器というのは九州からかなり出てきます。福岡平野とか、佐賀もけっこう多いですね。

それから、離れて大分、伊予の地域もあるのです。この頃やたら九州でたくさん出てきて、本当にこれは山陰系なのか、もしかしたら九州が本場でそれが山陰に行っているのではないかと思うほどです。時期は弥生の終わりから古墳の初めという時期ですけれども、文化の交流というか人の交流がかなりありますね。そのなかに近畿系の土器もありますが、量的には山陰系の土器といわれるものが多いですね。

森　だからわたしは、外交というものを二つに分けなければいけないのではないかと思います。列島内外交と列島外外交ですね。統一国家以前は、この二つに分けないと対応できない。そういうことを、少し考えています。

破綻した三角縁神獣鏡「中国製」説

森　わたしは倭人伝の記述のなかで、桑を植えて蚕を飼って絹を作るという記述に、以前から注目しているのです。しかも単なる絹織物ではなくて、縑《けん》という水の漏れない上等の絹織物。

それを二回目に魏へ使いが行ったときに皇帝に献上しますね。その鎌ではないようですが、吉野ヶ里遺跡のひとつの甕棺から、三〇ほどのキレの断片が出てきた。絹織物だろうといわれています。

いまのところ弥生で絹織物が実在しているのは、佐賀・福岡・長崎の三県に限られていますね。長崎は有明海側です。これはかなり重要なことではないかと思うのです。

博物館に並べるときは、つい銅鐸とか銅矛とか鏡とか並べやすいものになるので、価値観が歪められているのではないか。従来青銅器が出たらつい興奮するという考古学の傾向がありますす。考古学が興奮する価値観は、必ずしも歴史的な価値観ではないのです。

石野 たしかに鏡というのは、倭人伝で「汝の好物」好きな物だと言われていますけれども、むしろ今の考古学者の好きな物ですね。

森 あれも漢字の専門家に言わせると、「好きな物」というのは日本の考古学者が勝手に読んでいるだけで、「汝に好《よ》きものをやる」という意味であって、それ以上の意味はないということです。

日本列島にしか出ない三角縁神獣鏡なる鏡を中国製だと強引に言おうとする人たちは、必ずあの倭人伝の一節を好物と訳していますが、その訳自体が間違っているわけです。ただ好《よ》き物をやったというだけで、しかも鏡はその好き物のいちばん最後に出てくるのです。

中国の徐苹芳という学者が「三国両晋南北朝の銅鏡」という鏡の論文を書いていますね。このなかで、三角縁神獣鏡は中国製ではありえないということを強調したうえで、魏の時代に日本へ魏の国から出した可能性のある鏡は、第一は方格規矩鏡《ほうかくきく》、二番目が内行花文鏡、三番目が虁鳳鏡《きほう》であると書いてある。卑弥呼の頃に中国の華北、魏の領域から鏡をもってきたとしたら、やはり後漢形式のそういう鏡類でしょうね。そうすると佐賀平野に限らず北部九州では、破片から復元した数で約二〇〇枚くらい出ている。北部九州をはずれると、少ないのではないですか。大阪平野で小指の先くらいのかけらが三つ、四つありましたか。

奈良県は石野さんが懸命に掘っているのになかなか出ないですね（笑）。

石野　鏡は少ないですね。最近ふえたといって、一生懸命あげますけれども、九州にくらべたら圧倒的に少ない。

森　三角縁神獣鏡という主として前期古墳から出る鏡、しかも中国からも朝鮮半島からも一枚も出ない鏡を卑弥呼の鏡だという強引な学説による邪馬台国説は、遺跡からはずれた判断ですね。弥生遺跡から現実に何が出るか、卑弥呼の時代の遺跡からどういうものが出るか、これがやはり考古学の基本です。

大和が急激に大きくなってくるのは、ちょうど吉野ヶ里遺跡の最後の頃くらいですね。

石野　そうです。奈良盆地のなかに大型古墳が造られてくる時期というのは、わたしはわりと古く考えていて、弥生の終わりか古墳の初めの庄内式土器の時期であり、そしてまたその土器の段階が卑弥呼の時期だと思っているのです。だから従来の弥生後期といっているものとは土器が少し違うのですけれど、その時期に三角縁神獣鏡もあるのかどうかという問題になってきます。わたしは数は少ないけれども庄内式の最末期にはありそうだと思っています。

邪馬台国と吉野ヶ里

森　今度の吉野ヶ里遺跡に関連して、大和に邪馬台国があったとしたら、それは奈良県桜井市の纒向遺跡だと発言していた人が数人いました。纒向遺跡は、石野さんが調査の責任者として、いまも発掘をつづけていますね。そこでうかがいたいのですが、あの遺跡は弥生時代の初めから大きな集落があったとはいえないのでしょう。

石野　弥生の終わりというか古墳の初めという時期に突如たくさんの人が住み始めたという遺跡ですね。

森　その点、先ほどの吉野ヶ里なら弥生時代、つまり徳川時代に近い期間、ずっとつづいていたわけですからね。

石野　邪馬台国は決定的に大和に違いないということを前提に考えるなら、こういう言い方をまじめにする人も、きっと出てくるのではないかと思います。

纒向遺跡は弥生の終わりから古墳の初めにかけての時期に突如として出てくる都市的な非常に大きな遺跡ですが、同じ川筋の四キロほど離れたところに唐古・鍵遺跡があります。その唐古・鍵遺跡の人たちが纒向遺跡に引っ越してきて、そして大きな墓を造ったとしますと先祖代々つづいた万世一系のムラということになります。

森　いずれにしても、吉野ヶ里遺跡の最後の頃に、大和の纒向遺跡が大きな姿を現すという、このつながりがおもしろい。纒向遺跡の北方に、わたしがかつて発掘を担当した柳本天神山《やなぎもとてんじんやま》古墳という、鏡を二三枚出土した古墳があります。この鏡の組み合わせを、鏡の専門家の梅原末《うめはらすえ》治《じ》先生などは早くから注目されて、一段階前の九州の弥生の鏡のもち方といっしょだということを、言っておられた。あの古墳では、方格規矩鏡と内行花文鏡が中心の組み合わせです。だから、どういうかかわりかはむずかしいけれども、やはり九州の大勢力が、ある段階で大和を中心とした地域に大きな影響を与えたということは、まず動かないと思います。

石野　橿原考古学研究所の寺沢薫《てらさわかおる》君はそう言いますね。わたしはそこまではいけません。近畿のなかでの、たとえば土器ですね。古墳を造るようになってから出てくる土器というのは、近畿の弥生土器から素直に発展をたどることができる。だから近畿の古墳文化というのは、近畿のなかから出てくるとわたしは思っています。ただ、古墳というのは土器だけでは考えられない構造物であって、ほかの青銅器やいろいろのものといっしょに考えた場合にどうなるかということは、また別でしょうけれど。

所在地論争に終止符は打たれるのか

森　邪馬台国研究というのは、あくまでも倭人伝に書かれたことにもとづいた研究なのです。だから三世紀の日本列島の考古学的研究とは分けて考えなくてはいけない。沖縄から北海道までの三世紀を丁寧に調べるということと、やはり倭人伝研究とは少し別な角度からとり組まなければならないのです。

今回の吉野ヶ里遺跡によって、少なくとも新井白石《あらいはくせき》が古くから指摘していた「その餘の旁国」という二一の国がありますが、そのうちの弥奴国というのが吉野ヶ里を遺跡を含む地域だということは、いまのところどの学者からも異論が出ていません。そうすると、その餘の旁国の位置が定まってきた。だいたい有明海沿岸とその近くにおさまってきそうです。

そうすると邪馬台国だけを遠い所にもっていくことがいいのかどうか、その意味でやはり邪馬台国九州説が有利になったということがいわれているのです。

大和も日本のなかの文化や政治を担った大切な地域だということは間違いないが、日本の中心だと思い込むと歴史を見る目が曇るわけで、大和も日本列島のなかの重要な一地域、吉備も重要、出雲も重要、筑紫も重要。そのなかの大和であるということです。

石野　邪馬台国の所在地はどこかという問題は、吉野ヶ里遺跡では決まらないのではないかと思います。九州と近畿の弥生文化を対比したときに、いままで言っていたものと違う大規模な集落が出てきて、ひとつの基準が九州側ではっきりしてきたということであって、どちらということはいえないでしょう。九州をはじめ中国地方、近畿地方も関東地方も、新たな視野でそれぞれもう一度整理してみようということだと思います。

森　われわれ考古学に携わっている人間は、野球の応援のように一地域のファンになってはいけない。そうなると一生そのために拘束されることがある。一地域のファンにならないでおきましょう。

（森浩一 2011.7）

追記

この対談をおこなった一九八九年には、すでに地域が歴史を考えるさいの単位になることを考え始めていた。北部九州と一まとめにしていた地域観にたいして、少なくとも北部九州を三つの地域にわけねばならないことをぼくは発言している。北部九州の三地域の一つが有明海に臨む地域である。そのことをふまえながら、近年はさらに細かく北部九州に対している。

なお、この対談では大和の表記を使っている。しかし、大和は八世紀後半になって初めて現れる地名表記だから、考古学や歴史学での安易な使用を不適切と考え、最近はヤマトを使うことをぼくは提案し実行している。この対談ではあえて直さなかった。

（石野博信 2011.12）

一九六四年の『会下山遺跡』刊行後から弥生時代に関心をもち、一九七六年刊行の『纒向』（桜井市教育委員会）前後から邪馬台国問題を考えるようになった。一九八三年に、森さん編集の『三世紀の考古学』（学生社）に「畿内」を執筆した。一九七八年には、三世紀を畿内5様式と纒向1式と考えていたが、同書の追記で纒向1式～同4式初頭（弥生後期末～庄内式～布留1式初）と訂正した。つまり、庄内式土器＝纒向2・3式土器の暦年代を三世紀に比定したことによって、一九七六年に検討した「大和平野東南部における前期古墳の形成過程と構成」（石野『古墳文化出現期の研究』学生社に収録）では、庄内式土器をともなう古墳を三世紀築造と考えるようになった。

全長九六メートルの纒向石塚古墳をはじめ、大和の大型古墳のいくつかは三世紀であり、したがってこの対談があった一九八九年には邪馬台国大和説に傾いていたと思う。

1997

倭人伝を掘る

吉野ヶ里と原の辻の世界

西谷　正（司会）
下條信行
石野博信
高島忠平
木下尚子
田川　肇

西谷　佐賀新聞と長崎新聞の合同企画として「倭人伝《わじんでん》を掘る」というテーマで三五回にわたって連載がありました。それを見てもわかるように、「倭人伝を掘る」と申しましても実に内容が豊富です。そこで、それらをすべてとり扱うわけにはいきませんが、本日のサブタイトルにありますように、「吉野ヶ里《よしのがり》と原《はる》の辻《つじ》の世界」ということで、しかも会場が壱岐でもあり、原の辻遺跡を中心としてできるだけ吉野ヶ里遺跡との比較に焦点を絞って、「倭人伝」に迫ってみたいと思います。

パネリストの先生方それぞれに思いがあるかと思いますので、下條さんから順番に一人ずつ、自己紹介もかねて原の辻、あるいは吉野ヶ里とのかかわりをまず一言ずつお願いします。

下條　わたしは今、愛媛大学に勤めていますが、もともと福岡の出身で三五歳まで福岡にいました。一九六三年だったと思いますが、初めて壱岐に渡り、その後、壱岐―対馬、壱岐―対馬と何度も行き来しながら、常に航海、交易という問題を考えてきております。

原の辻遺跡についても、わたしがもっとも興味をもっていますのは、『魏志《ぎし》』倭人伝に言う「南北に市糴《してき》す」という言葉とのかかわりで農業的側面に加えて海洋的側面がどうであったかということに、いちばん興味を抱いています。

石野　わたしは久しぶりに壱岐に来ましたが、最初に来たのは一九七三年頃かと思います。仲間三、四人と奈良を出発しまして、船で対馬へ渡り、対馬から壱岐、そして呼子へ上がって、それから平戸から五島列島という長崎の島めぐりを二週間くらいかけてやったことがあります。

そのときに全部船でしたから、対馬と壱岐の雰囲気の違いといいますか、そんなことを思い出します。

倭人伝と壱岐、対馬ということに関しては、ずばりわかる土地だということですね。文献に出てくるのはここなんだということがわかる所。イメージがはっきりできるというのがいちばんの強みだろうと思っています。

高島　邪馬台国《やまたいこく》からやってまいりました（笑）。現在、吉野ヶ里遺跡の発掘調査がまだまだつづけられております。最近も吉野ヶ里の環壕《かんごう》集落がさらに拡大するというような発見もされています。わたしたちは、吉野ヶ里遺跡に当時の集落を再現しようということで、計画を策定して実施設計の段階に入っていますが、やはりいちばん気になるのは原の辻遺跡です。邪馬台国へ至る経路として、いちばんはっきりしている遺跡で、ここでの発掘調査がこれからわたしたちが進めている吉野ヶ里遺跡の集落の復元に大きな示唆を与えるのではないかと思います。一方では当時、首長権というか王権があったとするなら、吉野ヶ里と原の辻では王権の成立の仕方が違うのではないかとも考えています。原の辻遺跡の調査については一時も目が離せないという心境であります。

興味深い水人の行動

木下　熊本からきた木下です。わたしは琉球列島と九州・朝鮮半島間を結んだ古代人の動きを追いかけています。今日のテーマは壱岐原の辻と『魏志』倭人伝なので、これを琉球列島と結ぶのはちょっと大変ですが、頑張って二つの見方をしてみようと思います。一つは移動ルート、もう一つは動いた人びとです。移動ルートでは、壱岐が南西から北東に向かう海流沿いルートと、朝鮮半島と九州を結ぶ倭人伝ルートの交わる点に位置しているのがおもしろいと思います。壱岐で二つのルートが十字に交わります。それから人ですが、壱岐原の辻は、『倭人伝』にでてくる「倭の水人」の故郷をほうふつとさせます。彼らの行動パターンが琉球列島の島人に似ているので、そういうことを今日は申し上げたいと思います。

田川　なんとなく木下先生の後だと、しゃべりにくいなあという気がするのですが、わたしが申し上げたいことは、すべて木下先生が、あるいは下條先生、高島先生にもおっしゃっていただきました。

「市糴」の問題ですが、船着き場とからめ、船の問題が重要になってくるかと思います。できるだけ早く、その船を探し出す。それと、もう一つの関心事は、これだけの環濠をめぐらす大土木工事をやっているということです。そのほかに遺跡を中心としての計画的な土地利用がおこなわれていると考えていますので、そのあたりの解明も合わせて、ご指導も得られればと考えています。

西谷　コーディネーターのわたくしも自己紹介させてもらいますと、今から三八年前のことですが、一九五九年に一カ月あまり原の辻遺跡の発掘に参加しました。その後、一八年ほどたった一九七七年でしたか、カラカミ遺跡の発掘もやはりひと夏させていただきました。そういうことで、壱岐には非常に関心が深いのですが、とくにわたくしの専門とするところが朝鮮半島の考古学、あるいは朝鮮半島と日本列島の交流の歴史ですので、そういう半島、大陸と日本列島を結ぶ島としての壱岐、そういう目で勉強してきました。

では、いよいよ本論に入りたいと思います。今日、考えていますのは、なんと言いましても、原の辻にしても吉野ヶ里にしても、『魏志』倭人伝とのかかわりですね。吉野ヶ里がみつかったときも、物見やぐらにしても、環濠集落にしても、卑弥呼の居る所をほうふつとさせるというところで、倭人伝の記事を検証する非常に重要な遺跡であるという点も吉野ヶ里の大きな特徴でした。そういう意味で原の辻もまた、一支《いき》国の中心集落としてここで倭人伝をいろいろ検証することが可能だということで非常に大きな重要性がありますけれども、その問題をひとつ柱に考えております。

二番目の問題は、遺跡全体としては一〇〇ヘクタール、環濠集落だけでも二四ヘクタール、実際調査がおこなわれていますのは、これまでにわずか四パーセントということですので、わからないことがずいぶん多いのです。これまでの調査成果に従って原の辻遺跡をどのように考えるか、そういう問題を二番目の問題点としたいと思います。この倭人伝との対応にしろ、あるいは原の辻の大環濠集落の性格解明という点にしても、あわせて吉野ヶ里との対比が必要です。先ほど高島さんは吉野ヶ里の解明には原の辻が非常に重要だとおっしゃいましたが、わたくしたちの立場からいうと原の辻の解明には吉野ヶ里の成果を十分吸収しないといけない面があるわけです。そういうことを常に念頭におきながら、原の辻遺跡をみていきたいと思います。

最後にとり上げたいと思いますのは、すでに先ほどから話が出かかっていましたが、倭人伝の記述に出てくるとおり、「南北に市糴する」という問題ですね。地図にありますように、壱岐、あるいは壱岐・対馬を中心に南北に、あるいは東西に交易の、あるいは外交の拠点としての壱岐の島、その中心集落としての原の辻ということがあります。したがいまして、大陸のみならず、日本列島内の諸地域との交流という問題を三番目にとり上げて、進めていきたいと考えています。

それでは、早速ですが、『魏志』倭人伝に書かれている記事を原の辻、吉野ヶ里あるいは弥生時代の研究を通じてどのように対応関係を検証していくかという問題に入りたいと思います。この問題につきましても、それぞれ関心の持ち方や解釈も違うかもしれませんので、田川さんのほうから一人ずつ、倭人伝と考古学の発掘調査成果、とくに原の辻、吉野ヶ里を通じて、そのへんのお考えを一言ずつお願いいします。

「原の辻」の都市計画

田川　現在、発掘調査は四パーセント、四万平方メートルで、原の辻遺跡の姿というのは以前からわかっていたわけですが、詳細についてはこれからの解明であるということです（図5）。しかも、これだけの広がりをもつ遺跡です。もっと詳細に調査をしていけば、一〇〇ヘクタールを当然超していく広さになる。しかもその時代ごとの色分けをしますと、遺跡の広がり自体がもっと的確にとらえられていくという内容をもっています。

倭人伝に記されたことと現実の発掘調査ということになりますと、まだまだ原の辻遺跡についてはこまかい照合はできないわけですが、全体的にみても、先ほど言いましたように、大土木工事をやっています。環濠を掘ったり、当然のことながら農耕もやったりしている。そして、船着き場を造っています（図6）。

当然のことながら、島外へ出ていく船を造ったかもしれませんし、またその船を操っている。こういうところが、これから証明されていく。この土木工事に関しては、最近、新聞などを見ていますと日本国中の発掘調査で、弥生時代における都市計画という単語が出てくるようになりました。そのきっかけとなったであろうこの原の辻遺跡でこれから土地利用、都市計画をもっとこまかくみていきたい。倭人伝には賦役《ふえき》というたった二文字で示されていますが、この賦役がどれだけの人数で、どれだけの日数をかけて大土木工事をおこなったのか。それは水田の

（南西より）

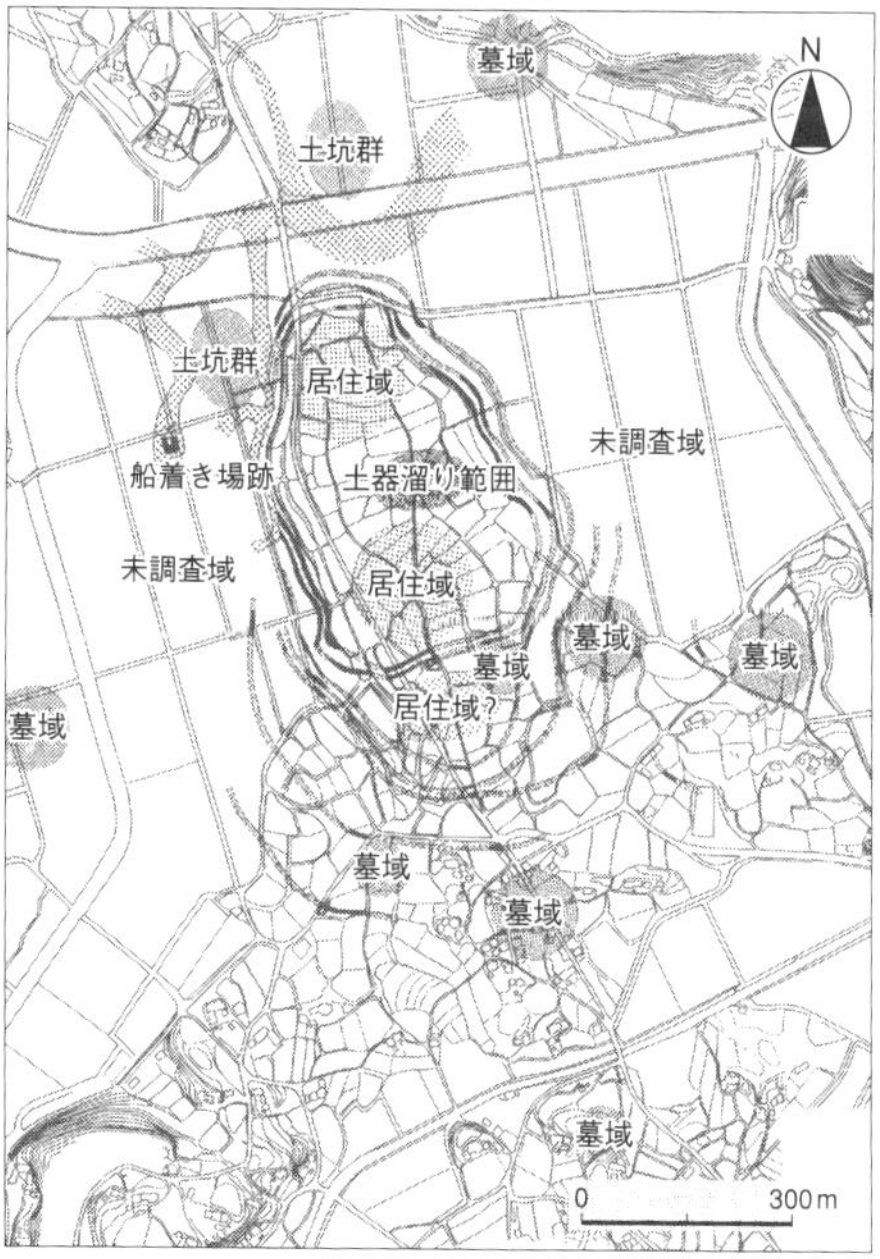

図5　原の辻遺跡

広がりをみることによって、あるいは畑の広さをみることによって人口の推定ができ、土木工事の仕事量もわかってくるのではないかと思っております。

西谷　木下さんいかがでしょう。

木下　倭人伝には、中国の遣《つか》いが対馬に来て、それから瀚海《かんかい》を渡って、一大国《いき》に来ると書いてあります。ここからが壱岐の記事になります。官を卑狗《ひこ》、副官を卑奴母離《ひなもり》といい、また竹林草林が多いと書いてあります。壱岐に到着した遣いはおそらくどこかの港に着岸して、そこから竹林草林を抜けて、平野に出たのでしょう。幸いに船着き場が発見されていることからみて、想像どおりそこに着岸していたとすれば、今の印通寺《いんどうじ》あたりから一大国に入ったのかもしれません。港には、はるばる遣いを乗せてきた朝鮮半島の船だけではなく、奴《な》国、伊都《いと》国、あるいは出雲《いずも》や薩摩経由の南の小さな船も停留していただろうと思います。わたしはこれを操る海人たちが、あちこちの地方の方言でしゃべり、通訳が活躍している港の光景を想像します。

高島　わたしも壱岐、原の辻の人たちが南北に市糴したということに非常に関心があります。倭人伝にはたしかに南北と書いてあります。先ほど木下さんが海流の流れに交差するように南北の市糴を語られましたが、わたしはこの壱岐の人たちというのは南北だけでなくて、東西にも交易の役割を果たしていたのではないかと思います。かつて、壱岐の人たちは東シナ海交流圏の一翼を担っていたのではないかとわたしは思います。そして、単に玄界灘沿岸だけとの交易ではなくて、東シナ海という広い交易圏を考えれば、有明海へ回り込んで来ることなど簡単

図6　船着き場の遺構（上）と復元された船着き場の模型（下）

なことでありました。壱岐の人たちは吉野ヶ里へもやって来ていたのではないか、あるいはそれを直接つなぐ資料が発見されればと期待しております。

石野　倭人伝には、倭国の女王卑弥呼《ひみこ》の館のことが書いてあります。原の辻でも三重の環濠で囲まれた真ん中より少し南くらいのところに、建物が集中する地区があり、一つの中心地であろうという説明でした。そういう地区を考えるうえで、倭人伝をもとに、卑弥呼の館のイメージを描いてみます（**図7**）。

弥生時代には、環濠集落の中に四角い区画があるということがわかってきました。そういう例は近畿地方にも九州にもずいぶんふえてきました。倭人伝には「宮室《きゅうしつ》あり」と書いていますので、とりあえず真ん中に「宮室」をおきましょう。そして卑弥呼には「男弟」がいて政治を助けているということですから、男弟は政治棟に入ってもらいます。このへんは考え方の違いが出るかもしれませんが、吉野ヶ里でも一つの村の中に二つの中枢地、「北内郭」と「南内郭」があることがわかっていますし、近畿地方でも滋賀県の伊勢《いせ》遺跡で二つの中心区画があることがわかっていますから、男弟には別な区画にいてもらいます。もうひとり別に男子がいるということが倭人伝に書かれています。この「男子」という人物は男弟とは別な書き方をされていまして、卑弥呼に食事を持っていき、なおかつ卑弥呼の辞を伝えると書いています。江戸時代の側用人のような役割もしているようです。卑弥呼の近くにいる必要があるでしょうから宮室の区画に入ってもらいましょう。しかし、同じ建物に入ってもらうと、いろいろ噂《うわさ》にもな

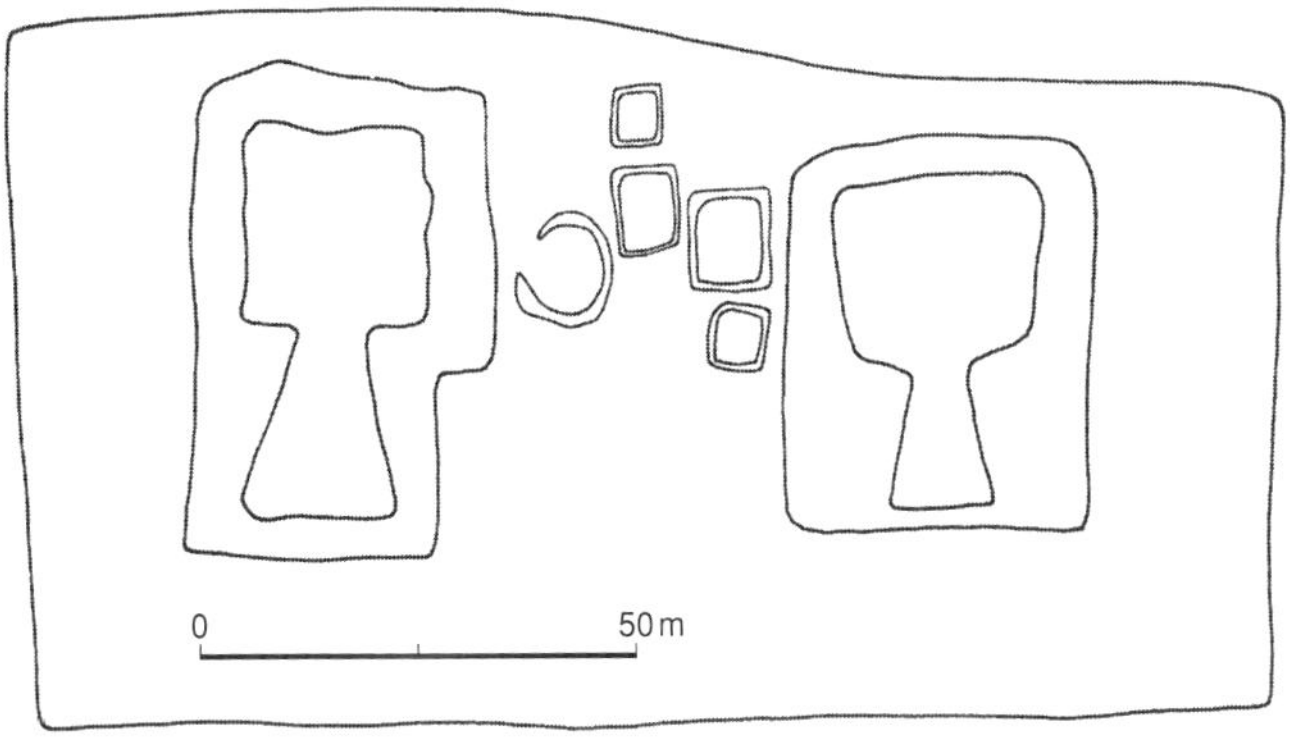

長方形区画内に並列する墳墓（滋賀県富波遺跡、3世紀後半）

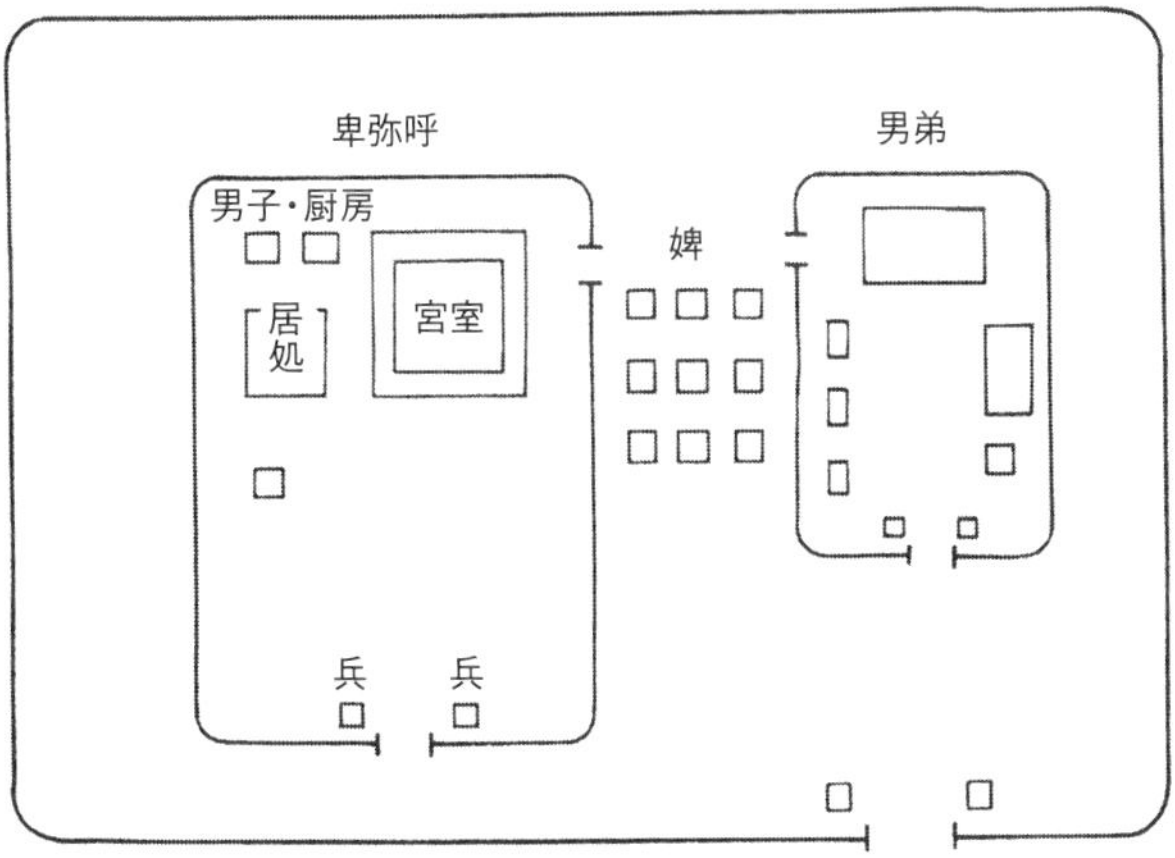

卑弥呼の居館想定図

図7　卑弥呼と男弟の居館想像図

りますから（笑）、ちょっと横の別な建物に入ってもらいます。食事を運ぶということですから、厨房は別棟です。

さらに、婢《ひ》千人と書いていますから、その千人の人たちは二つの区画の間にたくさん建物を造って住んでもらいましょう。これが、女王卑弥呼の館であります。

こういう館が三世紀段階にあったということが倭人伝に書かれていますが、そうすると吉野ヶ里、原の辻、あるいはそれ以外の三世紀の遺跡で、こういう屋敷構えをしたところが他にあるだろうかと考えれば、倭人伝と実際に発掘された遺跡との比較が非常にわかりやすくなるだろうと思います。

女王卑弥呼の屋敷構えは卑弥呼だけのことではなくて、日本列島のかなり普遍的な屋敷構えだと考えていいのではないか。そうなると、非常に比較がしやすくなって、これからは、関東から九州までの屋敷構えの共通性と違いを検討すべきだと思います。わたしの復元案ですが、滋賀県富波《とは》遺跡では三世紀後半に一つの長方形区画の中に二つの前方後方型周溝墓を並列している例があります。住まいの構造を墓に移すというのはありますので、これはなかなかおもしろい。吉野ヶ里の北内郭と南内郭も二、三世紀の一つの地域色でしょう。こういう形が原の辻でわかってくるかどうか、期待しています。

西谷　つづけて下條さん、お願いします。

下條　倭人伝の訳文で対馬と壱岐のことを比較してみると、壱岐の特色がよく出ていると思うわけですが、対馬のほうについては良田なくということで、生活の基盤が海洋性というか漁民性というか、そこを強調して書いてあります。これにくらべて壱岐になると、やや田地があるということになっていて、その田地の問題と、南北に市糴するという海洋民としての性格といいますか、基盤としては漁民としての自立性ということになるわけでしょうか。要するに壱岐の場合にはその二つの側面が、つまり農業的側面と、漁民的側面と二つの性格をあわせもっているわけです。その二つをあわせて同時的に解明しなければ、わかったことにはならないでしょう。

かといって、思いのままに解明するわけにはいきませんから、現実的にはどうかというと今回の調査でどちらかというと、農業を背景にした基盤のほうに関しての壱岐のあり方が大きくわかってきたわけです。

さて、もうひとつ残る漁民性の問題、あるいは海洋民としての性格はどうかというと、今、かろうじて船着き場らしきものがみつかっていることが、一つの手掛かりになっているわけです。それはそれで、もっと発掘調査を進めて確度を高めてほしいこともあるわけですが、それだけではなくて出土品を見ていて思ったのは、ここに出てくる漁民が使う石で作った重り（石《せき》錘《すい》）に、この土地の性格がよく出ていたわけです。

これについては南北市糴かどこかのところで話したほうがいいかと思いますが、もっと広範ななかで漁民の問題というのはとらえ直していくことが、これからの課題としてつづいていくのではないかと思います。

西谷　ひととおり、皆さんそれぞれの立場から検証ということでお話しいただきましたが、倭人伝の壱岐に関する記述は五七字ときわめてわずかですし、全体でも二〇〇〇字たらずです。そのなかで倭人伝の記述を裏づけるようなことが、たとえば今の水田の問題、船着き場の問題、それからごく限られた、記録には出てこない世界が発掘を通じてどんどんわかってきているという面があろうかと思います。倭人伝の記述に出てくることでは、「竹木」という言葉が出てきますが、倭人伝には弓矢の矢柄は「竹」と書いていますね。たしか原の辻で何か出てなかったでしょうか。

田川　原の辻ではまだ竹鏃《ちくぞく》はありませんが、骨鏃《こつぞく》は出ています。それと、竹の矢柄は出ていませんが、矢柄を連想させるジョイント式の組み合わせ式の矢挟みというものが一点だけあります。

西谷　女竹《めだけ》の矢柄が出ているのではないでしょうか。

田川　いや、竹は出ていますが、矢柄かどうかの確認はまだです。

西谷　原の辻遺跡から出土した卜骨《ぼっこつ》の問題、これはいわば対馬・壱岐のブランドもので、後の大和王権では重要な位置を占めてゆきます。ともかく倭人伝の記述は簡潔でわずかですから、それ以外のことは発掘を通じてわかってきているということだと思います。

それから、田川さんにお聞きしたいのですが、「倭の地は温暖なので生の野菜を食べている」ということが出てきます。そのへんが寄生虫卵の分析などで裏づけられるということを聞きますが。

田川　生野菜を食う、その人糞《じんぷん》を肥料にしたであろうと推定されるわけですが、原の辻では丘陵部の東側のほうの土壌分析をおこないました。その結果、蟯虫《ぎょうちゅう》と鞭虫《べんちゅう》の卵が検出されています。これは金原正明《かなはらまさあき》先生（天理大学）に分析していただきまして、外濠と中濠の間くらいの丘陵の東側で出ています。ちなみに回虫《かいちゅう》はまだ出ていません。もう一つ、寄生虫の卵が出たということで、畑としてその地区が利用されていたのではないかと金原先生は言われています。

西谷　考古学もいろいろな分野で分析が進んでいまして、トイレの跡がみつかったり、あるいは寄生虫の研究から何を食べていたのかがわかったりしてきていますが、そういう研究成果があがってきているということです。今、食べ物の話が出てきました。倭人伝には出ていない食べ物で犬の肉の問題がありますね。ずいぶんたくさんの犬の骨が出たという話ですが。

田川　ごく一部分の発掘調査ですが、一つの遺跡から五〇体分以上の骨が出ています。しかも、その骨に断ち割ったような傷跡、あるいは肉をそいだ跡、ほかに煮炊きした跡が残っていると分析されています。それと、犬の種類が従来からいる犬と大陸系の犬、しかも、オホーツク系の犬がまじっているという特殊なものもあるようです。

西谷　オホーツクあたりの犬と関係があるというのは、交流の壮大さを物語るのかもしれませんね。この問題は、調査の進展にともなってますます解明されていく、期待される分野だと思います。

「原の辻」中枢は祭殿か

西谷　つぎに二番目の問題ですが、先ほど石野先生が遺跡の例をあげて、今後の原の辻遺跡の調査に大いに期待されるところを話されました。ここ原の辻では、掘立柱のりっぱな建物が三棟みつかっています。普通の一般住民は竪穴《たてあな》住居に住んでいるわけですから、それとは大いに違います。おそらくここは、火を燃やした跡があったりして、当時、とても大事な祭りをおこなった場所でしょう。当時の祭りというのは政治につながるところからマツリゴトといわれます。祭政一致の時代に、あの建物が祭殿のような原の辻遺跡の集落のなかでも非常に重要な建物、場所ではなかったかという話がありました（図8・9）。それをきっかけに原の辻の大規模環濠集落の性格というか、内容というか、そういう構造解明に関することをつぎの話題にしたいと思います。田川さん、あの祭殿といわれるものをもう少し補足説明をしていただくと同時に、先ほど石野先生がおっしゃったように、祭殿だとして、邪馬台国では卑弥呼ですけれども、一支国では一支国王の居館があるわけで、そういう可能性とか、調査成果を紹介していただければ幸いです。

田川　先ほど石野先生が話された卑弥呼の館に、あの部分があてはまらないので、困ったなと

図8　復元された原の辻遺跡の集落（北より）

考えていたのですが、石野先生も優しい先生で最後にすべてがこういうパターンではないはずだというところで安心したのですが、実は今言われた中枢部分は、標高一八メートルで丘陵部のいちばん高い部分です。ここに、柱の穴の数にして一七〇から一八〇出てくるのですが、比較的多い柱の直径ですと三〇センチから五〇センチの穴が多い。ところが、とりたてて直径が一〇〇センチ、あるいは一五〇センチを超すような大型の柱の穴も何十個か出ています。それで当初、かなり大きな建物を考えていたのですが、専門の先生に分析してもらいましたら、あまり大きな建物ではない。大きくても二間から三間くらい、普通だと一×二間くらいの小さな建物が二十数棟建つ。ただし、これは建て替え建て替えで二十数棟になるわけで、常時はだいたい三棟くらいであろうと。三棟くらいであれば、石野先生の二棟の分にはあてはまる。しかも、北側の部分と南側の部分に建物が集中して、真ん中の部分にちょっと空白地帯がある。いわゆるお祭り広場みたいな部分がある。しかもその部分を板塀で囲っているということですので、外界から遮断する、西谷先生が言われたようにお祭りをする状況を皆さんにオープンにしない、秘事としておこなっている。そのために板塀で外界と遮断する。そういう状況にあるようです。

西谷　この種の建物の先輩格はやはり吉野ヶ里遺跡ですが、高島さん、原の辻をご覧になって吉野ヶ里との比較においてどうでしょう。

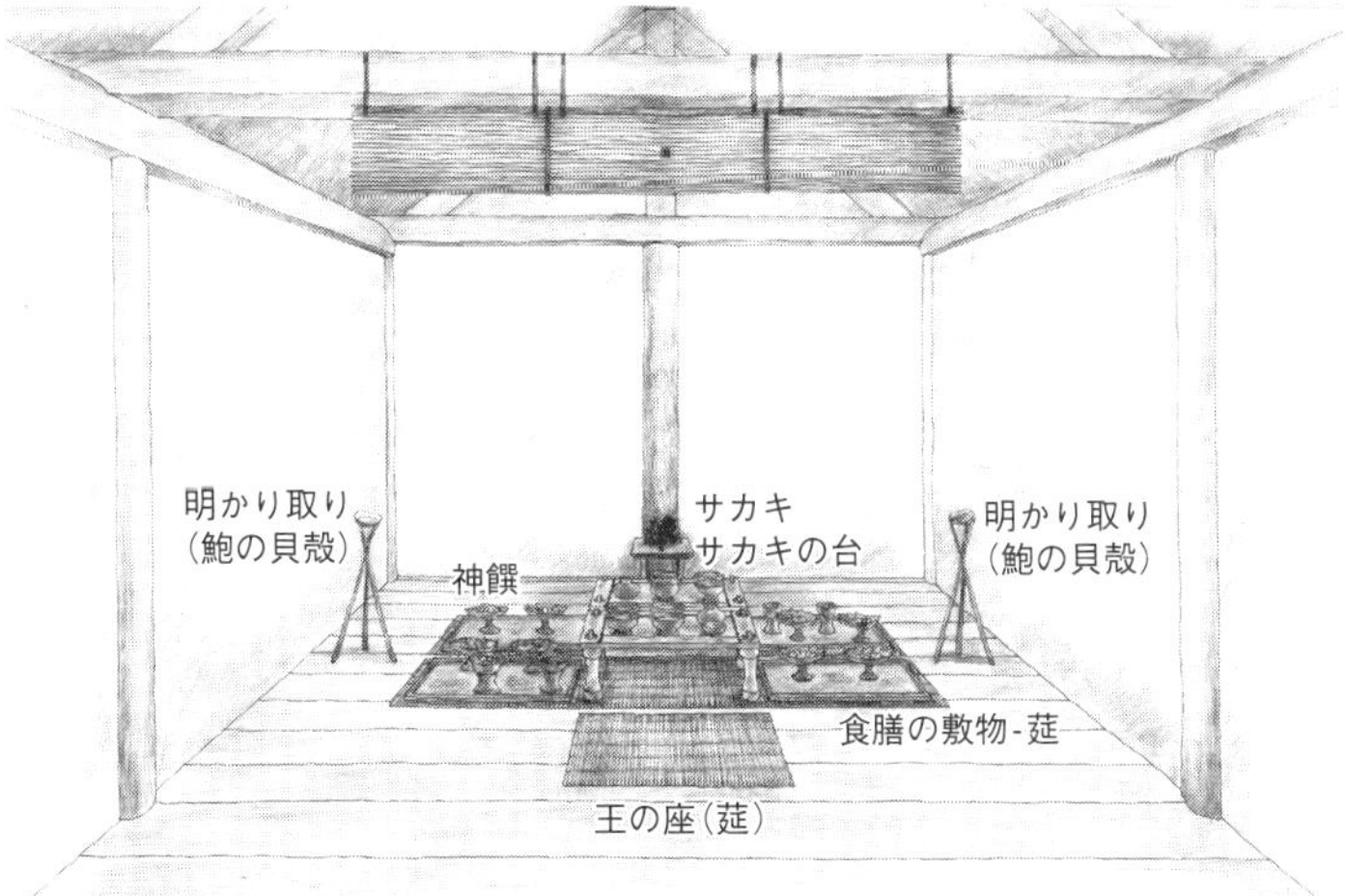

図 9　復元された主祭殿と内部の想像図

共通する内郭の構成

高島　そうですね、石野さんは形で全国のクニの中心になるような集落、あるいは王の館の構造をお話しになったわけですが、大事なのはその機能だと思います。大きいか、小さいか、どういう配置をとるかというのは、そのクニによって決まってくるだろうと思うわけです。そういう意味でいうと、いちばん理想的に遺構が出てきているのが実は吉野ヶ里なんですね。吉野ヶ里の内部には北と南に壕に囲まれた区画があります（図10）。北を北内郭、南を南内郭とよんでいます。最初はこの南のほうの内郭を中枢部と位置づけていたわけですが、北のほうに別の区画が出てきまして、そちらのほうが建物の質が良く、南が落ちる。それと北のほうが基本的に掘立柱の建物で構成されている。南のほうは竪穴式の建物が主流を占めているということがあって、そこにひとつの機能的な差があるのではないか。北のほうを上位、南のほうを下位に

図 10　復元された吉野ヶ里遺跡

位置づけて、北のほうをクニの祭祀《さいし》を司る、いわば祭祀でもってクニを支配している王、あるいは首長の館ではないかとみています（図16参照）。その中央には大型の建物がありまして、わたしたちは祭殿とよんでいますが、かたわらには祭りの準備をするわたしたちが斎堂《さいどう》とよぶ掘立柱の建物があります。さらに横のほうには、巫女王《ふじょおう》のような人が居住した掘立柱の建物がある。

その場所は、壕が二重にとり巻いています。その壕の縦の軸線は冬至の日の入りと夏至の日の出の方向にしっかりと方位を据えているということがあり、その区画がつくられた意図がそこにうかがえるわけです。太陽の動きと季節的な動きといったものをその当時の上位の支配者が管理するといった思想がそこに出てきているのではないかとみていまして、祖霊や天の祭りといったものをおこなっている、それに合わせてつくられたのだと思います。その周りに、さらに倉庫群と思われる掘立柱の建物跡と竪穴の建物跡があります。それはおそらく、王に仕える人たちの居住と祭りに必要な資材を保管した場所ではないかとみております。

そして、その南には南内郭があるわけですが、当時の上位を北、下位を南とする思想がそこに働いていると思われます。その北内郭の機能ですが、北内郭の北二〇〇メートルのところに墳丘墓（図13参照）があります。歴代の王の墓といっていいのですが、それを継続的に祭祀していています。墓の埋葬自体は途絶えますが、環壕集落が消滅するまでその祭祀がおこなわれているわけです。ですから、ここでは祖霊を祭る祭祀といったものが重要な機能としてあるのが北内郭なのです。その機能という点で考えていくと、原の辻の最高所の建物群がどういう方位関係をもっているか、どういう所とどういう関係をもっているかが、まだ全体の発掘状況が四パーセントくらいということで、その性格が決めにくいところがあるとわたしは思っています。わたしたちも最初は南内郭を中心と考えて掘っていましたら、北のほうにそれより格の高い区画が出てきて、実際戸惑いました。先ほどの考え方も、環壕集落の南のほうをまだ発掘しておりませんので、また考え方を変えないといけない状況が出てくる可能性があります。南方には、謎《なぞ》の遺構があります。わたしたちが南墳丘墓とよんでいる四五メートル四方の方形の壇がありま す。墓だと思っていたのですが、どうも墓ではなさそうでして、祭壇、あるいは建物の基壇ではないかと思われるもので、それをとり囲む壕もあります。いったいこれがどうなるのか、祭壇となると弥生時代の常識を破る発見となります。現在でもわれわれは、吉野ヶ里の内部構造をはっきりつかみ切れてないところです。

ただ、原の辻の最高所の掘立柱の建物、その周りに柵《さく》をめぐらせていて、それが外と隔絶されているということでは、吉野ヶ里の北内郭の状況に性格的によく似ている。建物の規模は違うけれども、機能的には同じような祭祀的な空間ではないかと思います。だから、そこからみた所に何かがあるのではないかという気がしています。

西谷　高島さんにちょっと確認したいのですが、復元図では三棟の建物を復元していますね。吉野ヶ里の場合は祭祀の建物と倉庫があり、住まいである居宅もあるというお話でしたね。

高島　北内郭はオバQがひっくり返ったような形をしています。その中央に正方形の建物があります。入り口は二重になっています。その裏手の位置にわたしたちが斎堂とよんでいる建物があります。中国でいえば、お祭りをする人が潔斎をしたり、道具を整える所があるそうです。これは、そういうものとして位置づけています。そして、さらに掘立柱の建物があって、このあたりに竪穴住居があります。掘立柱の建物は、あるいは『魏志』倭人伝に出てくる居処で、これは福永光司《ふくながみつじ》（京都大学名誉教授）さんの読みで「卑弥呼の居る所」としての日常的に巫女王が居る場所ではないかとみています。

その外側に倉庫風の建物が五、六棟あります。それにまじるようにして竪穴住居がいくつかあるという状況です。これを、先ほど石野さんが言った婢《ひ》千人というわけではありませんが、祭祀を助ける一般的な巫女《みこ》がいる場所ではないか、また供物を集める場所ではないかとみています。そして、南内郭はこの三〇〇メートルほど南のほうになります。中央を広場にして周りに竪穴住居を四、五棟置いて四方に物見やぐらを配置している状況です。ここは一般の集落のように竪穴建物とセットになる掘立柱の倉庫風建物をもっていない、そうした意味でもちょっと特殊ですが、北内郭につぐ地位の場所だとみています。

これはあくまでも現在のわたしたちの吉野ヶ里についての説明です。南のほうにまだ謎《なぞ》の部分が残っています。そこを掘った段階で、この考え方を変えなければいけない状況になるかもしれません。

西谷　その北内郭の真ん中の四角いのはなんですか。

高島　これは祭殿です（図16・34参照）。ここで、大嘗祭のようなものをやる。これは一応三階建てにしています。三階建てにしないと、全体が構造的におさまりません。二階建てだと屋根じまいができない。そうなると重層の建物として考えたほうがいいというのが、建築の専門の人たちの意見です。そうなると、三階部分を密閉された大嘗祭的なお祭りをやった場所として、二階部分を集会所的な、一定の階層以上の人が集まって集会をやる場所として考えています。

西谷　そうすると、邪馬台国の場合は北内郭にあたるところが卑弥呼の居処で、もうひとつの場所が男弟の住まいですけれど、一支国では、男王とした場合、たとえは悪いですが、郷《ごう》ノ浦《うら》町長と助役さんという感じでよいでしょうか。

高島　南のほうを政治の実務をおこなう場所、北のほうは祭りによって全体を統括する権威の存在、そういうふうに分けているわけです。この支配の構造をわたしは政治の二重政体とよんでいますが、そういったものが原の辻に認められるかどうかですね。そうではなくて、首長が祭祀を兼ねた権限をもって支配しているのか、それによって構造が違ってくるのではないかと思っています。

石野　原の辻の場合に建物跡は、標高ではいちばん高い所ですね。ただ方位からすると、全体の環濠のなかの少し南寄りの地点になる。吉野ヶ里では北と南に分かれて二つの中心施設があるけれども、標高としては北のほうがちょっと高いですか。そうすると、高さからいうと、吉野ヶ里と逆になるような関係で、大きい環濠のなかの北部分と南部分に中心施設を造るとしたときに、どちらが祭祀的でどちらが政治的かと考えると、吉野ヶ里と原の辻は逆になるのでしょうか？

西谷　そのへん田川さんいかがでしょう。

高島　池上曽根遺跡《いけがみそね》（大阪府）が南のほうに竪穴住居が集合する地域があって、北のほうに掘立柱の大型建物があるという言い方をしています。だから「北優位、南下位」という位置づけがあるのではないかと最近、池上の人たちが言っています。原の辻の場合、いちばん高いところの前方後円墳形ですか、そのなかでそれを解決してしまうか、どうかですが……

田川　高い部分とその周辺部を掘っているのですが、高い部分の裾《すそ》あたりには竪穴住居らしい遺構は確認しています。それから、高い部分を南北に分けるような溝も一部確認していますので、これを追いかけることによって、ある程度ここを区画している部分が出てくるのではないかと考えています。

大規模建物群がほかにある可能性も

石野　印象としては、もっとも標高の高いところに出てくる建物群としては、わりと小さいものだなあという印象をもっていまして、これを原の辻の中枢建物とするにしては、今わかっている吉野ヶ里とか近畿の池上曽根とかの建物とくらべると、ちょっと貧弱すぎる。きっと、ここ以外に原の辻のなかで、大きい建物地区が出てくるのではないかと思うのですが。柱穴一個でもその兆候があればいいのですが、何もないでしょうか。

田川　今のところは。

西谷　今の高島さんと石野さんの話を聞いていまして、吉野ヶ里の場合は二カ所ほど重要な地域があるのに対して原の辻の場合は、一カ所はみつかっているけれども、もう一カ所きっとあるだろうということでしょうか。その可能性についてはあくまでも可能性で、まだ調査がおこなわれていないので今後の課題ということですね。

高島　原の辻のいちばん上の掘立柱の建物ですが、相当建て替えがありますよね。わたしが気になっているのは、祭祀に使う建物というのは仮屋の場合がよくあるわけですよ。その場所が重要なものである。ただ、大きな建物で、ある程度耐久性のあるのは別に建っているという可能性があるのではないか。わたしも発掘調査がまだ四パーセントでは、ここを何と決めつけるのは問題があるのではないかと思いますけれど。

西谷　もうひとつ確かめておきたいのですが、吉野ヶ里の例でいうと、真ん中に祭殿があり、そして、住まいがあり、準備のための斎堂がありと複数の機能をもったものが一カ所にあるわけですよね。ここの場合、三棟復元されているわけですが、三棟全部が祭殿とその付属施設と考えるのか、このなかにリーダーが住んでいた住まいもあったのかどうか。そのへんはいかがでしょう。

田川　宮本長二郎《みやもとながじろう》先生（東京国立文化財研究所）の復元のときに同時期の物を集めたのが、ちょうどこういう配置でして、機能まではわたしどもでちょっと……

西谷　図面は、実際に出てきた遺構から、宮本長二郎という建築史の専門の方が想定された建物の想像図ですね。いちばん左（西）にある建物は倉庫らしくみえますけれども、おそらく宮本先生はこれを祭殿と考えておられたと記憶しています。そうなると、住まいの場である居館がどこかになければならなくなります。そういう問題も今後、課題として残っているということで、今後の調査に期待したいと思います。

この問題は、一応ここで終わりまして、もうひとつ、火をたいた跡があります。これは、おそらく祭りに関連する一連の儀式の一つにかかわるものだと思うのです。卜骨を焼いた可能性もあるし、卑弥呼の場合は鬼道《きどう》といっていますが、一種の恍惚《こうこつ》状態で神のお告げを伝える、そういう雰囲気をつくらなければなりません。そのための場づくりで、音楽を奏でてということになるわけですね。このことと関連したことは倭人伝の前の韓伝のなかで、韓の人びとは祭りで飲んだり食ったり踊ったりすると書いてありますが、これはただの娯楽ではなくて、お祭りの場でそういうことをやるわけです。主として農業の祭りで、五穀豊穣を祈ったり、秋の収穫の際とか、そういうときに村人が集まって夜通し歌ったり、踊ったりするわけです。おそらくここでもそういうことをやっていたと思うのですが、そのときには楽器が必要ですね。韓伝の場合は、大きな琴が出てきます。当然ここでもなんらかの楽器を使っているはずですが、その楽器といえばココヤシの笛が出ています（図11）。普通あれは、土で作っています。木下さんはそのへんのことをご研究だと思いますが、いかがでしょう。陶塤《とうけん》とココヤシの関係、あるいはそのほか楽器をどう考えるかということですね。

木下　まず陶塤についてご説明しましょう。國分直一《こくぶなおいち》先生のご研究によると、陶塤は日本固有の楽器ではありません。孔子《こうし》の生きていた時代の文献に登場する笛に似ていることから、こういうむつかしい名前がつきました。塤という笛は卵形をしていて、卵の尖っていないほうに大きな孔があいています。このほかに小さな孔《あな》が、球体の一方の面に二個、反対側に三～四個あいています。これを大きな孔に口をあて縦笛のように持って、内と外の孔を押さえながら音を出すのです。土で作った焼き物なので陶塤とよんでいます。こうした笛は、中国の新石器時代に原形があり、商代晩期にすでに規格化しています。中国では代々儒教の儀式で使われており、現在でも見ることのできる古代の楽器です。

弥生時代にはこれが、日本列島の玄界灘・響灘沿岸から日本海沿岸の出雲・丹後にやや集中しています。

図 11　原の辻遺跡出土のココヤシでつくられた笛

今回壱岐でみつかったことから、この分布は少し西にのびたことになります。
　原の辻の例は、ココヤシ製なので陶塤型ヤシ笛とでもよぶべきでしょうが、とにかく材質がユニークです。つまり原の辻人は本来土でつくる陶塤をココヤシに応用したわけですね。これは陶塤にある程度親しんだ人たちでないと思いつかないことだと思います。陶塤は大陸系の笛で、農耕文化とともに伝わった楽器です。原の辻人はすでにこの楽器のよさを知り、だからこそ漂着したココヤシをみて、これを陶塤に似せた笛にしようと思ったのでしょう。また、他の遺跡の陶塤の多くが弥生時代前期のものであるのに対し、原の辻のココヤシ笛が弥生時代中期に属しているのも、それが一定期間土笛に親しんだ後の応用であることを示しているのではないかと思うのです。わたしとしては、このココヤシ、琉球列島から流れてきたものであれば、嬉《うれ》しいのですが。
西谷　田川さん、今のところ原の辻では琴とかはみつかっていないですね。
田川　琴の出土はありません。
西谷　今年（一九九七年）の七月でしたか、韓国の西南部でちょうど原の辻の時代、つまり弥生後期に並行する時期の琴が出土しています。弥生時代では中期くらいから琴が出てきますね。原の辻では木器がずいぶん出てきているようですから、ぜひ琴とか、今の話ではありませんが、陶塤の破片なんかが出るかもしれませんので、ちょっと注意して整理していただければありがたいと思います。

石野　畿内ではこの卵形の土笛というのはないですね。ですから、土笛を使っての歌や踊りはなさそうだ。ただ、木の琴はあります。場合によっては方形周溝墓というお墓から出てくることがありますから、葬儀のときに歌舞音曲をやっている。あるいはそれ以外のお祭りのときにも当然使うと思いますが、そういうことをやっていると思います。そのときには、必ず飲んで食べるということになるでしょうから、器類を大量に使うだろう。使った器類は、どこかへ埋めるなり納めるなりするのではないか。それが原の辻でも吉野ヶ里でも大量の土器群ということになっていると思います。あの土器群のなかに一時に捨てた塊とか、そういう雰囲気はないでしょうか。

田川　そういう視点でみたことはなかったのですが、たしかにある時期に集中してはいますので、同時に環濠なんかに入っている状況をみると、やはり中期から後期ですので、おっしゃるようなこともあったのかもしれません。

高島　楽器のことで実は気になることがあるのです。東夷伝《とういでん》では北方では太鼓などを鳴らして踊ってトランスしますね。一時は日本もそうだったのではないか。倭人伝には「飲酒歌舞す」とありますね。そういう北方的なシャーマンのあり方があるのではないかといわれていたのですが、民族学のほうからむしろ日本はそうではなくて、琴を爪弾いてトランスする、南方的に比較的静かにトランスしていく。それが島伝いにあるという民族学の指摘があります。それから すると、わたしは笛も、ヤシの実を使ったものですが、南の島にもあったと考えられると思うのです。むしろ、その系譜で楽器を考えたらどうか。「飲酒歌舞す」というのは、その社会の最高の巫女がやることではなくて、一般的な人のやることで、魂の再生の儀礼としてやっているのではないかと。そういうお祭りの階層の差と楽器の使われ方の差みたいなものも考えられると思うのですが。楽器の系譜としては、南のほうの系譜は絶対考えられないですか。

木下　絶対に考えられないということはないのですが（笑）。高島先生、奄美・沖縄にも古来からの確かな笛は一つありますよ、それは指笛（笑）。ただ陶塤は、その源流が黄河流域にありますし、その後も商王朝や中原《ちゅうげん》で発達、継承されることを考えると、これを南の系譜に属させるのはむつかしいように思います。また琉球列島の古代の楽器にどのようなものがあったかは、現在のところ皆目わかっていません。高島先生のおっしゃるように、椰子《やし》の実を使った楽器のあった可能性は低くないと思いますが、伝統音楽のなかにこれを想像させるようなものをわたしは寡聞にして知りません。

西谷　ありがとうございました。このあたりでその問題は終わりまして、原の辻の性格を考えるうえで環濠集落の内部がどうなっていたかという問題や、三重の環濠がめぐっているという問題もあります。さらにその外側には墓地があって、その一角では中国の鏡、トンボ玉や、銅の腕輪だとかを出す王墓とおぼしきものがあったりします。そういうものをトータルに考えるなかで、原の辻集落がどういう集落だったかがわかってきましょう。国邑《こくゆう》、つまり一支国の王都と考えるべきでしょうか。そういう問題があると思うのです。そこで高島さんにお聞きしたいのですが、その前に田川さん、原の辻では倉庫群はみつかっているのでしょうか。

田川　現在、幡鉾《はたほこ》川が東西に直線的に流れていますが、当初いちばん外側の濠がこの川を飛び越して北側まで広がると考えておりました。そのすぐ内側に倉庫群らしき柱穴の跡を確認はしているのですが、まだ狭い範囲しか掘っていないので、これを倉庫群と断定はしていません。

西谷　原の辻では倉庫も課題ですが、吉野ヶ里では、りっぱな堂々とした倉庫群がみつかっています。それがなぜ、環壕の外にあるのかと思っていましたら、どうやらその外に壕があるらしいということがわかってきたようですね。そのへんを高島さん、説明してもらいたいのですが。あれは、倉庫群をめぐっているのか、それとも集落全体をとり囲む第三の環壕なのでしょうか。

高島　今のところ、集落全体をめぐる第三の壕ではないとみています。発掘中ですが、どうも倉庫群を囲んだものではないかとみています。わたしたちは、このあたりに船着き場があるのではないかと。吉野ヶ里の全体図を見てもらいますと、環壕集落の南側に貝川という川が南北に流れています。これは、そう大きな川ではありませんが、環壕集落の東のほうには田手《たで》川という川が流れています。これが吉野ヶ里遺跡の南東の端を南北に切るように流れていますが、これはどうも奈良か平安時代に付け替えられたようでして、環壕集落のくぼんだあたりで西へ蛇行してこの環壕集落の東沿いに流れていたという痕跡をつかんでいます。どちらも、おそらく水運として利用されていたのではないか。そういうことで船着き場あたりが出てくるのではないかと思っています。高床倉庫群の西方の船着き場らしい、思わせぶりな遺構が出てきていたのですが、そこを掘っていたところ、さらに壕が出てきたということです。そういうことで、倉庫の位置は水運とのかかわりで考えておいたほうがいいのではないか。今、田川さんがおっしゃった場所は、そのあたりを倉庫として考えてみて発掘範囲を広げれば、倉庫群の可能性があるのではないかと思うのですが。

西谷　ありがとうございました。吉野ヶ里の倉庫群がなぜ環壕の外にあるかという疑問が、新たな壕がみつかったことで解決したわけです。さらに進んで船着き場、水運とのかかわりをおっしゃいましたが、この点は興味深いご指摘で、ぜひ、みつけていただきたいと思いますし、そのときは原の辻の船着き場を参考にしていただければと思います。

さて、原の辻そのものの分析にはいろいろな課題がありますが、資料不足というところもありますので、ここいらでとどめることにいたしましょう。ところで、原の辻だけが一支国の遺跡ではありませんし、森浩一先生が原の辻と並んでカラカミも非常に重要だという指摘をされました。つまりカラカミについては「別邑」という新説を出されています。そのほか一支国の遺跡には北端の勝本町《かつもと》に銅矛《どうほこ》三本を出土した天ヶ原《あまがはら》遺跡がありますね。そのほか、中小の遺跡もたくさんあって、農業だけでなくて漁業をおこなうものもあれば、あるいは交易を主とする村もあるというふうに、そういう多様な村々が集まって一支国というクニを構成していました。そしてその中心集落が原の辻ということですが、そういう原の辻を浮きぼりにし、一支国全体を考える意味でも、カラカミと天ヶ原という遺跡は非常に重要だと思います。この点をぜひ、下條さんにお考えを述べていただきたいと思うのですが。

干しアワビや真珠を交易

下條　カラカミ別邑説がありましたが、それよりもカラカミそのものを分析したほうがわかりやすいのではないかと思います。カラカミ貝塚といっていますように、貝塚なのですが、常識的には弥生後期の後半ごろに普通、貝塚はつくらないのです。大体は弥生の前期の頭くらいで、縄文的な貝塚はおしまいになる。とんでもない時期にああいう広い範囲で層が厚い貝塚をここでつくっているのは、ある種、縄文的な延長ではとらえられない特色をやはりもっているのです。それは何か。カラカミ貝塚から出てくる貝のなかにはアワビとかサザエなど大型の肉を出すものが非常に多いのです。普通、縄文時代の貝塚なんかいじくり回しても、アワビなんか出てくるのは〇・一パーセントとかそういうものです。ところが、ある時期からそういう大型の貝が中心を占めてくる。ある時期とはいつかというと、弥生時代に入って、しかも後半期。それはカラカミにきわめて象徴的に認められるわけです。では、こういう大型のアワビをどのような方法で採るかということになると、もうひとつカラカミの性格を特徴づけるものに、いろいろな漁具も出ていますが、なかんずく目を引くのは、鯨骨《げいこつ》を利用した、たくさんのアワビおこしによっているのです。もともと縄文からアワビおこしそのものはあるわけですが、カラカミ貝塚にみるアワビおこしは、非常に機能が分化したものになっている。今、ここの資料館の展示をみましたら、新しい鉄性のアワビおこしが大、中、小三種類並んでおりますが、あたかもそれに匹敵するように大、中、小がありますし、握るところの細工、あるいは腰にはめたときにすべり落ちないようにでっぱりなんかを作ったり、いろいろな細工がこらされたアワビおこしがカラカミには、きわめてたくさんある。ですから、あのカラカミ貝塚というのは極端にいうならば、倭人伝に「倭の水人が沈没して魚、蛤《はまぐり》を捕らえる」と言っている情景を二世紀ころに前倒しで再現しているようなものなのですね。だから、カラカミの水人というのは、極端にいうならアワビ、サザエの大型のものを採ってというところにいちばんの特徴があるわけです。

では、それを採ってどうするかということなのですが、これは後の南北市糴にかかわってくる話ですが、アワビ、サザエというのは非常に大型の肉ですから、後の干しアワビのように高価な品になりやすいですし、交易の対象になりやすいということがひとつあります。ところがもうひとつここで考えなければならないのは、日本の海の原産の貝のなかで真珠が採れる可能性があるのは、アワビだけなわけです。そうしますと、アワビの腹に含まれる天然真珠ということが期待できないかということなのです。『魏志』倭人伝の最後のところに「白珠五千孔」というのが出てきます。この白珠というのは、いうまでもなく真珠のことですから、邪馬台国の時代にはそういう真珠を集めて北との交易にもっていくということがおこなわれた可能性が考えられる。つまり、アワビの肉と同時に真珠採取を営んだのが、カラカミ貝塚の倭の水人ではなかろうかと考えています。もっともカラカミ貝塚の倭の水人が原の辻に従属しているかどうかということは、簡単にはいえないかもしれない。原の辻には原の辻としての漁業集団というのを別に考えたほうがいい。

西谷　原の辻だけでなくて、集落それぞれに個性のある村の営みがあるわけですから、それを浮き彫りにし、トータルに考えることによって一支国全体の様子が浮かび上がってくるということかと思います。それから、ただいまのお話で交易との絡みで真珠と関係しているのではないかというお話は、たいへん興味深かったのですが、最後に問題にしたいのは南北市糴の問題ですね。この点、下條さんは「南北市糴考」という論文をお書きになっていて専門とされるところですが、まず田川さんにおたずねしましょう。南北の交易ということで朝鮮半島や中国大陸とは別に日本列島内部のほかの地域の土器が入ってきていますよね。そのことをお聞きしたうえで石野さんに、当時の地域間の交流という問題についてをお話ししていただければと思うのですが、いかがでしょうか。

田川　壱岐は交易の島でいろいろな所からの物品が入ってきています。中国大陸や朝鮮半島からの品々も多いわけですが、そのほかには九州本土からの土器の流入、搬入。それから瀬戸内海のほうからの品物が土器を主体にしていろいろ入ってきています。時期を異にして九世紀、一〇世紀になると、さらに輪が広がって東南アジアへの交流がおこなわれている。そういう品々も当時としては貴重品だったと思うのですが、結構ふんだんに入ってきています。当然、生活レベルが高かったのではないかと思われます。

西谷　その点で石野さん、どうでしょう。土器がずいぶんあちこちに動いていますね。そうした地域間交流という視点から原の辻をどのように考えておられるでしょうか。

石野　どの時代でも土器は動き回っていますが、原の辻に近い時期でかなりはげしく動くのは三世紀、弥生と古墳の境目の時期ですね。ある地域の土器が別の地域から出てくるというのは、人間もいっしょに動いているということですが、人間の動きのはげしい時代が三世紀だと思います。なんのために動いたのかというのはよくわかりませんが商売もあっただろうし、戦争のためもあったでしょうが、ともかく動いています。そういう動きでみると、山陰の土器が佐賀県で出るとか、福岡県で出るとかいうのはかなり知られてきました。北陸の土器は近畿地方でも出ますし、山陰でも出ます。近畿地方の土器は九州・福岡県あたりではかなりたくさん出てきます。瀬戸内海は、さほど目立たないという感じです。ところが、九州・福岡県の土器はあまり外へ出たがらないようでして、近畿地方ではあまりみつからない。それぞれの地域の特色があるような気がします。土器だけでいいますと、北部九州は他地域の人びとをたくさん入れるけれども、自分の所からはあまり出ていかない。反対に伊勢湾岸地域みたいにどこへでも出ていくけれども、自分のところにはあまり入れない。それぞれの地域の癖があります。そういう点では、壱岐の地域では、よその地域の土器がもっとたくさん出てくれると、倭人伝でいうところの「南北市糴す」がぴったりだなと思うのですが、今のところまだまだ物足りない気がします。

西谷　その点で石野さんが発掘されたことがある纒向《まきむく》遺跡には、あちこちの土器が相当に入っているのでしょう（図12）。

石野　奈良盆地で三世紀を中心とする集落なのですが、そこはいちばん西では福岡、大分、東は静岡県の東、北は北陸の石川県、富山県、山陰は鳥取、島根の土器がたくさんきてまして、そのなかでいちばん比率の高いのは、隣の大阪は別にして愛知県ですね。愛知県から三重県北部の土器がいちばん数が多い。そのつぎに多いのは、不思議なことに山陰、北陸の土器ですね。奈良県の土器が吉野ヶ里の環壕の上層から出てきていますが、以前にラジオ番組で高島さんと対談したときに「吉野ヶ里の環壕は纒向の土器でつぶした」と言ったら、「近畿からくるのは、たかが土器ぐらいだ」と即座に言われましたが、そういう動きはしています。そのへんの動きをどう考えるかということはありますね。

西谷　纒向遺跡の場合はどうしてそうなったのでしょうか。

石野　あの辺は前期の前方後円墳がたくさんある地域ですから、古墳をつくるために全国から作業員を動員したからだという人がいるのですが、それに合わない地域、たとえば大阪の垂水《たるみ》丘陵というところがありますが、そこでは三世紀のよその地域の土器が大量に出ていますが、前期古墳が一つもない。わたしは、各地域の人びとがお祭りにやって来たと思っています。クニの王が変わるとかいう大祭のときにあっちこっちからお祭りにやって来た。ということは、別に奈良県だけではなくて吉備の王も、出雲の王も、筑紫の王も、壱岐の王も交代の節目などの大祭のときには各地から人はいっぱい来ているだろう。ですから、よその地域の土器がたくさん出てくるところは王が住んでいるところだと単純に思うことにしています。

西谷　最近、そういう壊れやすい日常的な土器がかなり動いているという事実がわかってきまして、その背後に経済的な交易活動があれば、政治的な問題もありましょうし、あるいは宗教的な背景などいろいろな理由があるようですが、それはやはり集落ごとの事実関係に照らして検証していく必要があろうかと思います。

下條　交易をするためには、とくに壱岐、対馬の場合は海を渡らないと交易ができないわけです。そうすると、海を渡る人というのは当時は当然、半分は漁業の人ですよ。漁業の人が一方では遠くまで出かけて行くということになるわけですから、そういう人たちの存在をしっかり立証しなければいけない。それで、実はそれのいい手掛かりになると思えるものがありました。それは、釣り鐘形の石製品です。しかも、これは軟らかい石でつくられている。これが、原の辻の展示館にありました。わたしはこれを九州型石錘《せきすい》といっていますが、もっと厳密には玄界灘型石錘といったほうがいいものです。この種の石錘は、とくに弥生時代の中期の終わりくらいに、糸島とか博多湾とか北部九州の玄界灘沿岸に急速に出てくるわけです。それから弥生の

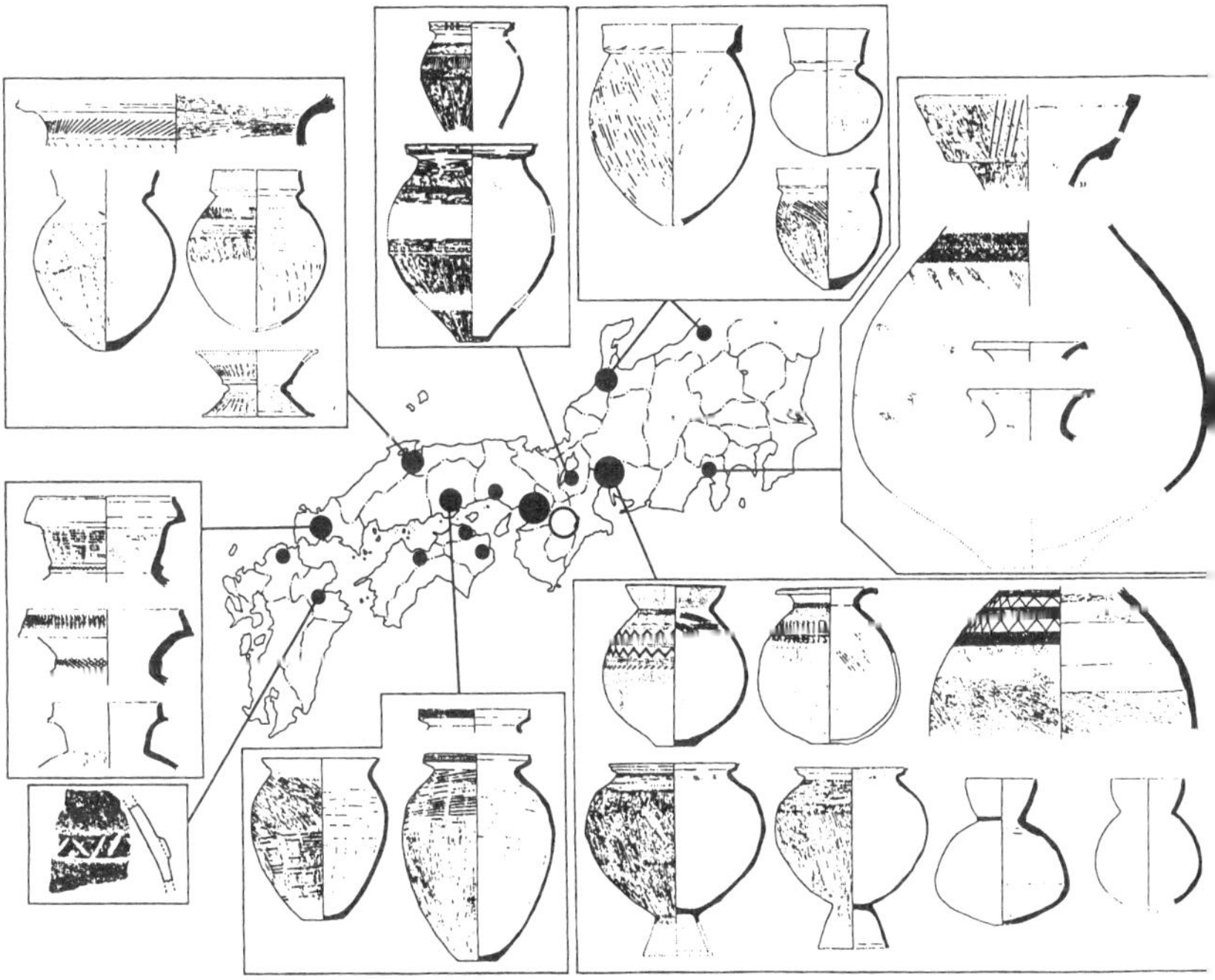

図 12　纒向遺跡の外来系土器（古墳早期）

後期、あるいは古墳期までその地域に使われるわけです。それとまったく同じものです。そうすると、でたらめな海の水人がいるというのではなくて、伊都国や奴国と深い関連をもった海の人たちが原の辻にいたとみたほうがいいだろう。そこで石錘で一本の南北の海の道筋がつながったわけですね。本来はもっと対馬か朝鮮半島までいけばいいのですが、今のところそこまではよくわかっていません。もうひとつおもしろいのは、たとえば伊都国ですとその中心地が三雲《みくも》だとか井原《いわら》だとかいいますし、奴国ですと須玖《すぐ》という遺跡がありますが、その近辺の川筋に必ず入っている。つまり、玄界灘沿岸の王都と思われるところに必ずこれが入っている。本来これは海で使う道具で、川なんかで使うものではありません。そうすると、原の辻の場合も似たようなことが言えはしないか。伊都や奴国の場合、市糴をできるような漁民集団を弥生時代になって海岸部に育てていくわけです。ですから、原の辻の場合にもどこかにそういう海の足になってくれるような漁民集団が別にいて、そういう人たちが一方でそういうことをやる。実際、展示館に並べてある貝なんかを見ますと、岩礁性の貝が圧倒的に多いし、魚も外洋性の魚が圧倒的に多いですから、外海や岩礁に出て活躍するような漁民が当時いて、そういう人たちが原の辻の意を受けて南北に市糴していたということを考えられないか。交易の場合、実はもっていくものがないと交易にならない。これを探すのがたいへん苦しいわけですが、ひとつの参考として先ほど言ったカラカミ的なものが考えられないかと思うわけです。

西谷　倭人伝では一支国に関して、「田を耕せどもなお食するに足らず」と書いてありまして、文脈からいうと米が大きな目的だと思うのですが、そのほかにもいろいろな問題があるということをあらためて感じます。そして、原の辻では青銅の矢じりがほかの遺跡にくらべて数量が突出して多かったり、武具の楯が出たり、遺構面でも環濠集落があったり、そういう緊張状態をうかがわせる遺構や遺物がみつかっています。そのことも倭人伝の「倭国の乱」とかかわってきますので、そういう切り口の場合でも原の辻と吉野ヶ里は重要な素材を提供しているということですね。この「倭国の乱」だけでも、一つの大きなテーマとして議論してよい問題ですが、残念ながら今回は時間がありません。

それでは、最後に、コーディネーターの特権、あるいはわたしの趣味で五人の方々に一言ずつお聞きしたいことがあります。高島さんが有名な名言を残しておられて、邪馬台国はどこかといったときに、「吉野ヶ里から見える所」と言われていますが、邪馬台国はどこでしょうか。

高島　言わずと知れた九州説ですが、かといって吉野ヶ里が邪馬台国と考えてはいないのですね。筑紫平野のどこかにある、おそらく久留米か八女、この一帯にいちばん可能性があると思っています。

西谷　お説をなかなか頑固に守っておられますね。木下さんはいかがでしょう。

木下　九州から近畿のどこかだと思います。考古学ではむずかしすぎます。

西谷　田川さんは一支国が決まっているからご関心はないでしょうか。

田川　そんなことはないですが、いちばん困った問題です。わたしは畿内だろうと思っていますが、心情的には九州にほしいところです。
下條 『魏志』倭人伝という文字がなくて、考古学だけで考えるのだったら、瀬戸内でもありうると思っています。
西谷 なかなかの新説ですね。では最後に石野さん。
石野 邪馬台国は、奈良県桜井市北部から天理市の南部にかけてでございます（笑）。
西谷 ありがとうございました。わたくしは司会者の立場から自分の見解を何も申しません。ちょうど予定の時間がまいりましたので、このあたりで本日のシンポジウムを終わりたいと思います。どうも、長時間、ご静聴ありがとうございました。（拍手）

追記

（下條信行 2011.11）

討論の最後で、邪馬台国は考古学的には瀬戸内もありうると言いましたが、それは瀬戸内に存在することを信じての発言ではなく、まだ畿内も九州も決定打を欠いていることをネガティブに表現しての言でありました。

さて、邪馬台国についてどう考えるかとなると、すぐ畿内か、九州かとなりますが、こうした短絡的な二者択一的設定はやめるべきだと思う。こうした設定は、ただちに強引な解釈をきたしたうえでの〝九州〟対〝畿内〟といった競争論になり、冷静な両者のあり方を論ずることが後景に押しやられてしまうことになる。

二世紀末近くから三世紀中頃までの時代を考古学的にみると（これそのものの考古学的年代を決めるのが大変だが）、簡単に言えば列島のなかには九州に中心の一つがあり、畿内にも別の中心の一つがあったと思われる。つまり日本列島には二つの極があったのである。それを遮二無二、一極にしようとバタバタしているのが現状でしょう。

これは『魏志』倭人伝中の「女王国の東、海を渡ること千余里で、また国々あり、これらもすべて倭種の国である」（平野邦雄『邪馬台国の原像』）という記載とも合致する。倭人伝は邪馬台国の東に、やはり別の倭人の国が存在することを認めているのであるから、その別の国の中心が畿内であったと考えればいいのではないか。

その畿内のなかでの中心は、奈良県纏向遺跡などが最有力地とみなされるが、ここに列島各地の土器が集中していることが根拠の一つとされている。しかし、仮にここが邪馬台国の国都であるなら、一大卒を派遣常駐させる卑弥呼にとって、もっとも重視すべき北部九州の土器はほとんどなく、ほかの北部九州系の文物もなく、畿内邪馬台国が北部九州を統治掌握している痕跡はない。また、その逆に北部九州からも若干の土器以外に畿内系の文物はほとんど出土しない。

一方、九州に邪馬台国があったにしても、問題が解決したわけではない。たしかに、原の辻遺跡や吉野ヶ里遺跡の発掘によって大集落の規模や機能が大部分わかってきたが、それは女王を共立する国々の国邑がわかってきただけで、邪馬台国そのものの考古学的諸問題は残されているのである。

（石野博信 2011.11）

壱岐には、一九七三年以来この討論会を含めて五回訪れていますが、原の辻遺跡には必ず立ち寄っています。倭人伝記載の風景と遺跡が魅力でしょう。

討論会では、原の辻遺跡に吉野ヶ里遺跡と同様の二つの中枢地区を求めていますが、大阪府尺度遺跡（三世紀）や滋賀県伊勢遺跡（二、三世紀）にも二カ所の中枢地区の可能性があります。

原の辻遺跡には、環濠内の中枢施設は一カ所に限られるようですが、伊勢遺跡同様、環濠外に一カ所設置されている可能性があるように思います。三世紀には二カ所の中枢施設が、卑弥呼的祭祀空間と男弟的政治空間となり、少なくともそれが東海以西の各地域の状況であったのでしょう。

邪馬台国は九州か？ 畿内か？

1996

高橋　徹（司会）
高島忠平
石野博信

高橋　三世紀の日本列島に「卑弥呼」という名の女王がいた。彼女はその強大な権力で、邪馬台国を統治していた。

『魏志』倭人伝に、こう書かれている女王「卑弥呼」はどこにいたのか？　そして、邪馬台国はどこにあったのか？　江戸時代の松下見林《まつしたけんりん》・新井白石《あらいはくせき》・本居宣長《もとおりのりなが》以来、畿内だ、九州だと争いながら、今日に至り、候補地は全国に乱立しましたが、いまだ決着がついていません。文字どおり古代史最大の謎です。

しかし、『魏志』倭人伝はフィクションでないかぎり、卑弥呼の国は実在したし、「邪馬台国」へつづく道も存在していたはずです。そこで、今回は、邪馬台国を目ざした多くの先達たちの足跡を踏まえ、考古学や関連諸科学の最新の成果をもとに、「邪馬台国は九州か？　畿内か？」と題して、古代日本の謎とロマンに迫ります。

「邪馬台国は、九州にあった」とおっしゃるのが、佐賀県の脊振山《せふりさん》の南にある吉野ヶ里遺跡の発掘調査を指揮した佐賀県教育委員会文化財課長の高島忠平さん。著書に『日本城郭大系・佐賀』、共著に『倭国大乱と吉野ヶ里』などがあり、吉野ヶ里国営公園化にも奔走されました。

一方、相対するのは、「邪馬台国は、畿内にあった」とおっしゃる、奈良県で発見された藤ノ木古墳の開棺を指揮した、奈良県香芝市二上山博物館館長の石野博信さんです。徳島文理大学文学部教授でもあり、全国の発掘現場に出没し、「考古学界の黄門様」とあだなされています。

そして、本日の司会は、朝日新聞大阪本社編集委員の高橋徹です。以前、朝日新聞の文化欄に連載された『邪馬台国』の執筆に参加。それ以来、邪馬台国を含めた考古学のとりこになり、著書に『忘れられた南の島』『明石原人の発見』『発掘された謎の邪馬台国』などがあります。

邪馬台国の所在地をめぐる論争は江戸時代以来、長い歴史があります。それは魏の国から、朝鮮半島の経営拠点としていた帯方郡を通って、邪馬台国に至る道筋を描写した「旅程記事を、どう読むか」という解釈の分かれにあるのです。「旅程記事」といいますのは、帯方郡から邪馬台国までの間に、たとえば対馬から壱岐島へ行くのに、「海を渡ること千里」とか、そういうことが書かれています。これについては、方向が東であるとか、南であるとか、非常に複雑な解釈があって、文献だけではなかなか邪馬台国に行き着かない、というのが現状です。そういうことで、一つの意見が出ると、必ず反論が出てくるので、袋小路に入ってしまったような印象を受けます。このように文献の解釈では袋小路になってしまったかもしれないのですが、考古学のほうからいくと、今も新しい資料がどんどん出てきているわけで、邪馬台国というものがみつかるのではないか、そんな気がします。とくに最近は、邪馬台国時代の多くの遺跡がつぎつぎと確認されています。

考古学というのは不思議な学問で、「何もない」ということを証明するのはむずかしいのですが、「ある」ということは、物が出てきたらそれで決まるのです。たとえば、邪馬台国・卑弥呼の名前を書いたものが、出てこないとは限らないのです。一方では、すでに邪馬台国のもので間違いない遺物がもう出ているのではないか、という考えもできると思います。

そういう視点で、お二人の論客に、現在出ている遺物をどう解釈するか、その解釈によって考古学的に邪馬台国はここだといえるのではないか、そういうようなことを少しお話ししていただきたいと思います。

考古学的に邪馬台国を探す方法として、有名なものに、これまでも「鏡」の問題がありました。

「鏡」というのは、「魏の皇帝が、卑弥呼に百枚を渡した」という非常に有名な記載があります。何度も行って、そのつど一〇〇枚をもらったらずいぶんの量になると思うのですが、この「鏡」の問題は、実はこれまた複雑な問題があるので、今回は鏡の問題を避けて、大きく三つにしぼってお話をしていただけないかと思っています。

その一つというのが、卑弥呼のお墓の問題。二つ目は、卑弥呼の宮殿のことを書いたくだりがあるので、宮殿の問題。もう一つは、邪馬台国というのは、「戸数がじ万余戸」と書いてあるので、その集落、都には多く人がいたのではないか、ということでこの三つに絞って話を進めたいと思います。

高橋　それでは、「邪馬台国・九州説」で来ていただいている高島さんから、まず最初に「なぜ、九州か」ということを、簡単に主張していただきたいと思います。

高島　わたしは、日本の古代国家の成立というのが、七～八世紀の奈良県を中心にして成立した律令国家である、ということは、間違いのない事実だと思います。その古代国家が、どのような過程を経て成立したか。そういったことを考えると「九州説」を採らざるをえない、というのがわたしの立場です。

三世紀というのは、各地の小国家というか、部族といったものが連合している段階ではないか。卑弥呼はその一つの連合の頂点に立った人であって、そうした、いわば部族連合というのは、日本列島各地にブロック的に存在するのではないかと思います。

弥生時代の集落の様相であるとか、あるいは広がりであるとか、そういったこと。あるいは墳丘墓、あるいは古墳といった墳墓の様相、広がりからいっても九州には九州説に有利な考古学的な材料がそろっていると、わたしは言いたいのです。

高橋　石野さんは畿内説ですが、なぜ、畿内説かということをどうぞ。

石野　いままで、三世紀の邪馬台国の時代は、弥生時代を前期・中期・後期の三つに分けて、後期の時代だといわれていましたし、今も教科書にはそのように書いていると思います。

しかし、ここ数年、年代の見直しがあって、三世紀にはすでに古墳がつくられていることがわかってきました。なかでも初期の前方後円墳が集中している奈良盆地東南部、のちに「畿内」とよばれる地域が、その中枢地になるであろうと思っています。

高橋　わかりました。それでは、まず石野さんから、奈良盆地東部のあたりに非常に古い古墳が出てくることから、そこが邪馬台国をそのまま引き継いだ、というお話が出たのですが、『魏志』倭人伝を見ますと、卑弥呼が亡くなったときに、「大いに冢《ちょう》を作る。径百余歩」という、記載があります。この「冢」、すなわち「塚《つか》」をつくったわけですが、これは非常に大きな古墳であろうということで、これにつきましては、どうなのですか。

高島さん、卑弥呼の墓は大きいということは？

高島　そうですね。やはり、大きなお墓であろうと思います。「百余歩」ですから、当時の距離(尺度)でいけば、百余歩というのは、一〇〇メートルを超えるものだろうという気がしますね。

高橋　そういうお墓が、はたして九州にあるか、ということですが。

高島　正直言って、卑弥呼の墓の候補になるようなものが、九州には一例もないですね。ところが、近畿の場合は、纏向遺跡といいますか、三輪山の山麓といわれる地域に、たくさんあるわけですね。どれが、卑弥呼の墓か迷うぐらいにたくさんあって、卑弥呼もどこに納まるかだいぶ迷っているのではないかと思いますけれども……　はっきり言って、九州にとっては不利な状況ではあると思うのです。

石野　奈良の場合、古墳はたくさんあるのですが、先ほども言いましたように、従来だと、それは全部基本的に三世紀末から四世紀前半にかけてのもので、邪馬台国とは関係がないというのが、いわば定説なのです。それが、三世紀初めからと言われるようになってきました。わたしは一九七〇年代の後半頃から、三世紀の初め、この頃は二世紀末から前方後円墳があるのだ、と過激なことを言っていますし、そうだと思っています。それを前提に考えますと、圧倒的に多数の前方後円墳が近畿にあります。

そのうえ、同じタイプの古墳が九州にもあるし、関東にもあるのですよ。かなり広い範囲に広がっている。四世紀以降の前方後円墳から考えられる一つの体制と類似のものが、すでに三世紀の初頭からあるのです。女王卑弥呼が即位するのは、一八〇年代後半だろうといわれていますが、その段階から、もう新しい時代に入っているのではないか、と思っています。

高橋　高島さん、初めからもう軍門に降っては……

高島　大阪府の池上曽根《いけがみそね》遺跡の巨大な建物の柱の伐採された年代が、紀元前五〇年くらいにさかのぼるといわれて、全体的な考古学の編年が近畿では一〇〇年くらいさかのぼるとなったわけです。九州では違いますけれどね。

したがって古墳時代もさかのぼるのではないか、と先ほども話がありました。そうすると、九州にも少し目が出てくると考えています。それはどういうことかというと、これまで、たとえば箸墓など、いくつかの卑弥呼の墓の候補があったわけです。それが三世紀後半であるとか、四世紀に入るとかいわれていたのですが、それがそのまま一〇〇年さかのぼるとすると、九州にも、やはりその時期に考えられる古墳がいくつかあるわけです。それが、卑弥呼の時代にさかのぼってくる。そうすると、近畿の古墳ほど大きくはないが、九州の古墳も候補になってくる。『魏志』倭人伝には、卑弥呼の墓がいちばん大きいとは書いていないわけですから。

高橋　具体的には、どういう古墳でしょうか。

高島　いま、卑弥呼の墓というのは少しむずかしいのですが、たとえば、佐賀県の唐津市にある久里双水《くりそうずい》古墳とか、福岡県の小郡市にある津古生掛《つこしょうがけ》古墳など、やはり古い時期の古墳があるわけです。ということは、まだ発見されてないところで、卑弥呼の時代の墓（古墳）もありうるということです。

　ですから、むしろさかのぼるということは、いままで目がなかったけれども、九州にも卑弥呼の墓の候補が出てくるのではないかと思っています。

石野　前方後円墳というのは、近畿にだけ出てきて、近畿でだけつくられているのではなくて、少なくとも、三世紀の前半の段階から関東から西、九州までの間の各地域に出てきます。ですから、九州にあってもいいのです。

　あるかないかの問題ではなくて、どのような内容で、どういう規模であるか、というのが問題だろうと思うのです。そうすると、いま言われた九州の久里双水古墳というのは、かなり大きな一〇〇メートルを超える古墳ですよね。ああいう大きな古墳で、前方後円墳のキッチリした形をして、そして古い土器ももっている。実年代はなかなかむずかしいですが、古く見たら、三世紀後半くらいになるでしょう。そういう段階に、ああいうりっぱな古墳が九州にもきっとあるだろうと思います。ただ、久里双水古墳の場合は発掘調査をされて、近畿の場合だと、よく長さが六メートルも七メートルもあるような大きな棺に葬られているのですが、久里双水古墳の棺は、三メートルくらいなのです。鏡もたいしたものをもっていません。中身がまったく違います。言い換えますと、それは、九州の伝統的な葬法だと思うのです。やはり、中身でくらべていかないとだめだと思います。

高島　わたしは、やはり、その伝統に充分注意すべきだと思うのです。それは、どういうことかというと、前方後円墳といったようなものをつくる思想です。それが、どういう過程を経て出てくるのか。近畿の場合は、その説明が非常にむずかしいだろうと、わたしは考えています。それはこういうことです。

九州の場合、盛り土でもってつくられた墓で、もっとも古く巨大なのは、吉野ヶ里遺跡にある墳丘墓（図13）とよばれているもので、これは古墳です。非常に注意しなければならないのは、単に古墳をつくったというのではなくて、長年にわたってお祭りがされているわけです。いわば被葬者の祖霊を祭る意識が、延々とつづいているのです。墳丘は、南北が四〇メートル、東西が三〇メートルくらい、高さが推定で五メートルくらいだろうと考えているわけですが、そ

図13　吉野ヶ里遺跡の墳丘墓

ういう墳丘だけでのお祭りだけではなくて、その周辺でお祭りが継続的におこなわれているのです。また後で、集落の中でのことでお話をしますが、祖霊祭祀がここで始まっているのです。いわば、特定の祖霊を祭る儀式がおこなわれているわけです。これは、最終的には前方後円墳をつくる儀式といいますか、つくる思想につながっていっていると思います。まさに、前方後円墳の後円部は人を葬るところ、前方部はいわば祭壇という見方が強いですね。そうすると、祖霊を祭る空間が、古墳の形となって成立したのが前方後円墳だと考えられます。いわば、つくる思想というのがまず九州に、吉野ヶ里遺跡に見ることができる。

　ですから、その中間をつなぐものは……

石野　前方後円墳？

高島　前方後円墳とは言いませんが……

高橋　大阪府の加美《かみ》遺跡はどうなのですか。

高島　あれは残念ながら、墳丘はありますけれども、その周辺の儀式をする場所といいますか、祖霊祭祀をする場所、これがよくわかりません。

石野　祖霊祭祀をおこなったというのは、吉野ヶ里遺跡にある墳丘墓とよばれている大きな墓ですね。弥生時代最大だとは思います。そこに土器を供えたり、鳥居状のものをつくったりしていますが、それを言っておられるのですか。

高島　ええ、その墳丘墓自身が紀元前一世紀につくられているわけですよね。

石野　卑弥呼の時代とはずいぶんと差がある。

高島　ところがそのお祭りが、実は三世紀までつづいているわけです。墳丘があって、その南、前面で祖霊祭祀をおこなう空間が、いろいろな施設をつくりかえながら継続して、三世紀には最大の祭祀空間がつくられているのです。それが、大事なことではないかと思います。祭祀をする場所とお墓とが結びついたものが、前方後円墳だと考えますので、まず、古墳をつくるソフトがどのようにしてできてきたかの過程をしっかりとみる必要があると思います。

高橋　畿内にはそういうソフトはないのですか？

石野　いまのお話ですと、「前方後円墳の思想的ルーツは九州の弥生社会にある」という考えになりますが、それはありうることだと思います。それが紀元前後までいくかどうか。その頃のものと、三世紀のものとがまったく同じかどうかは、別の議論がいるとは思いますが、あるかもしれません。ただ、その場合でも、九州と近畿ではずいぶんと文化観というか、それが違うのではないかと思います。

中国あるいは北部朝鮮のほうが、前方後円墳の思想上のルーツだろうと思うのです。それが、いちばん早く入りやすいのは、やはり北部九州でしょう。しかし、入ってきても、九州の場合は、「一つのお墓」としてだけ受け入れて、やがて近畿にそれが伝わってくる。前方後円墳を最初につくったのは九州かもしれません。そして、それが間もなく近畿にやってくる。近畿の場合は、文化に対する考え方というのが、「現代日本」のようなところがあって、よそから入ってきたものを自分流につくりかえるということを、いろいろな場合にやっていると思うのです。単なるお墓であった前方後円形の墓を政治的なシンボルとして、巨大につくりかえて、思想背景も新たに付け加え、新しい宗教の記念物としてつくってしまう。それが、まさに卑弥呼の「鬼道」の仕業でしょう。

高橋　意味はよくわかりました。高島さんのおっしゃるのは、お祭りの形が九州でだんだんと整っていく。そういうものが、非常に大事になって前方後円墳になっていく。

石野さんは、それが近畿にきて、そこで鬼道みたいなもので、新しい古墳のお祭りができてくるということですね。

高島　「祖霊祭祀」というのは、いわば「鬼道」なのですよね。卑弥呼のやる鬼道と同じことなわけです。

高橋　そういうお祭りが、吉野ヶ里であったから「卑弥呼の墓」は九州にあるという意味でしょうか。

高島　そうですね。前方後円墳と決まったわけではないので、そういう卑弥呼の墓を祭る祭祀の空間というか、それを、どうとらえるかということが必要だろうと思います。

石野　墓を祭る祭祀というようなことは、日本海沿岸でも、瀬戸内沿岸の吉備のあたりや香川県・徳島県のあたりでも古い前方後円墳がありますので、あちらこちらでおこってくる現象ではないかと思うのです。それを近畿のように、政治的な、あるいは宗教的な建造物として、つくりあげる、つくり直すというようなことは、よそではやっていないだろうと思っています。ですから、九州のは単なる墓で、近畿ではそれを記念物としてつくり上げたと思いますが、どうでしょうか。

高島　しかし、久里双水古墳では、やはり祭祀がおこなわれた跡があります。そういう祭祀のひとつの記念物が前方後円墳であって、それが成立するというのが地域的な王権が成立している証拠だろうとみるわけです。

記念物としてつくるということでは、全国的にも同じように発生期の前方後円墳や前方後方墳ができてきている。ただし、大和のほうがより巨大なものをつくっています。だからといって、大きければ卑弥呼の墓かということにはつながりません。

高橋　よくわかりました。最近、話題になっているのは、石野さんも先ほどお話しになられましたが、古墳のつくられた年代が発掘によってどんどん古くなっています。そういう意味では、畿内のほうは、卑弥呼について書かれている「径百余歩」にふさわしいものをポッとあてはめられるものが増えている。纒向石塚や箸墓でもよいし、ホケノ山古墳でもよいというように、いくらでも候補が出てきています。そういう意味では圧倒的に九州が不利になってきているようですが……

高島　数では不利ですが、ただ、候補がありすぎると、また逆に決められないというところがあると思います。

気になるのは、先ほど、最初の導入で「邪馬台国の女王『卑弥呼』」と言われましたが、『魏志』倭人伝をよく読むと、邪馬台国の「王」ではないのですね。むしろ、三〇の国々によって共に立てられた王であって、その女王の都するところが、「邪馬台国だ」と言っていると思うのです。そうなると、卑弥呼の墓の候補地がたくさんある纒向遺跡の付近ですが、あれが邪馬台国であれば、いま発掘されている古墳は、「邪馬台国の王の墓」であって、卑弥呼の墓はまた別ではないかと思うのです。あるいは、卑弥呼の出身地がどこかにあって、卑弥呼が死んだら、古墳時代の大王墓のようにそこへ帰って葬られた可能性のほうが強い。纒向を邪馬台国とするなら、あそこで卑弥呼の墓を探すのは、ちょっと無理ではないかと考えています。

石野　たしかに、邪馬台国の女王ではなくて、倭国の女王という書き方ですね。文献は、事実そのとおりですが、女王の都するところに墓はない、とも書いていません。前期古墳がつくられた段階、四世紀の段階でも、大きな古墳とその被葬者の都との関係は、まだわかりません。わかりませんが、普通に考えれば、何十キロも離れたところにあったのだろうとは想定されません。四世紀でも、五世紀でもそうです。五世紀になると文献がわりとしっかりしてきて、都のあるところと王墓は同じ畿内中枢地です。そうすると、やはり三世紀の段階でも、王墓は都に近いところでしょう。

高島　そういう意味で結論的なことをいうと、卑弥呼の墓よりも大きな墓が、近畿地方にあってもかまわない、ということなのです。おそらく近畿地方にも九州にも、同じような政治ブロックというか、三〇国くらいあったブロック国家が集まって連合をつくる。そういう身分の人が、近畿にもおそらくいただろうと思います。九州には卑弥呼がいて、そのときに近畿のほうに卑弥呼の墓よりも大きな墓がつくられていても、かまわないと考えています。

石野　たしかに古墳でくらべると、近畿が有利な点はあるのですが、それでも従来、古墳時代を研究している人も、そういうふうにはなかなか考えなかったのです。それはなぜかというと、「古い」ということが確実な前方後円墳を調査する度合いが少なくて、わからなかったからです。それが、最近、奈良盆地でずいぶん調査をされてきて、そのひとつに、箸墓のすぐそばにある、全長八〇メートルクラスのホケノ山古墳（図14）があります。この古墳の場合、墳丘に穴を掘って三世紀中葉の大壺が入れられていました。その古墳の築造時期を示す土器が、はっきりした状態で出てきたのです。

纒向石塚は、わたしは古いとは言っていますが、本当に古いのかと疑っている人もたくさんいます。それよりもさらに古いのが、ホケノ山古墳になる可能性が出てきました。それから、全長一二〇メートルの中山大塚《なかやまおおつか》古墳や前方後方墳の下池山《しもいけやま》古墳があります。どちらも従来は四世紀のなかでも下池山古墳だったらせいぜい後半で、前半は無理だろうといっていたのが、出てきた土器などから三世紀末になるということがいわれています。未調査段階とは違って、大幅に古いという事実がずいぶんと出てきましたので、暦年代はむずかしくても、相対年代自身も上げて考える方向にきていると思います。

宮殿の問題

高橋　今、古墳のお話をお聞きしていますと、やはり、畿内のほうが少し有利かなという印象を第三者として思いました。
古墳の話は少しおいて、やはり同じように『魏志』倭人伝のなかに、卑弥呼の住んでいた場所として「宮室」という言葉があり、宮殿のようなものがあったようです。それから「城柵」で囲まれていたという記載があって、これは吉野ヶ里が復元されたときに話題になり、「邪馬台国が見えてきた」といわれました。卑弥呼の住んでいた建物はどうなのでしょうか。大阪府

図 14　ホケノ山古墳

では池上曽根遺跡で大きな建物跡が出てきました。九州と畿内をくらべたときに、どちらがふさわしいか、ということを少しお話ししていただきたいと思います。まず、高島さん、吉野ヶ里遺跡では、りっぱな建物跡がまた出てきているようですね。

高島　結論からいうと、九州で出てきている集落における各施設の建物の組み合わせ関係をみると、「卑弥呼の都するところ」にふさわしいのではないかと思います。それはどういうことかというと、『魏志』倭人伝に、「宮室・楼観・城柵を厳重にめぐらして、常に人がいて、武器を持って守っている」いったようなことが書いてありますね。「宮室」というのは、宮殿というか、ある空間を示していると思います。一つの建物ではなくて、大きな環濠集落のなかに、堀あるいは城柵に囲まれた部分があるということです。これは近畿にも、たしかにあります。ただし、城柵ではなくて水堀です。土塁の上に柵が立っている「城柵」という表現とはズレます。そういうものは近畿にもあります。

それから「楼観」（図15）です。「楼観」というのは、これは道教的な宗教的な施設と単純に考えてよいでしょう。漢和辞典にあるような単なる「物見櫓」というのではなくて、道教の呪術師が運気を占ったり、聖なる神と出会ったり場所です。ですから、高くなければいけないのです。こういう高い建物であるということを示す資料で発掘された遺構は、吉野ヶ里遺跡でしか出ていません。これが、なぜ高い建物かというと、平面が四角で一辺が一二・五メートルあります。これは楼風の、上に高くなっていく建物になります。こういう建物が、楼観としてふ

図 15　復元された楼観（吉野ヶ里遺跡）

さわしいのではないでしょうか。それから、「城」というのは「土塁」のことですから、土塁があってその上に柵があるという表現にあたるものは、いまのところ、近畿のいちばん重要な集落であるといわれている池上曽根遺跡や奈良県の唐古《からこ》・鍵《かぎ》遺跡、あるいは纒向遺跡でも出ていません。また、城柵のなかに、国の戦略的な物資を納める邸《てい》閣《かく》という倉庫群があります。いわば租税を納める倉庫だと思いますが、このかなり大きな倉庫がまとまって出てきているというのも吉野ヶ里遺跡であり、北部九州にもあちこちでみられます。そういった点からみると『魏志』倭人伝に出てくるいろいろな施設のセット関係としては、まだ、近畿のほうでは調査が不十分で、九州で出てきているもので考えたほうがいいのではないかと思います。

石野　たしかに吉野ヶ里では一キロ四方も掘ったことによってわかった弥生社会像は、これまでの弥生社会に対するイメージを大きく変えたと思います。弥生社会は、非常に整った社会であるということがわかってきました。あれぐらいの面積を、たとえば唐古・鍵遺跡や池上曽根遺跡で掘れば、もっとすごいだろうと思います。

高橋　それは、これから出てくるだろう、ということですか。

石野　ええ。唐古・鍵遺跡の場合でも、柱穴状のものはどこを掘っても出てきますが、弥生時代の普通の住まいである竪穴住居の跡が全然出てきません。平地式あるいは高床式の建物の痕跡だけが集中的に出てくるのです。

高橋　しかし、大きなものは一向に出てこないですね。

石野　たしかに大きな柱穴は出てきません。高い建物を建てるためには、柱を地下へ深く埋め込まなければなりませんから、そのためには太くて（最低、柱穴は一メートルくらい）、深さも一メートルを超えるくらい埋めなければだめです。そういう柱穴は、唐古・鍵遺跡ではまだみつかっていません。ただ、近畿全体では、兵庫県の加茂《かも》遺跡や滋賀県の伊勢《いせ》遺跡などで出てきています。最近では大阪府の池上曽根遺跡ですね。最初、柱穴が一メートル四方くらいあるものが近畿で出たときには、これはすごい、これで九州と対等に戦えると思いました。ところが、九州ではその後、一×二・五メートルで深さが一・五メートルという、とんでもない柱穴がぞくぞくと出てきました。建物に関しては、どちらにも大きな建物がある、ということでしょう。そうすると後は、建物の配置がどうなっているかということではないかと思います。

高橋　先ほど、おっしゃった組み合わせは、どうなのでしょうか。

石野　組み合わせについては、滋賀県の伊勢遺跡で、柵に囲まれた四〇～五〇メートルの小さい範囲ですが、そこで建物跡が四～五棟、平屋ないし高床の建物が、かたまって出てきています。そこから二〇〇メートルくらい離れたところに、ほぼ同じ方向の柵で囲まれた四角い区画があって、そこにも複数の建物がありそうだ、ということがわかってきました。そうすると、二世紀段階の近畿のある集落では、柵囲いの二つの区画が同時にある。そして、それはあたかも『魏志』倭人伝でいうところの、「宮室を厳かに設け」というものと、政治を男弟がおこなう場所と、卑弥呼が祭祀をおこなう場所がそれぞれ別区画でつくられているというのと同じ状況が二世紀段階の近畿の弥生社会に、すでにあるのではないかといえると思うのです。

高橋　高島さん。邸閣とか倉庫群とかのセットでは、絶対に九州のほうが有利だとおっしゃっていましたが、いま石野さんは近畿ですでに出てきたとおっしゃっています。

高島　そうですね。伊勢遺跡や池上曽根遺跡でも、そういう環濠集落のなかに特別に囲まれた場所が二カ所くらいあって、聖なる祭祀の空間と、政治的な実務をおこなうような世俗的な空間があるということですね。これは、実は吉野ヶ里遺跡に典型的に出てきています。北内郭とよんでいる巨大な建物のある一画です（図16）。城柵に二重に囲まれて、入り口は鍵の手（クラ

図16　復元された北内郭と大型祭殿（吉野ヶ里遺跡）

ンク状）に曲がって入る狭い道があって、その内側は閉鎖的な空間です。そこは、おそらく祭祀というか聖なる空間です。卑弥呼は女王になって以来、人の前に姿をあらわさなかったというのは、こういう閉鎖的な空間に籠っているわけです。そういう場所があります。それから南のほうには南内郭というのがあって、北内郭にくらべると建物の質が少し落ちるのです。北のほうは、掘立柱建物だけで構成されていますが、南のほうは掘立柱建物プラス竪穴住居で構成されている二重の壕に囲まれた内郭があります（図10参照）。わたしはそれを、ひとつの世俗的な空間、政治的な実務をおこなう人たちの階層がいる場所だろうとみていました。それが、南北の関係で存在します。これは中国の君子と臣下がいる関係とだいたい同じ関係なわけです。とくに、一世紀以降に成立する中国の都城の配置関係と一致しています。

高橋　ひとつ確認をしておきたいのですが、北内郭・南内郭、それぞれの時期はいつごろでしょうか。

高島　同じです。時期は紀元一世紀ですね。そして二世紀・三世紀とつくり替えられていきます。

高橋　三世紀にも存在するのですか。

高島　はい。

石野　いまのところ、近畿では三世紀のそういう配置がわかる建物群というのはありません。近畿の場合は、京都府の中海道《なかかいどう》遺跡の建物があります。柵囲いで、かなり大きな建物が建っていますが、他の建物との関係はわかりません。ですから、本来、三世紀で九州と比較すべきですが、今のところ近畿では三世紀の状況がよくわからないのです。しかし、必ず出てくると思います。

どういうものが出てきたら、卑弥呼の宮殿といえるのかと思うのです。まず『魏志』倭人伝の宮室は卑弥呼が仕事をする場所だろうと思います。そして男弟がいる。さらに奇妙なことが書いてあって、食事を運ぶ男子がいる。卑弥呼の言葉を伝える、と書いています。それから婢が千人いる。そうすると、ひとつの建物構成としては、宮室と女王卑弥呼がいる居処という建物が別にあったかもしれません。それから、一人だけ出入りする「男子」の居る待機場所の建物がいるでしょう。また、食事を運んでいるのですから、そこでつくっているわけです。そういう食事をつくる人たちが控える場所もいる。最低四棟の建物が三世紀段階に柵囲いの中にあって、楼観もある。そういう建物配置なのでしょう（図7参照）。

紀元前後の九州・近畿両地域の大型建物から考えると、なおかつ、それは竪穴住居というようなものではなくて、平屋、あるいは高床の大規模な建物群だろうということは予想しておいたほうがよいと思います。

集落の人口の問題

高橋　時間がないので、最後のテーマに移ります。

邪馬台国は「七万余戸」という記載があります。そうすると、かなり立派な集落があったと考えざるをえない。では畿内と九州とでは、どちらが有利なのか。たとえば、現在、よくわかっている巨大環濠集落というものがあります。これを都の中心とみるかどうかは別にして、この周辺に大きな町があった。これを町とみるかは別にして、はたして弥生の都というのは、どちらにあったのか？　女王のいるところは都と書いているわけですからね。

高島　「女王の都するところ」ですから、これは、フランスの研究者・哲学者が、都というのは〔御家《みや》拠《こ》〕ということで、王がいるところつまり館であるということからすると、各地にあったと考えます。現に、「都」という地名が各地にあります。都というのは、日本列島のどこか一カ所にあったといったことではなくて、いくつかのブロックにあるような気がするのです。ブロックごとに邪馬台国連合があって、その都が邪馬台国だ、と考えたほうがいいのではないでしょうか。環濠集落は全国で四〇〇カ所ありますかね。その分布状況をみると、関東、新潟県どまりです。関東まで含めて考えると、『魏志』倭人伝の世界が拡散してしまうような気がします。

石野　「邪馬台国、七万余戸」というのは、すごい数字なのです。一戸の家族数はわかりませんが、四人と考えても二八万人です。三世紀の奈良盆地に二八万人もいたのだろうか。これは奈良盆地と大阪平野を含めても、あるいは福岡平野でも、佐賀平野でも、日本列島の大きな平野を一つとって考えてみても二八万人は入らないのではないかと思います。

高島　ちょっと無理でしょうね。四千余戸といわれている唐津、末盧国は遺跡の所在をほぼ確認しているわけです。とても四千余戸の家があるような遺跡の分布状況ではありません。

石野　実数としては、奴国が何戸とか邪馬台国が何戸とかいうのは、ちょっと大きすぎるかなと思います。

高島　そうです。相対的な関係と言いますかね。

石野　相対的には邪馬台国が都するところでいちばん大きいですから、都市的な要素がある遺跡でないとだめだと思います。都市というのは、地理学ではかなり厳しい限定があるそうで、商業区域がどれだけあるか、古代に置き換えると市がちゃんとあるのか、そして今でもそうですが、東京でも大阪でもよその人がたくさん来ているところが都市なのです。そうすると、考古学の世界で、よその人がたくさん来ていることが何でわかるのかというと、三世紀には外来系の土器が非常にたくさん出る遺跡があります。それは佐賀平野にも福岡平野にも各地域にあります。奈良でも、関東でもあります。その一つがたとえば奈良県では纒向遺跡です。外来系土器が一五〜三〇パーセント出ています。東は関東、南は九州の土器が出てきます（図12参照）。それぞれの地域の人が、比率にすると一〇〇人のうちの一五〜三〇人までが、よそから来た人です。これはすごい数字で、弥生時代の一般集落・一般農村の場合は、外来系土器の割合は三パーセントか五パーセントなのです。ですから、その一〇倍ほどの人びとが纒向に集中的に来ているのです。これは何事なのだろうかという異常事態ですね。それが三世紀の都市であろうという点で、わたしは都市「纒向」というのがふさわしいと思っています。

高橋　佐賀にはないのですか。

高島　吉野ヶ里遺跡を都市とみています。都市の性格づけというのは、いろいろと意見があると思うのですが、一つの政治的な拠点である必要がある。さらに祭祀的な拠点であり、経済的な拠点である。この三つが揃っている必要があると思います。

高橋　今、おっしゃった、土器がよそからたくさん入ってきている、ということですね。

高島　経済的な拠点であるということは、『魏志』倭人伝でも「市」が存在すると書いていますから、当然、それはあると考えるべきだと思います。

石野　纒向遺跡では「市」と書いた土器が出ているというと、世間が驚くでしょうが、実は飛鳥時代の「市」と書いた土器があります（図17）。文献には、山辺の道沿いに「大市」があったという伝承があります。箸墓古墳は「大市墓」ともよばれています。それから長尾市という人物の名前も出てます。伝承上でも「イチ」の伝承がある地域です。山辺の道という非常に古い道もあります。そういう交通の要衝であり、イチ伝承がずっと残っているという、そういう地域は各地にあると思います。さまざまなそういう要件を備えたところがまず、邪馬台国の都を探してゆく一つの方法だろうと思います。

高島　吉野ヶ里遺跡には、外来土器は少ないのですが、山陰・瀬戸内・九州南部・韓半島の搬入土器が結構あります。ところが、吉野ヶ里というのが中心となって、一つの国を構成しているなかに、港とわたしたちが考えている場所があります。有明海に面した諸富町《もろどみ》（佐賀県）というところに遺跡があって、外来系の土器がたくさん出ています。古墳時代になっても、外来系のいろいろなものがそこへ入ってきています。弥生時代から、港の役割を果たしているわけです。そして、吉野ヶ里では、紀元前一世紀、二世紀くらい、あるいは紀元一世紀くらいに、よそのものがたくさんきているのです。石包丁とよんでいる穂摘具とか、石の斧がたくさん入ってきています。おそらく、交換する市があったと考えられますから、邪馬台国が吉野ヶ里ではありませんが、たぶん有明海沿岸地域の別なところに、吉野ヶ里遺跡をしのぐ都市がいずれ

図 17 「市」字が書かれた土器（纒向遺跡）

出てくるのではないかと思います。

石野　港というのは、たしかに大事だと思います。纒向という一つの都市的な三世紀の集落がある。そこで日常的に使っている土器は、いわゆる庄内式とよばれている三世紀の土器です（図21参照）。庄内式土器は非常に不思議な土器で、多量に出てくる地域が限られています。奈良盆地の東南部の五～六キロの範囲だけです。つぎに多いのは、大阪平野の東の奥まったところにある八尾市・東大阪市の地域。そこは旧河内湖に面した邪馬台国の港だっただろうと思うのです。もう一つ集中する地域が、博多湾岸です。博多湾岸は邪馬台国の国際港であった。それほど港は大事である、と思っています。

高橋　石野さんは邪馬台国を九州まで、広く考えるのですか。

石野　九州は倭国の国際港です。

高橋　倭国の玄関口ということですね。そうすると、いま、おっしゃいました吉野ヶ里は邪馬台国とはいわれていませんが、「ここから、邪馬台国が見える」という高島さんの非常に有名なセリフがあります。

高島　そうですね。吉野ヶ里遺跡という立地をみると、有明海沿岸に広がる九州最大の筑紫平野が一望のもとに見えるわけです。九州の邪馬台国の候補地は、この筑紫平野のどこかの一角なのです。これはほぼ間違いないだろうと思います。

高橋　先ほど言われた、人が集中してきたという証明できそうな物、土器以外に何かありませんか。たとえば貝殻や装飾品など、そういう物があるのですか。

高島　そうですね。貝の腕輪であるとか、先ほども言いましたように石器の類、それから鉄がかなり入っています。おそらく原料は朝鮮半島ないし大陸からきているのでしょう。壱岐の海洋的な人たちが、有明海経由だと思うのですが、かなりもち込んでいます。吉野ヶ里遺跡で出てくる外来系のものをあげると、鉄もあるし、ガラスもある。石器もあります。たしかに土器は少ないのですが、実は、「土器はくせもの」で、土器はなかに入っているものが問題なのです。容器ですから。土器をつくる人は女性なのですよ。土器がたくさんあるということは、交易品として女性の奴隷が九州へやってきているのかな、とわたしは思います。

高橋　その辺はどうですか。

石野　その辺は解釈ですから、いろいろな可能性があると思います。どういう解釈をとるにしても、多くの地域の土器がたくさんあるということは、多くの地域との交流関係が非常に深かったということです。それが都市的な要素ですね。

高島　奈良盆地の北のほうにもかなりよその土器が出ています。平城宮のあたりにある弥生から古墳ぐらいにかけての遺跡からも、滋賀県あたりの土器が出るとか、東海の土器が出るという現象があります。それは、三世紀という時期にそういう交流関係が、列島各地にかなり広がっているということがいえます。

石野　おそらく関東平野でも、拠点的な集落はそうだっただろうと思いますね。ですから、これからはそのなかの質を問うということでしょう。

高橋　いま、お話をうかがっていますと、考古学の物が出てきたからといって、決定的になるのではなくて、文献のようにやはり解釈によって、どちらにでもとれるということが多いようですね。

高島　考古学を悪くいえば、「考古学的な遺物と遺跡なんて、どうだって説明できる」となります。近畿説のよりどころになっている三角縁神獣鏡の分布関係は説明のしようによっては九州説でも証明できると思っているのです。

高橋　都は纒向でもよいし、有明海沿岸でも遺跡から言おうと思ったら言える。どちらでも言えるということですか。

石野　やはり三世紀というのは、どういう時代か、ということでしょうね。それからいろいろな項目を並べて、はたしてどこが中心かを考える。やはり質でしょうね。

高橋　これから金印が出てきたとしても、決定的にはならないでしょうね。持って行った、とか盗られたとか。

高島　九州で出てくれば、決まったという人もいますが、近畿で出てくれば、九州から持って行ったんだ、といえます。なかなか決まらないですね。

高橋　文献にくらべたら考古学のほうがましかという気もしますけれども、なかなかそうはいかない。皆さんが楽しく、いろいろなことが言えるということで、ある意味では、決まらないほうがよいのかもしれないですね。

（高島忠平 2012.2）

追記

吉野ヶ里遺跡が話題となった一九八九年二月二三日からしばらく経ってから、わたしをはじめ吉野ヶ里遺跡の調査関係者にとって不可解な発言が邪馬台国近畿説の立場をとる研究者の間で論評や書き物であったり、伝聞としておこなわれるようになった。

それは、吉野ヶ里遺跡の環壕集落は二世紀で廃絶し、邪馬台国時代には存在しなかったとの喧伝ともいうべきものであった。わたしは近畿か九州かと対立する邪馬台国論の間での、古墳や土器の年代観の違いとして受けとり、邪馬台国近畿説の立場からすると、吉野ヶ里遺跡の環壕集落のように魏志倭人伝に記述する「居処宮室楼観城柵厳設……」の記述との附合性の都合の悪さと近畿ではその時期の環壕集落が顕著でないなどのことから、一方のそうありなん主張の一つとして受け止めていた。

ところが、最近『邪馬台国と纒向遺跡』学生社（二〇一一・八）で、吉野ヶ里遺跡調査の関係者は、最初、吉野ヶ里遺跡は二世紀までだといっていたのに最近は三世紀だというようになっている、との執筆各氏の指摘が随所で見受けられた。吉野ヶ里遺跡調査の当事者として「意外・心外・誤解・曲解！……」であるので、わたしの立場から訂正させていただきたい。

まず、この「邪馬台国は九州か？ 近畿か？」で、司会の質問に「三世紀」と答えている。一九八九年二月二三日の朝日新聞朝刊の一面はわたしのコメントで「邪馬台国時代のクニ」と見出しをつけている。出版物では、坪井清足監修『邪馬台国が見える！』日本放送出版協会（一九八九・九）で黒岩重吾さんの疑問にわたしは「二、三世紀のもの」と答えている。佐賀県文化財報告書一一三集『吉野ヶ里』（一九九二・三）で環壕集落の廃絶を三世紀としている。ご覧いただきたい。

わたしの邪馬台国論事案の古墳・土器の年代論は機会を改めたいが、わたしは立岩遺跡調査委員会編『立岩遺跡』（一九七七・四）甕棺の編年でX式を日佐原式とし、西新町式土器との大まかな技法の類似と丸底ぎみの様式的新しさから、画文帯神獣鏡を副葬した福岡県久留米市の祇園山古墳の甕棺は土師器である可能性を指摘した。この型の土器は、吉野ヶ里遺跡環壕集落の最終埋没土器群のなかに部分的に散見できるが、古墳時代土師器とも共伴する。共伴関係が多様で日常土器との様式関係を断定できないが、日本列島では古墳時代に多く出土する中国鏡種を副葬するもっとも新しい甕棺として、三世紀末から四世紀前葉にかけての年代をわたしは考えている。

（石野博信 2011.12）

一九九六年の対談当時、近畿に三世紀の大型建物群は未検出でした。奈良県纒向遺跡で一直線に並ぶ四棟の高屋が検出されたのは二〇〇九年ですから、ようやく北部九州の建物群と比較検討できるようになりました。

単なる墓としての前方後円墳（九州）から政治的記念物としての前方後円墳（近畿）へ

前方後円墳は九州に出現しましたが、それは単なる墓であり、近畿ではそれを巨大化して政治的記念物とした、という考え方は可能性としては、今も変わりません。〝現代日本社会と同じ〟という言い方をしていますが、それは戦後日本がアメリカなどで創造されたトランジスタラジオや自動車を輸入し、小型化、大衆化して世界に再輸出したエネルギーと同じ動向と考えていました。

2006

邪馬台国への道

銅鏡百枚

高島忠平（司会）
石野博信
奥野正男
真野響子

卑弥呼の鏡は画文帯神獣鏡

石野　わたしは邪馬台国ヤマト説ですが、女王卑弥呼が中国からもらったのは、三角縁神獣鏡《さんかくえんしんじゅうきょう》だとは考えていません。ヤマト政権がその鏡を使って全国に手をのばしたのであり、邪馬台国の動きとはなんの関係もありません。では、卑弥呼の鏡はなんでしょうか。まず、その時期の古墳についてみてみましょう。

卑弥呼が女王になったのは、西暦一八〇年代後半。その時期の九州には、宮の前遺跡（福岡市）があり、「伊都国」の平原《ひらばる》墳墓（福岡県糸島市）もあります。鏡が四〇面も出て、しかも壊されてばらまかれるという、すさまじい状況です。棺は丸太を二つに割ったような形をしています。関西では加美《かみ》遺跡（大阪市）に宮の前と同じような構造の墓があります。奈良県桜井市には纒向遺跡が一八〇年ごろにつくられています。

三世紀半ば、卑弥呼が亡くなったころの九州では祇園山《ぎおんやま》古墳（福岡県久留米市）があり、鏡も出ています。佐賀県では西一本杉《にしいっぽんすぎ》古墳（佐賀県吉野ヶ里町）があります。前方後円墳のルーツのような古墳です。唐津市には双水柴山《そうずいしばやま》古墳があり、箱形石棺、鏡、鉄の剣も出ており、地域のトップクラスの墓です。

この頃、奈良県ではホケノ山古墳（桜井市）がつくられました（図14参照）。大きさは約八〇メートルで、古墳の中に家を建てたようにして棺が収められていました。「卑弥呼の墓」ともいわれる大きさ二八〇メートルの箸中山古墳（箸墓）のすぐそばにあります。

ホケノ山古墳の主はヤマトではなく、徳島か香川の人間でしょう。東瀬戸内にそっくりな古墳があるのです。特異な構造で、ヤマトに突然あらわれ、その後に突然消えてしまいました。邪馬台国があったなら、それを支える各地域の王クラスの一人、まさに連合政権の中の一人の墓でしょう。

三世紀終わりから四世紀になると、黒塚古墳（奈良県天理市）があります。そこから三角縁神獣鏡が三十数面も出てきて、大きな話題になりました。ただ出土数が一〇面、二〇面になると、たくさんありすぎて、ありがたみがありません。ただのまじないの道具でしょう。

卑弥呼が新しい鏡をもらったのは、西暦二四〇年。そうならば、それ以降に日本列島にある鏡のなかで新しいタイプの鏡はなにか。それを探して、たどり着いたのが神獣鏡です。三角の縁ではなく平たい縁で、その一つがホケノ山古墳から出ている画文帯神獣鏡《がもんたいしんじゅうきょう》です（図18）。この時期から増え、大量に出てくるようになります。

卑弥呼は鬼道という新しい宗教を引っさげて登場しました。その小道具、シンボルとしてふさわしいのではないでしょうか。この時期には導水施設をつくり、新しい水を神に捧げる儀礼も始まりました。近畿では四、五世紀までつづきます。三世紀後半までに副葬された画文帯神獣鏡の分布は、福岡が二面、徳島と香川県が三面、大阪にはなく、奈良や京都南部で五、六面出ています。墓と鏡の共通性からみると、卑弥呼が登場したときの中枢地は東瀬戸内、近畿に

図 18　ホケノ山古墳出土の画文帯神獣鏡

あると考えています。

邪馬台国の位置と「銅鏡百枚」

奥野　邪馬台国の位置の研究は『魏志』倭人伝に始まって、『魏志』倭人伝に終わります。そこで倭人伝の解釈についての話から始めたいと思います。

『魏志』倭人伝には、朝鮮半島の帯方郡から出発して女王国までの道のりが書かれています。半島の海岸を船で南に行き、東に行きした後、対馬《つしま》と壱岐《いき》を経て末盧国《まつら》（唐津市付近）、伊都国《いと》（糸島市付近）、奴国《な》（福岡市付近）、不弥国《ふみ》へと進んでいきます。

不弥国までは距離が里数で示されていますが、その先になると、距離は「南へ水行二十日で投馬国に至る」というふうに日数であらわされるのです。

この行程の記述の解釈をめぐって大正期、京大の内藤湖南《ないとうこなん》と東大の白鳥庫吉《しらとりくらきち》という学者が「大和説」と「九州説」の議論を繰り広げました。

ただ、内藤説も白鳥説も、不弥国から先の日数を里数の先に足して加える読み方は同じでした。それで「書かれたとおりに進んで行けば、邪馬台国は太平洋のなかになる」といった指摘を受けてきました。

わたしの説は「南へ水行十日陸行一月で邪馬台国に至る」という記述を帯方郡からの所要日

数と考える解釈です。最初に「郡より」と出発点をはっきり書き「帯方郡から女王国までは一万二千里」とも書いてあります。里数（一万二千余里）を日数（水行十日陸行一月）であらわしたと考えるとつじつまが合うのです。

そう考えて、わたしは吉野ヶ里遺跡の発掘以前から邪馬台国は佐賀を都とする筑後川流域にあると主張してきました。倭人伝によると女王国の北に伊都国があり、その間は一五〇〇里と読みとれます。素直に読めば佐賀平野に着くのです。

卑弥呼が魏の明帝から下賜された「銅鏡百枚」については、邪馬台国畿内説は「卑弥呼の鏡」に三角縁神獣鏡をあてていますが、この鏡は中国製神獣鏡には見られないデザインがたくさん含まれているのです。また、中国からは一面も出土していません。

わたしが卑弥呼の鏡と考えている鏡は、石野さんが候補としてあげた何種類かのなかにもあります。平原遺跡《ひらばる》（糸島市）から出土した三二面の方格規矩四神鏡《ほうかくきくししんきょう》（図19）も卑弥呼がもらった鏡の候補になるでしょう。

平原遺跡の年代は二世紀くらいといわれますが、出土した鏡は古い文様と、中国鏡にもないようなものを含めて非常に新しい文様が混交しています。最近の中国の学者の研究によると、平原で出土したような鏡は方格規矩四神鏡のなかには入れず、文様が簡略化した鏡として扱っています。

ただ、三国時代の中国では新しい形式の鏡はつくられず、後漢以来の方格規矩鏡や画文帯神

図 19　平原遺跡出土の方格規矩四神鏡（8 号鏡）

獣鏡が簡略化の傾向を強めながら継続的に製作されていました。わたしは平原遺跡の発掘直後から、卑弥呼の鏡は後漢式鏡（魏晋鏡）と予測していましたが、そういう流れからみると、平原の鏡は卑弥呼の時代に合致するのです。

太陽と交信する卑弥呼

真野　吉野ヶ里遺跡をはじめて訪れたのは、NHKの生中継番組でした。中里太郎右衛門さんが甕棺《かめかん》の復元を試みていて、おもしろいと思いました。もうひとつおもしろかったのが、弥生土器を使って晩ご飯のシーンを再現したこと。そのとき、土器を手にして直感的にこれは女性がつくったものだなと思いました。

縄文時代の火焔《かえん》土器などは、男性がつくったものだと思いますが、弥生土器はお母さんが子どもや親族のためにつくって、少し曲がってしまったものは、今と同じように自分で使ったりしていたのではないでしょうか。

それ以来、こちらに来たときには必ず吉野ヶ里遺跡に寄っています。婦人雑誌の企画で「日本の色」をとりあげたときには、どうしても「赤」を着て、吉野ヶ里で撮影したいと思いました。シチュエーションは朝起きて太陽と交信して、いつごろ稲を刈ったらいいかを神様に聞く卑弥呼です。そのときは、稲穂と、鏡のかわりに巴形銅器《ともえがたどうき》を持って太陽の光を浴びましたが、本当に太陽と対話できるような気がしたのです。大変不思議な経験でした。

卑弥呼はどのようにして神の言葉を聞いたのでしょうか。琴の音を聞きながらトランス状態に入ったといいますが、そうやって先祖の声を聞いて戦争や田植え、稲刈りの時期などについて民に告げたのでしょうか。卑弥呼は鬼道を使ったといわれますが、もともと巫女《みこ》として存在していて、それが中国、朝鮮からは新しくみえたのかもしれません。

当時の鏡はよく見えなかったのではないかと思いますが、逆にそれが神秘的でよかったのかもしれません。また、占いで使うときには、裏の文様で微妙に結果が異なることもあったのではないでしょうか。

わたし自身は、卑弥呼の鏡がどこから出てもいいと思っています。ただ、なぜ鏡が大事にされ、どう使われたのか、それが今どうなっているのか。そこに興味があり、ロマンを感じるのです。

鏡がもつ意味

高島　石野さん、奥野さん、真野さんそれぞれの視点から鏡について話していただきました。「卑弥呼の鏡」だとする三角縁神獣鏡の影がどんどん薄くなってきた感もありますが、鏡のとらえ方、どういう意味があるかについての考え方によって、九州説と大和説の二つの邪馬台国論が導かれると思います。そこでトークセッションでは、まず鏡とはなにかについてそれぞれの考えを聞きたいと思います。

真野　鏡だから、最初は顔を映したのでしょうが、だんだん用途が変わってきて、文様のある裏のほうに価値が出てきたのではないかと思います。それに、鏡のなかの自分に亡き肉親を思い浮かべるように、鏡は祖先を映すという気がします。また、寝るときに鏡を伏せたりすることなども考えると、霊が映されるようにも思えるのです。

高島　魔力をもつと同時に、裏の文様や銘文に意味があるということでしょうか。

石野　神話の世界では、鏡と剣と玉が三種の神器になっています。剣は人を殺す道具であり、玉は飾りであり魂だとすると、鏡には「照らす」という意味があるのではないでしょうか。御《み》輿《こし》に鏡を飾るときには、光る面を表に向けています。吉野ヶ里の甕棺《かめかん》の蓋《ふた》に鏡があって、光る面が外を向いていたということですが、邪悪な神を追い払う働きがあったのかもしれません。ただ扱いには違いがあり、奈良の黒塚古墳では光る面が全部内側を向いていました。

奥野　後漢から三国時代の中国鏡には、それまで出てこなかった天上界を支配する西王母《せいおうぼ》や東《とう》王父《おうふ》などの神が出てきます。三角縁神獣鏡でも、文様の横に「この絵は東王父」と書き入れてあるものがあります。その神が、日本の神とどういう関係があるかはわかりませんが、『古事記』に、天照大神《あまてらすおおみかみ》が天孫降臨のとき、地上に天下る邇邇芸命《ににぎのみこと》に「これをわたしだとおもって大切に祀《まつ》りなさい」と言って鏡を渡す神話があります。これからみても、鏡は神様だということだと思います。

高島　鏡には、中国の神仙思想や世界観を反映した文様や銘が彫り込まれています。当時の日本人がどれくらいそれを理解していたかはわかりませんが、邪馬台国時代にもその時代の神話があると考えて、そのなかで鏡のもっている意味を正面から考えるべきではないかという指摘だと思います。いずれにしても、鏡は当時の世界観や精神世界を表象している資料といえるのではないでしょうか。

つぎに石野さんは卑弥呼の鏡を神獣鏡、とくにホケノ山古墳で出てきた画文帯神獣鏡が主流ではないかと考えていると思いますが、奥野さんは後漢鏡系だと考えていると思います。卑弥呼の鏡はどちらか、あらためてうかがいたい。

石野　「銅鏡百枚」が日本に到着したのが西暦二四〇年とすると、それ以降の新しいタイプの鏡にどういうものがあるかをみる必要があります。なぜ新しいタイプにこだわるのかというと、卑弥呼は新しい宗教をもっているからこそ女王に共立されたので、それをシンボライズする小道具が要るからです。そうすると、そのころに登場する画文帯神獣鏡がふさわしいと考えたのです。二四〇年より六、七十年後の時代になる黒塚古墳では、三角縁神獣鏡が棺の外に三十数面置かれていますが（図20）、棺内の枕元にあったのは画文帯神獣鏡一面だけで、特別な扱いをされていました。この鏡のシンボル性があらわれています。

奥野　わたしと石野さんの意見はそう違いません。わたしの整理では、三角縁神獣鏡はホケノ山古墳で出ている画文帯同向式神獣鏡の内矩をそのまま使って、外側に同心円的に文様帯を広げたものです。卑弥呼の鏡は、わたしも画文帯神獣鏡や方格規矩鏡などではないかと考えています。

石野　大阪大学の福永伸哉《ふくながしんや》さんが、三角縁神獣鏡の紐孔《ちゅうこう》（ひもを通す穴）が長方形であることに注目して、その種の鏡が中国の華北地域にたくさんあって他地域にはないことから中国産とい

図 20　黒塚古墳出土の三角縁神獣鏡

っていますが、どうでしょうか。

奥野　三角縁神獣鏡の紐の穴は、五〇〇面近くあるものが全部長方形です。一種類の鏡で五〇〇面近くも長方形の穴を開けているのは、中国ではごく一部の地方に限られています。魏の本国でつくったとはいえないのではないでしょうか。

高島　棺内の枕元に置いてある鏡は画文帯神獣鏡だけでなく、方格規矩鏡もあります。京都府の椿井大塚山古墳《つばいおおつかやま》でも三十数面の三角縁神獣鏡と方格規矩四神鏡が一緒に出土していますが、比較するとはるかに方格規矩四神鏡がすぐれています。ということで、卑弥呼の鏡は三角縁神獣鏡ではなさそうだというのが二人の結論で、後は舶来品か国産かということになります。

真野　卑弥呼は占いをする人なので、自分の勘を大事にしたのではないでしょうか。だから舶来か国産かではなく、どれによれば自分の呪術が成立するかを大切にしたのだと思います。見た目ではなく、触れて良さを確かめたのではないでしょうか。質感が重要なのではないですか。

石野　わたしは遺物が出てくるとさわってみますが、そういう点からみると、カッコイイのは三角縁神獣鏡です。しかし、外観だけで実質とは違うのではないかとは思います。

高島　茶器でいうと、最初のころの茶道では舶来品が名品。弥生時代でも、やはり中国製のブランドものが身分、権威をあらわしています。中国製のものが枕元に置かれて、日本製と考えられる三角縁神獣鏡が棺外に置かれるというのは、中国製のほうが、その人の立場を表象するものとしては重要視されたのではないかと思います。

真野　人に配る場合は、やはり見てくれも重要です。卑弥呼は中国と通好していたから、中国製の鏡の価値はわかったと思いますが、ほかの国々はどうかといえば、見てくれが良くて重量感があるもののほうが、価値があると思わせるには効果的かもしれません。そして自分が呪術に使うものは、中国製だった可能性もあります。女性は小ぶりのものが持ちやすいですし。ところで、鏡はひもをもって使ったのでしょうか。

石野　三角縁神獣鏡で穴の中にひもの痕跡が残っているのを、わたしは見たことがありません。高松塚古墳から出土した鏡など新しい時期の鏡にはひもの痕跡が残っているものがありますが。

高島　三角縁神獣鏡は「粗製乱用品」で、形式的な祭器として大量生産されたのではないかと言ったら、国立歴史民俗博物館館長だった佐原真《さはらまこと》さん（故人）に聞き捨てならないと叱られました。

石野　菅谷文則《すがやふみのり》さん（滋賀県立大学教授、現奈良県立橿原考古学研究所所長）が二十数年前に鏡の穴を調べていて、「穴をのぞくと中はギザギザで、ひもを通すとすり切れてしまう。だから実際にはひもを通して使っていない」と論文にまとめています。ヤスリを入れて穴を磨いていないというのです。それは事実でしょう。

高島　卑弥呼が権威を示すために鏡を配布、下賜したと考えられていますが、もし献上したとしたら評価が変わってくるのではないでしょうか。たとえば黒塚古墳の棺の周りに置かれた三角縁神獣鏡は、卑弥呼がつくらせて装具として置いたという説もある。だが石野さんは、時代も後になるので、むしろ大和政権の段階でつくったものといわれている。棺外に置かれた鏡の意味について石野さんはどう考えますか。

石野　まじない道具だと思います。あれだけ大量に置くのは、宝物でも権威のシンボルでもありません。

　卑弥呼が中国からもらった一〇〇面のうち五〇面か八〇面はどこかに配られたと思います。それと三角縁神獣鏡は、別問題でしょう。ヤマトと関係ない、九州の古墳から出た三角縁神獣鏡と同じ形の鏡を瀬戸内、北陸、あるいは関東の古墳がたくさんもっているならば、商品としての移動も考えられるのではないでしょうか。

奥野　古墳の祭りは一族の人が集まってします。だから副葬品も一族の財政力で買い集めるというのがもっとも考えやすい。同じ型を用いて製作された「同笵鏡《どうはんきょう》」が広がっているのは、メーカーがあり流通手段もあって、王権による配布などとは関係なく、手に入れていたのだと思います。

高島　特異なのは、平原遺跡の四〇面の破砕された鏡です。どういう意味をもつのでしょうか。

奥野　わたしは平原遺跡が卑弥呼の墓ではないかと言いましたが、平原の鏡の破砕はシャーマンの霊力を断ち切ろうとしているように思えます。倭人伝は卑弥呼の死について「もって死す」と書いています。わたしはこれを殺されたか、自害を迫られたと解釈しましたが、そういう死に方だったため、鏡の破砕でその霊力を封じようとしたのではないでしょうか。

石野　鏡を大量に割ることは、やはり「否定」だと思います。魂を抜き去るという意味があるのかもしれません。おもしろいのは、奈良の下池山古墳などでは四〇センチほどの内行花文鏡が割られずに、埋葬施設に接した石の囲いの中にまるで隠匿しているように埋められていたことです。同じ否定でも、九州と大和ではやり方に大きな違いがあるように思えます。

高島　王権と深く結びついた鏡の意義について論が及んだところで、残念ながら終了の時間がきました。邪馬台国の位置を決める決定的な証拠は何かという議論は、今後に持ち越したいと思います。

（石野博信 2011.12）

追記

『魏志』倭人伝の「銅鏡百枚」が話題の中心でした。わたしは、倭国の遣魏使が帰国する二四〇年以降、つまり三世紀中葉から後半の土器（近畿では庄内式＝纒向式）と共伴する銅鏡をとりあげ、卑弥呼の鏡は三角縁神獣鏡ではないことを説明しました。このことは、一九九五年（「前期古墳の新事実」季刊考古学五二）で主張し、『邪馬台国の考古学』（二〇〇一年、吉川弘文館）でも再説しています。

対談者は、邪馬台国九州説の方々でしたから諒解されていますが、大和説からは当然反論があります。

1995

邪馬台国はここだ！

大和vs.九州

石野博信
山尾幸久
高島忠平
奥野正男

石野　二世紀終わりごろ突然現れ、四世紀中ごろ突然消える都市的要素をもった集落遺跡が纒向遺跡です。大きさは約二キロ四方あり、約二〇〇ヘクタールの大規模なもの。まだ、発掘は充分進んでいませんが、住居や祭りがおこなわれた場所がいくつかわかっています。そして墓地があちこちでみつかっています。全体には土地が高くなっているほうに居住地、低いほうに墓地があり、北側に祭場があります。昨年の調査では工房らしきものも若干みつかっています。

　祭場があったと思われる場所からは導水施設がみつかっています（図29参照）。清らかな水を必要とする祭りがおこなわれていたものと思われます。導水施設は三世紀以後の遺跡からもみつかっており、祭りの継続性が考えられます。また、仮設の建物ではないかと思われる規模の小さな祭殿があります。墓地については、弥生時代の伝統を引き継いだ方形周溝墓と新しく生まれた前方後円墳という二つのタイプを同時につくっています。

　さらに箸中山古墳、普通箸墓古墳とよばれ、「倭《やまと》迹《と》迹《と》日《び》百《もも》襲《そ》姫《ひめ》」の墓と伝承がある二八〇メートルもある巨大な墳墓がこの地域につくられています。纒向遺跡に住んでいた人がつくったか、つくらされたか、またつくるのを見ていたかわかりませんが、自分たちのまちでおこった出来事です。日本最初の大型前方後円墳が出現した場所です。

　あらためて箸中山古墳の場所を見ると、大きさは確かにずばぬけて大きいものの、つくられている場所は住んでいるところから非常に近い平地の中にあるという印象などから、弥生的な墓地の立地と考えられます。このことから纒向遺跡は一八〇年か一九〇年ごろ、突然この場所に現れるわけですが、移ってきた人は、はるか遠く、たとえば九州からやってきた人ではないと思われます。纒向遺跡から四キロほどしか離れていない場所に唐古《からこ》・鍵《かぎ》遺跡（田原本町）があります。大和川で行き来も可能ですが、滅ぶのは纒向のまちが興るのと年代的に一致します。

また、纒向遺跡からは近畿地方を中心に発掘されている特殊な庄内式土器が多く出土します（図21）。この庄内式土器は邪馬台国時代の土器と考えられますが、圧倒的に桜井、天理地域と大阪の八尾、東大阪が多いのです。状況から中心は桜井、天理で、この地域が邪馬台国の有力地であると考えています。

大阪はこの地域を都とする、中国や朝鮮の船が瀬戸内海を通って停泊する内港であり、北九州はいわば国際港と考えればわかりやすいと思います。

山尾　『魏志』倭人伝本文からは、

①古代の日本の史料に『ヤマト』の地名が残る著名な地

②三世紀の倭人が、北部九州の港から南へ、船で一〇日行って上陸し徒歩一カ月を要する地

③帯方郡の官吏が船での旅程と比較して、徒歩一カ月はあまりにも遠いと感じた地

④西晋の史官が北部九州から約六五〇キロと計算し、福建省の東で台湾にも近いと考えた地

以上四点のことがわかります。

大和説の根拠としては、まず、中国の歴史書が三、五、七世紀の倭王を連続してとらえている点があります。三世紀の中国人は倭地を朝鮮半島の南から、福建省の東にある群島と考えていましたが、七世紀の『隋書』が「邪摩堆《やまと》」を「竹斯国《ちくし》」の「東」と訂正している点。そして、海上の「里」は対海面速度の錯覚（一日千里の航速）に出るという点があげられます。

また、考古資料からみて、『魏志』倭人伝に書かれた二五〇年前後と、奈良盆地の南に前方後円墳が出現して各地に波及する時期が一致することから、わたしは邪馬台国は三輪山麓を中心に都をもち、広範囲に勢力を及ぼした政権だと考えています。

九州説

高島　吉野ヶ里の発見で邪馬台国が見えてきました。同遺跡、北墳丘墓の一つから、切っ先のない折れた銅

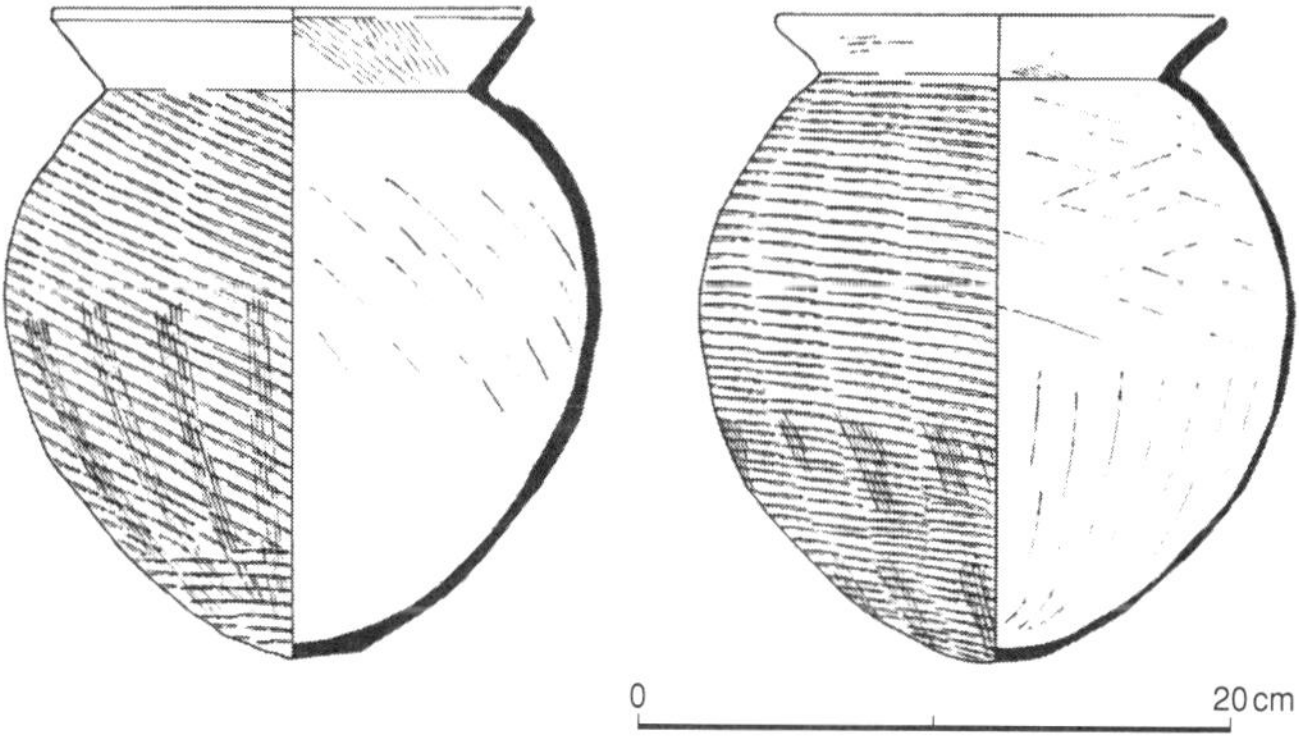

図21　纒向遺跡出土の庄内式土器

剣が出土しました（図22）。普通は、切っ先の折れた銅剣は、研ぎ直して再使用します。ところがこの銅剣は、切っ先が折れたままです。おそらく、切っ先が折れて研ぎ直す間もない出来事がこの墓の人物の死をめぐって起こったに違いありません。この墓の人物は遺体が残っていないため、明確な死因はわかりませんが、剣先が折れるほどの戦いの末、まもなく死亡したのではないかと考えられます。

この銅剣の持ち主は墓からうかがえる身分からして、戦争の犠牲者というより先頭に立って、戦争を指揮するクニの首長と考えられます。日本列島が水稲農耕社会成立以降、急速に国家形成へと向かう弥生社会の激動の時代、「折れた剣」は戦いの先頭に立った戦士が相手を倒しながらみずからも傷つき、最後まで握りしめていた剣だったのではないかと思います。

さて、弥生時代から奈良時代にかけ「クニ」「郡」といった領域での統一的社会関係が継続しています。これが古代国家形成過程での一貫した基礎的政治単位です。こうした地域を九州北部の範囲に求めると、少なくとも四〇以上の「クニ」が存在したことになります（図23）。そうなると倭人伝にある三〇国は、九州だけでまかなえます。それを近畿以遠に拡大すれば、あまりにも拡散しすぎます。

また倭人伝に記される宮室（巨大高床建築）や楼観（物見やぐら）、邸閣（巨大倉庫群）といった当時の巨大建築遺溝は福岡と佐賀の両県に集中しています。

奥野　邪馬台国は弥生時代に北部九州に成立し、古墳時代直前に奈良盆地に移ったのではない

図 22　吉野ヶ里遺跡の墳丘墓から出土した銅剣
（下段左から 3 本めの剣は切っ先が折れている）

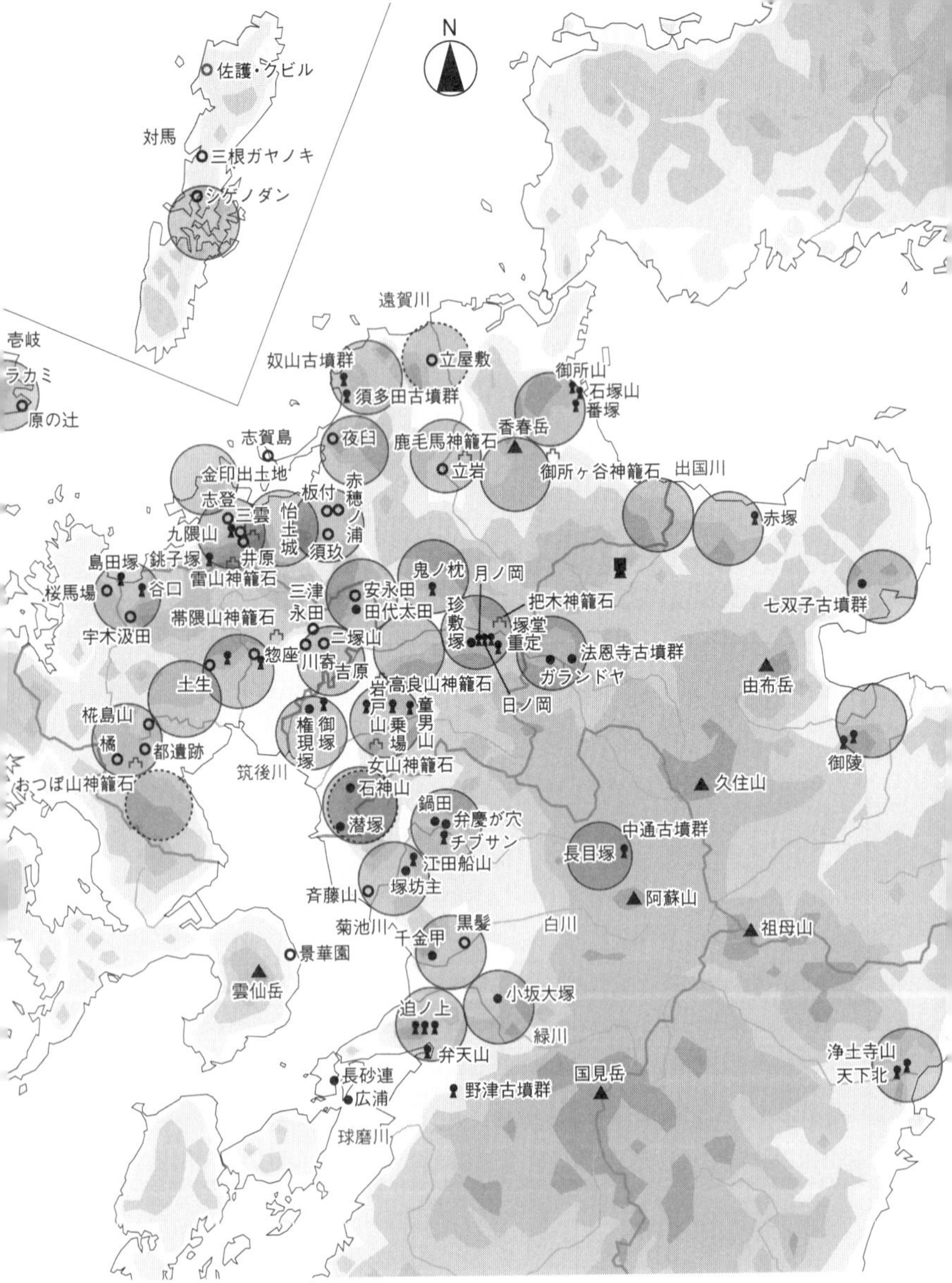

図 23　邪馬台国時代の北部九州の「クニグニ」

かと考えています。帯方郡からの総里数が一万二千里と伊都国が現在の糸島にあったということは、大和説と九州説の意見は一致しています。わたしは『魏志』倭人伝の里数記事は信用するべきだと思います。

邪馬台国までの総累計里数から、帯方郡から伊都国までの累計里数を差し引くと、残りは千五百（余）里になります。そして「女王国より以北は、特に一大率を置き、諸国これを畏れ憚る。常に伊都国に治す」という記述があり、伊都国から邪馬台国へは南に千五百（余）里行けばよいわけです。このことから、わたしは、邪馬台国は吉野ヶ里遺跡を含めた、有明海沿岸につくられた原始国家群ではないかと考えます。

カギを握る二つの遺跡

石野　纏向遺跡は邪馬台国の都であった可能性があります。この遺跡からは三〇パーセントを超える比率で外来系土器が出土し、都市であったことを証明しています。

邪馬台国は一地域に限定されたものではなく、広範囲に勢力をもっていた「都市」と考えられ、全国各地から人が集まっていたに違いありません。所在地を特定するには、日本列島の中で三世紀の外来系土器が出土する場所を探せばいいわけです。おそらく全国各地で発見されるとは思いますが、その都市構造が問題となり、単純には出土比率が高い所が有力候補地になります。このことから吉野ヶ里遺跡は出土比率が低く、一地方に勢力が限定された〝村〟であったと思います。

高島　纒向遺跡が都市であったということには異論はありません。しかし、邪馬台国であったかどうか。わたしは邪馬台国より大きな国が近畿地方にあったとしてもおかしくないと思います。

北部九州地域からは、他の比較にならないほど絹が出土し（図24）、さらに麻の織物も発見されています。これらがほとんど出土しない纒向遺跡はファッション的には〝田舎〟ですね。また、纒向では北部九州地域の土器がほとんど発見されていません。三世紀には西日本に貿易圏があり、東の拠点が纒向であったと思いますが、北部九州とは良好な関係ではなかったのではないかと思います。

卑弥呼は三〇カ国を束ねる女王であり、邪馬台国には別の行政機関があったという説があります。

図24　吉野ヶ里遺跡出土の縫い目の残る絹織物

吉野ヶ里遺跡の〝北内郭〟にある閉鎖的な祭殿と思われる空間に卑弥呼がいて、〝南内郭〟には男王がいたのかもしれません。

キーワードは「鬼道」

山尾　纒向遺跡は邪馬台国の「都」だと思います。卑弥呼が邪馬台国の女王となったのは神につかえる、「鬼道」の司祭者であったからです。千人にも及ぶ各地の族長の娘が祭りにつかえ、帰郷するときに鏡を賜ったのだと思います。これは広域信仰圏の成立をあらわしています。

　纒向遺跡で出土する各地の土器は、首長の娘たちが持参したものであると考えられます。この、三輪山の神を中心としてまとまっていた政権は、初期大和政権にそのままつながるものと思います。

奥野　倭人伝に記された魏からの賜物には、先ほどお話が出た絹織物のほか、黄金や銅鏡、五尺刀があります。この五尺刀とは鉄製だと思います。中国系鉄製刀は弥生時代後期の近畿地方の墳墓からは出土せず、北部九州にほとんど限定されています。古墳時代初期の三角縁神獣鏡《さんかくえんしんじゅうきょう》や方格規矩鏡《ほうかくきくきょう》など中国鏡も九州地方で多く出土します。

　各地で出土する貝輪など石製品の形の起源は九州の弥生中期に認められます。また吉野ヶ里遺跡から出土している巴型銅器《ともえがたどうき》（図25）も、纒向遺跡の母体となった唐古・鍵遺跡から破片が出土しています。九州起源の物を墳墓におさめるという思想があったのではないかと考えます。

石野　鏡は、卑弥呼の鬼道をあらわす考古資料の一つです。しかし、三角縁神獣鏡は、三世紀末・四世紀初頭から五世紀前半の土器である布留《ふる》式土器といっしょに出土することが多いことから三世紀の物ではないと思います。三世紀の土器といっしょに出土するのは方格規矩鏡や画文帯神獣鏡《がもんたいしんじゅうきょう》です。これらの分布は圧倒的に近畿地方が多いのです。

　二世紀末の石や木に刻んだ直弧文《ちょっこもん》などの文様も同じです。きわめて日常生活と無縁な一定のルールでつくられている文様は、鬼道に関係があると思います。さらに土器を基準に考えると前方後円墳も二世紀末・三世紀初頭からつくられたものであり、宗教の新しい形のあらわれだと思います。この三つをあわせもつのが纒向です。

図 25　吉野ヶ里遺跡出土の巴型銅器の鋳型（右）と復元品（左）

高島　鬼道は祖霊祭祀で、吉野ヶ里に起源があると思います。吉野ヶ里の北墳丘墓の南に環壕を越える道がつくられ、紀元前一世紀から紀元後三世紀の間継続的に祭祀がおこなわれています。

　ここから南墳丘墓に至る、真北《しんぽく》に対して六度振れる線が伸びていて、北内郭の大型建物と北墳丘墓、南墳丘墓などがこの線上につくられています。南北という普遍的な方位観でつくられたのではないかと思います。祖霊信仰を主とする鬼道がここで始められ、三世紀までつづいた証拠です。

　こうした祖霊祭祀が前方後円墳に引き継がれたのではないかと考えます。鏡に象徴される儀式は九州に起源を発し、近畿地方に伝わったと思います。

石野　最近、近畿地方で発掘されている一世紀の遺構のなかにも大阪府池上曽根遺跡など方位を意識してつくられているらしい建物と区画があります。しかし、類例が少なく、双方の社会のなかでどの程度広まっていたか、判明するのはこれからだと思います。

高島　七田《しちだ》忠昭《ただあき》さんの意見ですが、中国では、紀元前から後にかけて城郭のつくり方に南北方位の思想が生まれています。吉野ヶ里の北内郭と南内郭の配置関係も偶然ではなく、一～二世紀にかけてこの思想のもとに、都市計画がおこなわれているととらえていいのではないかと思います。

　また、北内郭の建物は楼観とよぶにふさわしく、囲まれた区域は宮殿、何重にもめぐる壕には土塁が壊れて埋まった痕跡があり、城柵だったと考えられます。これらの建築物は、倭人伝に記された建物群にあてはまると思います。

卑弥呼の墓はどこか

石野　卑弥呼の墓がどの程度の規模であったか、今のところ考古学の立場からは言えません。しかし、三世紀の鬼道を司った人ですから、前方後円墳だったと思います。
　最近の調査で卑弥呼の墓といわれている桜井市の箸中山古墳（箸墓）の葺石は伝承とは違い、大阪府柏原市国分あたりのものとわかりました。一方、天理市の中山大塚古墳は伝承どおり香芝市の逢坂山の石が使われています。本当の箸墓はこちらかもしれません。大きさは一二〇メートルの前方後円墳であり、新しく始まった鬼道のシンボルである特殊器台型土器をもった墓です。

山尾　わたしも前方後円型が卑弥呼の時代の宗教に関係すると思います。鬼道は紀元前からの伝統ではなく、統合によって新しく興ったと考えています。この型は太陽と大地の霊的な威力を神格化したものと想像しています。
　しかし、卑弥呼の墓が前方後円墳だったかどうかは疑問です。倭人伝が記す「径百余歩」の記述を尊重すると、直径約一五〇メートルクラスの円形墳丘墓だったのではないかと思います。

箸墓は円形部が直径約一四〇から一五〇メートルあり、やはり卑弥呼の墓だと思います。もともと、円形墳丘墓だったものに、少しおくれて前方後円墳が主流となってから方形部を付け足したのではないかと想像しています。ここを掘れば魏から賜った〝金印〟が発掘されるかもしれません。

高島　残念ながら九州には卑弥呼の時代にあたる墳丘墓はありませんね。しかし、参考までにお話ししますが、吉野ヶ里遺跡から約一・五キロ離れたところの神社に、直径七〇メートルほどの古墳時代のものとは違う墳丘があります。いずれだれかが〝金印〟を掘り当てるかもしれません。

(石野博信 2012.1)

追記

都市・纒向を建設した人びと

纒向遺跡が纒向1類土器(二世紀末)に突然あらわれ、纒向5類土器(四世紀前半)に突然消える都市的な集落である点は事実です。しかし、突然あらわれた人びとの出自については、本項のとおり唐古・鍵からの移動を主張し、二世紀末・三世紀初の北部九州糸の土器がゼロに近いことから、遠方からの移住を否定していますが、ほかの要件を考慮すれば可能性は否定できない、と思いはじめています。〝ほかの要件〟の内容については、現段階では漠然としています。

「卑弥呼の墓」について

本項では、卑弥呼の墓は前方後円墳だと主張しています。しかし、二〇一〇年に『弥生興亡　女王卑弥呼の登場』（文英堂）一三八ページで、『魏志』倭人伝の「径百余歩」にこだわれば、本項の山尾さんの発言のとおり、径一四〇メートル余の円形墓の可能性を指摘しました。一考すべきだと思っています。

（山尾幸久 2012.1）

倭の対外的文化中枢が、北部九州のツクシ政権から近畿中部のヤマト政権に移った根本的理由は、倭人社会内部の事情からではない。倭人の政治社会を庇護する外的権威が、後漢王朝の皇帝から公孫《こうそん》氏政権（燕《えん》国）に替わったからである。

一八四年に始まる黄巾《こうきん》の乱によって後漢王朝は滅ぶ。一九〇年代、後漢皇帝と対抗する公孫氏が、皇帝の臣下としてのツクシ政権の地位を自動継続するはずはない。ヤマト政権は、威信財の導入機構を保障してくれる外的権威を求め、かねてから独自の交流を開こうとしていた。公孫氏の燕国が出現したのはチャンスだった。一、二世紀のツクシ政権を庇護した後漢王朝が滅び、五〇年ほどの公孫氏の燕国がヤマト政権を厚遇した。それが、この時代の画期の歴史的理由である。

卑弥呼の「鬼道」が三世紀前半の西日本に急速に拡大したのは、この宗教が弥生時代の地域社会にはなかった新しい価値を教義としていたからである。それは外来のものであって、弥生時代の宗教意識を総括しても古墳時代の価値観念は生まれない。「死後には他界に再生できる」。希望に満ちた理想をもっていたのである。

二世紀末葉～三世紀前半の中国全土の大動乱時の思想的紐帯は、仙人の信仰だった。その本場は蜃気楼で知られる渤海《はっかい》沿岸、燕《えん》・斉《せい》の地である。公孫氏の国家はそこに樹立された。この信仰（理想）が、公孫氏の燕国から、楽浪南部（帯方郡《たいほう》）を経て、のちの和爾氏《わにうじ》の本拠に入ってきたのではなかろうか。天理市和爾の東大寺山古墳から出土した大刀に刻まれた「中平」の年号は、まさに黄巾の大反乱が蜂起した時である。

古墳時代の葬送に「朱」と「剣」と「鏡」を使うことは、死者の霊が飛翔して永遠の楽土に旅立つというイデエが三世紀にはあったことをうかがわせる。弥生時代の地域完結的な社会にはたぶんなかった、晴ればれした来世観、それが、外（中国本土ではなく西北朝鮮）からもたらされた卑弥呼の「鬼道」の教義だったのではあるまいか。

1992

邪馬台国ヤマト説

考古学からみた三世紀の倭国

青山　茂（司会）
水野正好
石野博信
田中　琢

青山　今年度は、この帝塚山学園ができてから五〇年、帝塚山の短期大学ができて三〇年、それから日本や奈良の歴史、美術を中心として勉強しようという日本文化史専攻ができてから一五年、わたしはその初年度から来ているということで、わたし個人にとってもたいへん感慨深い年となっています。そういう節目の年にあたるので、何か記念になる催しをしようではないかということになり、昨年暮れには法隆寺の西岡棟梁や、京都の冷泉家の冷泉布美子さんのお話を聞きました。

今日は、記念シンポジウムということで三人の先生方に邪馬台国の問題について楽しく、わかりやすく、お話ししていただきたいと思います。

ご存じのように九州、吉野ヶ里で、弥生の遺跡二十数ヘクタールを掘って、邪馬台国、邪馬台国と、九州の邪馬台国説が天下を制したように言われましたが、学問的にみて冷静に考えると、あれは流行病《はやりやまい》のようなものではないか、と思っています。冷静に学問的にみておられる三人の先生方から、それぞれの分野でお話しいただきます。

本によく書いてあるでしょう。邪馬台国がみえてきた。吉野ヶ里から何かみえた。あるいは吉野ヶ里そのものが邪馬台国だというような突拍子もない、いろいろな木がありますが、今日は「吉野ヶ里からは邪馬台国はみえてこない」という共通のテーマでお話をしていただくことにします。

まず、水野先生からお願いします。

卑弥呼の宮室はヤマトに（水野）

今日は青山さん、石野さん、田中さんといっしょにお話しできる。このような機会はめったにないこと、本当にうれしい一刻です。

実は、わたしたちの学んでいる考古学は、各地の遺跡を発掘したからといって、それで邪馬台国があるのか、ないのか、邪馬台国がどこにあるのか、などということは、わかるものではありません。なぜならば、「国」という行政組織を、発掘された品物や遺跡が表現してくれないからです。どうしても発掘だけではわからないということになります。

では「倭国」や「邪馬台国」の存在は、どのようにしてわかってくるのかといいますと、日本では八世紀、奈良に都ができた頃、はじめて書物がうまれてくるわけです。たとえば『古事記』や『日本書紀』、『風土記』や『懐風藻』といった書物ができてくるのです。それ以前はほとんどが口伝えであったり、簡単な記録でしかなかったようです。そうした類のものは、今日のこされていませんから、より古い以前の日本についてどう研究しようか、ということが切実な問題になります。その研究を進めようと思いますと、文字の十分にない時代は研究できないわけです。そこで「文字の国」である中国のお世話になるわけです。中国では、ありがたいことに王朝ごとに丁寧な記録を作ってくださっていますので、文字で書かれた日本の「記事」が出てくるわけです。「記録以前」の日本の姿が、中国に出した使節や、中国からの使節が日本に来る、そういう内容をまとめた記事が中国の記録のなかに描かれることになるわけです。

たとえば『後漢書』という本があります。中国の後漢帝国へ日本が使節を出した際に漢帝国側が、いろいろな日本の情況を聞き、その内容をまとめ整理して記載してくれているのです。実に中国はいろいろなことを知っています。

漢帝国が倒れたあとの中国は魏《ぎ》、呉《ご》、蜀《しょく》という三国に分かれますが、その三国の歴史を記した書が『三国志』です。日本はこの三国のなかで、もっぱら魏王朝と往来しましたので、『三国志』のなかの『魏志』に日本の遣使の実態や貢物、賜物などの記事をとどめてくれているのです。

この『魏志』の記事は、本当にありがたい記事です。日本を「倭国」とよんでいること、倭国には「倭国王」のいること、倭国王は卑弥呼・台与と移ること、その王の都する所は「邪馬台国」であるとか、あるいは中国から日本へ来るコースとそのコースの途中の各地の国の状況などが実にくわしく書かれているのです。そのおかげで『魏志』を見ていますと、考古学とは違った意味で日本の古代が彷彿として浮かび上がってくるのです。

岩波書店から文庫本で『魏志倭人伝』が出ています。読みやすいように書き下してくださっています。この一冊で、一生楽しく遊学できます。『魏志』の倭人伝に何と書いてあるだろうかと思い、ゆっくり見ていきますと、実に楽しいものがあります。

まず中国の朝鮮半島南部支配の機構であります帯方部から倭国に至るコースをみますと、朝鮮半島の南端の「狗邪韓《くやかん》国」から海を南へ渡り千里行きましたら、「対海国」に着くと書いてあります。この対海国はツシマ＝対馬国とすぐわかる表記です。対馬国からは、さらに南へ渡ること千里で「一大国」へ着くとあります。大の字は支の字を誤ったとみてよいと考えます。漢字を書いてくれるということはすばらしいことです。一大国は一支国で、壱岐のことです。

壱岐から、千里行くと「末盧《まつら》国」に着くとあります。発音に従えば松浦国、マツラ－マツウラとよんでいます佐賀県の唐津松浦のことだとわかります。昔も今も唐津は朝鮮へ向けての大事な門戸なのです。

この末盧国までは海路で来日するわけですが、ここからは船や渡海のことは書かず、単に東南五百里行くと「伊都国」に着くとあります。今日でも糸島郡（糸島市）がありますから、その位置がわかります。唐津から少し東南に寄った地だとわかるのです。

その伊都国から百里ほど行きますと、「奴国」に着くとあります。福岡市は昔から、「那《な》（儺）の津《つ》」とよばれてきました。ですから福岡の前は博多、博多の前は奴ということで奴国は福岡市にあたることになります。この奴国から東へ百里、「不弥国」に至るとあります。福岡市の東隣を流れる川が宇美《うみ》川。今日も宇美町という町があります。不弥＝宇美、おそらく発音の聞きとりの違いによるものと考えていいのではないでしょうか。

以上のようなしだいで、『魏志』倭人伝の時代から今日まで、北部九州各地の地名がそのまますべて伝承されているわけです。うれしいことですね。このようなコースを用いての日中交流の姿が、みごとに浮かび上がるのです。

そこで、記された各「国」のなかでの国の大小を問いますと、『魏志』は対馬国は千戸。壱岐国は三千戸。松浦国は四千戸。伊都国は一千（万）戸。奴国は二万戸、不弥国は千戸と書いてあります。かりに一戸が五人だとすると、奴国は一〇万人の人口を擁しているということになります。今日、九州最大の都邑でありますす福岡が、当時も九州最大の都邑であったことがわかるのです。

ところが『魏志』倭人伝では、不弥国から先、船で行けば南へ二〇日間で「投馬国《つま》」に着く。さらに船なら一〇日間、歩けば一カ月南へ行くことで「邪馬台国《やまと》」に着く。そこには倭国王がいると書いてあります。倭国は日本をさす広い国ですから、いくつもの地方行政区分にあたる「国」に分かれているのですが、倭国王はそうした国のなかの一国、「邪馬台国」にいると書いているのです。

では、倭国の王都「邪馬台国」はどこだろうということになって、多くの人が血道をあげて探すことになるわけです。ところが残念なことに、不弥国から南へ船を用いて三〇日目の地に邪馬台国があるとしか書いてくれていないのです。そうなりますと、南の字面を信じて大分県の宇佐市のあたりではなかろうか。いや宮崎県の西都市あたりではないかという九州東岸所在説が出てくるのです。一方、福岡市（奴国）の南、あるいは西海岸に求める動きがあります。古くは奴国の南の所在地としては福岡県の山門郡（みやま市、柳川市）にあてる説があります。古くは山門郡がいいという方が多く、この説が邪馬台国九州説の主流をなしていました。

邪馬台国山門郡説は、この山門郡の領域を調べますと、当時の遺跡が特別に多いとはいえないのです。九州最大の戸数をもつ奴国の二万戸に対して、『魏志』は邪馬台国の戸数は七万戸と書いていますから、三・五倍の戸数でなければならない。ところが山門郡にはそれほどの家数はなさそうなのです。邪馬台国＝山門郡説には無理があるというわけです。

こうしたこともあって、今一説の邪馬台国有明海の周辺地域、最近、話題の吉野ヶ里遺跡のある佐賀平野という説が生まれているのです。遺跡は福岡県にくらべて遜色はないとしても奴国以上とはいえないということで、あまり問題になりませんでした。とにかく「邪馬台国九州説」の人びとは『魏志』に南へ行くと書いてありますから、ひたすら南を探されるのです。極端な人は沖縄やルソン島にまで話がいってしまいます。このように邪馬台国の所在を九州に比定する所説は非常に無理があります。

一方、九州説とは別に、たしかに『魏志』には「南」と方向を指示しているものの、実は南と書いてあるのは間違いではないか、当時の中国がもっていた日本の位置観が違うのではないか、といった意見が古くからあるのです。

「南」という字は「東」の字に似ており、一支国が一大国と間違って書かれたように、誤って東が南と書かれたのではないか、という意見です。魏帝国ではどうも日本列島が南のほうに展開する形でとらえられていたのではないか、だから北海道が北でなくて、北海道が南にくるような地図観をもっていたのではないかと説く方も多くあるのです。文中に「其の道里を計るにまさに会稽《かいけい》の東冶《とうや》の東に在るべし」とありまして、中国の福建省の東向かいにあるような書き方をしている一文がみられることもその一証となっています。この説にたちますと、日本列島は九州から南に連なる形となり、そうした地図観にたてば、その南という軸は、今の地図観に合わせれば「東」になるのではないか、という意見が出てくるわけです。そうすれば「邪馬台国＝近畿説」も成り立たない説ではなく、むしろおおいに検討されるべき説ということになるのです。さらに、おもしろいことですが、この『魏志』のつぎに日本が登場してくるのは、中国の史書の「倭の五王の時代」を記した『宋書』です。そこでは倭国王武の上表文として北のエミシ、南のクマソ・ハヤトを征する記事があり、中央に倭国の王都があることを記していま す。さらにそのつぎの聖徳太子の時代には『隋書』に興味深いくわしい日本の記事が登場します。この『隋書』では「邪馬台国」とは書かず「邪摩堆」と書いています。その「邪摩堆国」の位置は、間違いなく今日の大和をさしています。したがって、こうした記事から大和へ倭国の王都が移った、と言わない限りは、九州説は成り立たないことになります。

このことと関係して考古学からいろいろな意見が表明されています。わたしはつぎのような事実が気がかりです。

そのひとつは「貨泉《かせん》」です（図26）。中心に四角い穴をあけた正円形の銅貨―貨幣ですが、右に貨、左に泉の字があり、「貨泉」とよびならわされています。対馬・壱岐を経て九州の北海

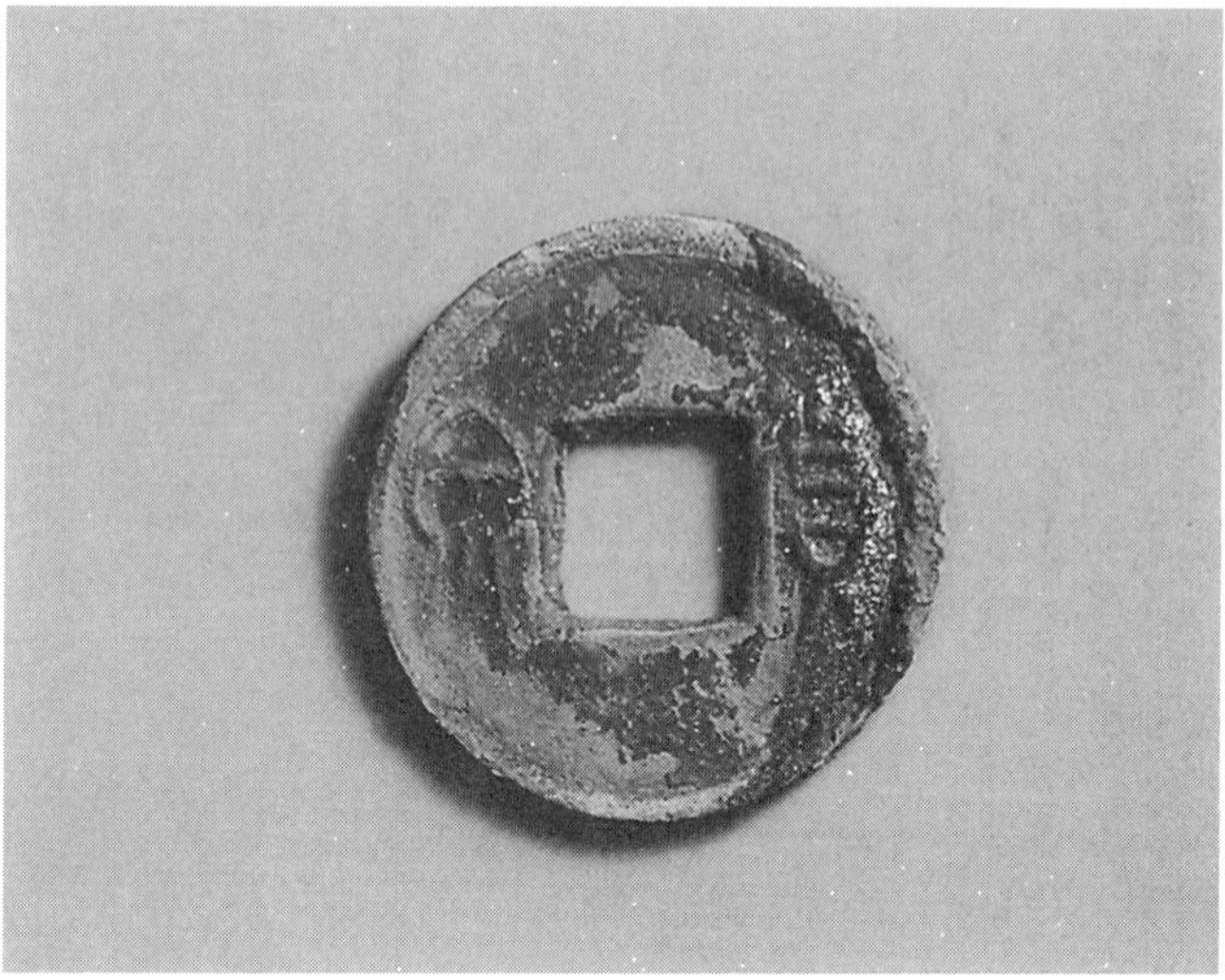

図 26　吉野ヶ里遺跡出土の貨泉

岸に沿う地域で採集・発掘されてきました。それだけに、九州の人びとから「水野さん、貨泉はうち（九州）で出てくるけれど、近畿にはないじゃないですか」とよく言われました。邪馬台国＝九州説の一つの根拠にもなっていました。たしかに十数年前までは近畿地方ではゼロだったのです。ただ、京都の丹後の函石浜《はこいしはま》で二点出ていましたが、畿内というよりとりまく周縁、むしろ九州から海路で函石浜へ運ばれたとも言えるデータですから、近畿説には不都合な分布現象でした。

中国の漢帝国が一時、王莽《おうもう》の手によって倒され、「新」という王朝が生まれ、王莽がしばらく天下をとります。それが西暦八年から二三年までの一五年間です。一五年間の新王朝があって、のち後漢帝国になります。ですから新王朝の前後を前漢、後漢とよびわけているのです。この「新」王朝をうち樹てた王莽が鋳造した貨幣が問題の「貨泉」という貨幣です。王朝が変わり後漢王朝になると、この貨幣は役立ちません。もう日本に来ることもないと思います。九州に倭国の王都邪馬台国があることを推測させるデータにもなるわけです。

これでは「黙っておれ」と言われているのと同じですから、わたしは近畿から出てこないはずはない。河内平野など砂堆の大きい大阪ではきっと深い所に埋まっているのだろう、と考えていたわけです。こうした考えのもとは、実は十三東《じゅうそう》郵便局長でもあられた梶山彦太郎《かじやまひこたろう》先生が大阪の中河内、北河内にまで海が入り込んでいた、東は生駒山の西麓、東高野街道沿いに、西は上町《うえまち》台地の東裾、JRの環状線沿いまでが海だったと説かれていたからです。当時寝屋川《ねやがわ》や門真《かどま》、守口《もりぐち》市といった地域は海であったとされていたのです。

この海へ流れ込む川がたくさん集まり流れて大きな潟地をつくっているので「河内」というのだそうです。大和川や石川、恩智川や玉串川などの大きな流れから細流に至る多くの流れが集まり、これらの川に沿い集落、入り海に面して集落が群がり、時には洪水の被害を受けて深く埋まっているのではないか、貨泉が埋まっているはずと言ってきたのです。しかし、「出てこない」ことは弱いですね。だから愛情と一緒で、心に秘めていても見えない、遠くから見ているだけでも愛は完結しないのと同じですね。

ところが十数年前のことですが、ちょうど河内平野の中央に近畿自動車道が建設されることになりました。河内海の跡を縦貫する一大発掘が、大阪府文化財センターの手で始まりました。近畿日本鉄道奈良線の八戸ノ里《やえのさと》、花園《はなぞの》間を横切る大きな道路です。調査が始まりますと案の定、東大阪市の瓜生堂《うりゅうどう》遺跡から出た、八尾市の亀井《かめい》遺跡からも出た、とつぎつぎに貨泉が発掘されて現在では九州の発掘で出現した貨泉八枚とならび、大阪でも八枚あり、ついに追いつきました。あとは追い越して大差をつけるだけです。

こうなりますと、もう九州の人も貨泉でもって「絶対九州だ」とは言えなくなりましたし、ああ近畿地方にも「新」王朝とつながる一面があるのだな、ということが強く意識されるようになりました。日本のなかに貨泉の集中する二つの地域――一つは九州の博多のあたり、いま一つは大阪の中河内の南部――の二極があると確信するようになりました。さらに言わせていただければ、瀬戸内や日本海岸の港や航路からの発見がつづくであろうと予言することができるようになったのです。

そうしますと、話はとんとん拍子。最近、岡山市で一度に二五枚もの貨泉が発掘されました。岡山の人が「この遺跡は日本最多、二五枚もの遺跡だ」と言われるでしょうが、これはいただけません。一人の落とし主が二五枚を一度に落としたにすぎません。近畿の人は一枚ずつ落としている。九州もそうです。だから落とし主の数からいうと、岡山は一人ですけれども、両極地は落とし主が八人か九人いるわけですから、お金の普及度では岡山よりも大阪や九州のほうがより普及していたんだよと説いているわけです（笑）。

日本のなかを大きくみますと、貨泉を用いる商業の発達した港としては博多と河内が核だということになります。二極あるということです。この二極構造については、九州説の人びとはなにもおっしゃらないのです。九州説は「九州にある、九州にある」と言うばかりです。それはよくないわけです。「日本のなかに二つの極がある」ということが大事なのです。

さて、この「二つの極地」はなにを物語るかといいますと、それぞれが『魏志』のなかに、はっきり登場しているとわたしは考えているのです。一つは倭国女王の王都「邪馬台国」を支えた河内の港、いま一つは倭国女王卑弥呼が派遣して北部九州を検察させている倭国の機関「大率《だいそつ》」を支える博多—奴国の港という関係で示されていると思うのです。

この「大率」は、奴国はじめ不弥国や末盧国、対馬国や壱岐国が、その権力をつねに恐《おそ》れはばかっている、と書かれています。大率は北九州できわめて大きな統治権力をもっていたようです。しかも魏の王朝の使節や帯方郡からの使節を接待し、緊急な連絡をとり、王都邪馬台国に直結している機関です。

こうした政治構造は、のちの日本の政治構造と重ねて考えてみますとよくわかります。すなわち奈良の平城京と九州を統轄する大宰府《だざいふ》のもつ機能と権能とそっくりです。『魏志』には一大率とあり、北部九州のほかに東北地方や奥羽地方にもいま一つの大率が設置されていたのであろうと思います。このようにとらえますと、王都は大和、これが邪馬台国になるのであろうという道筋がみえてきます。

それではつぎの問題に移りますが、「王都＝邪馬台国、大率＝九州という二極」に分けて考えますと、日本のなかがおもしろくみえてきます。たとえば銅剣、銅鉾《どうほこ》、銅戈《どうか》は、もっぱら対馬、壱岐、九州諸国に広がり、銅鐸《どうたく》は近畿地方を中心に、西は広島、島根までの間の東方に分布圏があります。このようにみますと、青銅器の二つの分布圏がこの二極構造に重なるという現象が指摘されることになります。もちろん、これには少し問題があるかのようにみえる現象もあります。たとえば九州で銅鐸の鋳型が出てくる、小銅鐸が出てくる、出雲から多数の銅剣、銅鉾、銅鐸が発見されたという現象です。これらの現象から両方が交流していることもわかります。しかし、大局は二分して動きません。

そういうことですから、王都を中心に配られた青銅器は、銅鐸。一方、九州の大率から配られるべき青銅器が銅剣、銅鉾、銅戈であろうと考えられますし、王都は時に大率にみずからの指示を出したりしたことも推測されるのです。

とくに、対馬は日漢、日韓の間の往来にあたっては日本の西端、出入りの門戸としてもっとも重要な所ですが、そこには巨大な銅鉾―「筑紫鉾」が八〇点近く集中して発見されています。その強烈な集中度からみて、「ああ、海外交流の先端地だな」と強く思うのです。そういうことで、みごとに二極構造が青銅器に反映しているといえるのです。

ところで、こうしたあり方は墓制にも同じようにみられるのです。九州へ行きますと、すばらしく大きな特別な甕《かめ》を作り、その甕の中に死者を納めます。頭が甕から出るものですから、少し小さめの甕を合口《あわせくち》にして、地面を斜めに掘り下げた穴に落としこんで埋めるといった「甕棺葬」が顕著です。福岡県から佐賀県という九州の北西地帯には厖大な数がみられます。

ところが、近畿地方では甕棺はみられません。近畿地方では七～一〇メートル前後の範囲を方形に区画して、その周りに溝を掘り、その土を盛って、その中に死者を葬る「方形周溝墓」という墓制が展開していています。戸主をその中央に葬り、妻はその横につつましやかに葬られています。そして戸主の子どもたちがその周りに葬られていくという形。家内の親縁の人は周囲の堀の中に葬るというように血脈を貫徹した順序だてで死者を葬っています。家族が強く秩序だてられているといえます。こうした方形周溝墓という墓制が大阪から始まり、奈良、岡山、広島、やがては九州東部や関東・東北地方にまで拡がっていくのです。田代克己《たしろかつみ》さんが必死で追いかけた得意の墓制です。

このように文化がはっきり二分されているということは、倭国政治体系の主体として王都が大和にあり、一方で九州の大率にかなりの裁量が与えられているからこそ、おこる現象なのだろうと考えるのです。そうしますと「王都＝邪馬台国」は当然、大和に求められる、ということになります。

そこでつぎの問題ですが、有名な吉野ヶ里遺跡をとりあげてみます。今日は青山先生から「吉野ヶ里は絶対とりあげて話せ」と言われていますから、わたしなりの考えを申し述べます。実は吉野ヶ里遺跡は話しにくいのです。といいますのは、実はわたしの本当に親しい友人が深くこの遺跡に絡んでいますし、奈良大学の卒業生二人が発掘調査にたずさわっているものですから話しにくいのです。

この遺跡は、佐賀県の神埼町（神埼市）と三田川町（吉野ヶ里町）にまたがっています。二八ヘクタールという高等学校が七つ入るような大きな地域開発が計画されたのです。大阪府や奈良県でしたら、ここへアパートが建つ、ここに家が建つ、というような小規模な開発が多いのですが、さすが佐賀県ですね、一気に二八ヘクタールもの面積が発掘されたのです。そうしたら表現は悪いですが、ここにホクロがある、ここにエクボがある。いやここにイボがある、アザがあるというように、一挙に遺跡のほぼ全容がわかってしまったのです。

関西でしたら、狭い範囲の発掘だけに、発掘しながら全体のどの部分を掘っているのだろうか、と考え込むことが多いのに、佐賀ではベロッと一気に表土をはいでしまったわけです。二八ヘクタール一度に掘ってしまいますと、たくさんの資料が出ます。卒業生が「先生たまには見に来てください」と言ってくれたものですから、見に行ったわけです。「いい遺跡だなあ」とは思いましたけれども、まさかこれが邪馬台国論争につながるなどとは、夢にも思いませんでした。

ところが、わたしの兄貴分二人がここへ行ったわけです。たくさんの報道関係者にとりまかれたなかでの現地を見学したわけです。丘陵の頂部を広い幅の溝が一五〇×一〇〇メートルの範囲でとり囲んでいる。しかもその溝は古くなった溝を埋めて、新しい溝を掘っていることもわかりました。この内濠の外側には延々と幅広い溝が丘陵の斜面を走り、外濠となっています。おもしろいことに、中央の一五〇×一〇〇メートルほどの範囲を囲む内濠に少し方形に飛び出た「張り出し部」があり、その内側に三本の柱が二列に並んでいました。おもしろい建物です。その建物の柱は今日のように礎石の上に柱を建てるのではなくて、柱穴を掘り、柱を落とし込んで埋め建てているわけです。「一辺一・二メートルという大きな柱穴、おそらく径八〇センチほどの柱が建っていたのではないか」と思われたようです。径八〇センチの柱だとしますと、実に太い柱ですね。この太さでは、柱の高さはどれほどだろうかということになり、一〇メートルがいいか、二〇メートルか三〇メートルかと議論され、結果高さ二〇～三〇メートルという見解にまとまったようです。二〇～三〇メートルの大きな建物を想像して、これが「張り出し」の内側にあるから「物見櫓《ものみやぐら》」になるだろうと言われたわけです。お陰でこのニュースは一斉に広がりました。「偉い先生がおっしゃった」ということで、これがマスコミを通じて日本中に伝わり、「吉野ヶ里遺跡はすごい」ということになりました。ところがその後、この穴は丁寧に掘られましたが、ついに柱の直径はわかりませんでした。平城京などの調査を見ますと、柱の直径は掘った穴の幅なり径のだいたい三分の一ですから、吉野ヶ里の柱は三〇センチ弱ではないかとわたしは考えています。そうなりますと、三〇メートルといった高い建物ではなく、ごく普通の建物―門だろうというのがわたしの考えです。そういうことで、まずこの大騒ぎには少し異論があるわけです。

また、溝が二重になっているという事実も大騒ぎの種でした。なぜそういうことで大騒ぎしたのかというと、先ほどの『魏志』倭人伝に、倭国女王卑弥呼の宮室記事があります。「宮室《きゅうしつ》、楼観《ろうかん》、城柵《じょうさく》をおごそかに設け」と書いてあります。千人の女性が仕え、常に兵が守っているとも書いています。しかし、一人の男性が女王の飲食物を運び、男弟と女王の間の言葉を伝えると記されてもいます。神聖な女王はこれほど厳重に区別され、聖性の護持がはかられるわけです。そういうことで、女王卑弥呼は常に宮室で過ごし、言葉をかわす外部の人は、飲食・言葉を運ぶわずか一人の男性のみ、女王は夫をもたないとありますから、きわめてわずかの人と生活する本当に孤独な王者であったといえます。「王」がもつ神聖性が極度にあらわれているとみてよいのでしょう、神秘的な存在です。日本では男王である天皇も、女性の祭祀者でもある伊勢の斎王も同様な性格をもっています。「隔離浄化される人」としての王の姿があったといえます。

吉野ヶ里遺跡に話を戻しますと、『魏志』にみえる宮室、楼観、城柵という言葉ですが、内濠で囲まれたこの一五〇×一〇〇メートルの範囲が宮室の範囲であろう。そうしてこの三〇メートルにも達する高い物見櫓が楼観。外周の濠が城柵に相当するものと考えられているのです。そうしますと、吉野ヶ里遺跡は記録にみえる倭国女王卑弥呼の王宮――宮室、楼観、城柵をおごそかに備えた王室の記事にぴたりと合うではないかと説かれているのです。

このように新聞人に話したものですから、「では、ここが邪馬台国ですか?」と聞かれたわけです。「いや、邪馬台国とまではいえるかなあ」と言えばよかったと思うのですが「まあ近いかな」とか「同じ構造だな」とか言われたのだろうと思います。まさか「ここがそうだ」とまでは言われなかったと思うのですが、それに近いことを言われたのだと思います。高い経費を使って佐賀の吉野ヶ里まで来たという事情もあり、翌日の新聞では、「邪馬台国発見」「卑弥呼の都発見」ということになってしまったのです。

わたしは楼観とされた建物の高さや構造を疑っていますし、さらに女王卑弥呼が厳粛に一人で居られるおごそかな宮殿でなければならないのに、内濠の中にはたくさんの竪穴住居があるのです。とうてい清浄が保てる環境とは言えません。これだけの家がありますと、女王卑弥呼の言葉や動きが丸見えですし、誰とも会わない、見た人はほとんどいない、兵が厳重に守っているといった情景とは到底考えられないのです。『魏志』の描く王宮の記事にはそぐわないという一言で決まりです。吉野ヶ里遺跡は女王卑弥呼の王宮ではありません。この地方の王、『魏志』にいう各地の国の王の居住する場所とみる可能性すら調査されたこの場所は言えない、まして邪馬台国にある「宮都」の中心部とは言えないのです。

そう思っておりましたら、佐賀県の文化財課長の高島忠平さんはじょうずに言いましたね、「ここに立てば邪馬台国が見える」と。「ここは邪馬台国だ」とは言われないのです。ここに立てば邪馬台国が見える。それでは右か左か、南か北かと、わたしはふざけて聞くわけでありますが、ことに最近は、あまりそういう論争をしないことにしました。不毛の論争になります。

ただわたしは、吉野ヶ里は邪馬台国ではない、倭国王の王都が発見されれば、より大規模で豪華な王宮や並び立つ官衙がもっとしっかりした形で登場するに違いないと考えています。吉野ヶ里遺跡はたしかに大きな遺跡です。しかしこのシンポジウムの時点では、「邪馬台国」、「女王卑弥呼の王宮」という証拠は見いだせないということです。

中国の明堂という建物は王宮の四隅に、大きな「楼観」が建っています。貴族の家にも、四隅に楼観が建っています。規模には違いがありますが、いずれも高い「腰」の上にみごとな建物がのせられています。中には太鼓を置き、旗を流す楼（望楼）があります。いずれにせよ、吉野ヶ里遺跡の建物との違いはあまりにも大きいものであると思います。

持ち時間がなくなりました。邪馬台国の位置を申し上げねばなりませんね。しかし、探す方法はないのです。どのように探せばいいのかもわかりません。しかし、大事なことですが、邪馬台国＝「ヤマト」という発音で探せば、奈良県でもヤマトといわれるのは、今の天理市を中心とするヤマトという地であります。大和《おおやまと》神社があるあの低い丘陵です。ですからわたしは、あの付近、山辺の道・下ツ道と関係する形で女王卑弥呼の宮室が営まれているのではないかと考えているのです。のちほど、石野さんのお話しされる纒向遺跡、三輪山の麓に卑弥呼の王宮があるのではないかという意見もありますが、纒向近くに都をおくのは「磯城瑞籬宮《しきみずがきのみや》」「纒向《まきむく》珠城宮《たまきのみや》」「纒向日代宮《ひしろのみや》」がありますが、前代の卑弥呼の宮室は、この天理市の大和神社付近ではなかろうか。だからこそ、ヤマト、ヤマトと言っているのだと考えているのです。

天理市や桜井市の地域には古墳としては、先駆的な形をとる古墳が集中しています。きれいな前方後円墳や前方後方墳も多くありますが、ほかに例をみないような前方部の長い古墳などがみられます。そういう地域「ヤマト」が邪馬台国のなかの王室のある「大和《おおやまと》」なのだろうと考えているのです。

ちなみに言いますと、この天理市付近に「王宮」を想定した場合、はたして考古学的に断言できるのか否かが問題になります。天理市のその付近の発掘調査は皆無に近いわけですから、今日の状況ではわからないというのが事実であります。これからの発掘で、卑弥呼の工宮がみつかるだろうと予測しているのですが。「この辺に立てば邪馬台国が一望できる」というような日が、そう遠くないうちにくるだろうと思います。天理市教育委員会や天理大学がこの地を掘ってみてくださるとうれしいなと思っています。

そのときに、九州の吉野ヶ里遺跡に王宮を重ねてみられた大和の諸先生も、心改めて再び、ここに帰ってこられるだろうと考えているのです。

青山　ありがとうございました。お願いしておりました趣旨のとおり、お話しいただきました。わたしも、天理といささかかかわりをもっているので、ぜひ、早く掘ってもらうように、水野先生たちと運動したいと思います。

さて、その天理の大和《おおやまと》地方のすぐ南側、現在の行政区画では桜井市ということになっていますが纒向という地があります。今の水野先生の大和《おおやまと》地方と、この纒向は「おーい」と、大きな声を出すと向こうで聞える、という土地柄です。そこを非常に長く掘っておられる石野先生から、水野先生についで、お話をうかがいます。

邪馬台国の都にふさわしい纒向（石野）

今日は、卑弥呼が住んでいた纒向の都の話をさせていただきます。水野さんの卑弥呼の都の隣にあります（笑）。

まず纒向遺跡（図27）の場所を説明します。

纒向遺跡は奈良県桜井市で、奈良盆地の東南にあります。そこには三輪山という大和の神山があって、その山の麓に箸中山《はしなかやま》（箸墓）古墳という、もしかすると卑弥呼の墓ではないかと、以前からいわれている前方後円墳があります。

そして、少し北のほうへ行きますと、渋谷向山《しぶたにむかいやま》古墳（景行陵）、その北側には、行燈山《あんどんやま》古墳（崇神陵）という四世紀代の、大きな前方後円墳があります。そのため、以前からこのあたりは大和政権の発祥の地である、といわれています。纒向遺跡は、その地域にあります。

纒向遺跡が栄えたのは、従来の年代観では弥生時代の終わり頃から古墳時代の初めという時期で、三世紀の後半から四世紀いっぱいくらいになるかもしれませんが、わたしは二世紀の終

図 27　纒向遺跡全景

わり、一九〇年くらいから三四〇年くらいまでの間、栄えたマチであると思っています。

まずこの遺跡の広がりですが、箸中山古墳の南側を流れる巻向《まきむく》川と巻向川の上流、三輪山麓の車谷で北へ分流する穴師《あなし》川、この二つの川が流れ込む大和川にはさまれた南北約二キロ、東西二キロくらいの三角形状の範囲が纒向の地域だとわたしは考えています。

なぜそう考えるかといいますと、水源地を一つにして川が、あるときは北のほう、あるときは南のほう、真ん中というふうに流れていた地域、発掘でも川の跡が、すでに何本か出ています。つまり水源を共有する範囲であるということです。

その範囲のなかに、幅約五メートルの水路が二本あります（図28）。発掘調査でわかった水路の長さは二五〇メートルなのですが、一本が一二〇～一三〇メートル、もう一本も一二〇～一三〇メートルです。二本の水路は、人の字形に合流しています。

この水路は人工的に掘った川、つまり堀川で、いろいろな物を運んだ陸上交通プラス水上交通網も整備したマチづくりをしている、ということがひとつあります。二キロ平方メートルという広い範囲をマチづくりするためのひとつの工夫だと思います。

調査の発端　一九七一年、青山先生がこちらで講義を始められた頃に調査が始まっています。その頃のことを思い出しますと、纒向遺跡は、有名でもなんでもありませんでした。第一その当時は、纒向遺跡とはよんでいません。桜井市太田を中心にしていましたから、太田遺跡とよばれていて、奈良県で考古学をやっている人は知っているけれども、県外の人にはほとんど知

図 28　纒向大溝（南溝）

られていないという、発掘調査もとくにされたことのない遺跡でした。

そこにアパートを建てるので調査をしようということになったのですが、わたしはたまたまそのとき、県庁で文化財の事務の仕事をやっていました。当時、橿原考古学研究所の常勤職員は五人で、五人とも調査に出ていましたから、誰もいない。そうしたら自分で行くほかないということで、半分は県庁、半分は現場という感じで調査を始めましたが、やっぱり掘るほうが好きですから、そのうち県庁に行くのがおろそかになって、現場にばかりいるようになりました。

その後、一九七七年頃から調査は、桜井市教育委員会を中心に、ずっと継続されています。現在、すでに六十五、六カ所位調査されています。いろいろな物がみつかっていますが、調査を通じて、竪穴住居が一棟もみつかっていないというのは奇妙なことです。

三世紀の日本列島の住まいは竪穴住居で、地面を皿のように五〇センチあるいは、一メートルくらい丸く、あるいは四角く掘りくぼめて、四本か五本の柱を立てて、屋根を掛ける住まいが普通です。今、みつかっても「竪穴住居が出た」と新聞には載らないほど、珍しくもなんともないほどたくさんみつかっています。大阪でも京都でも、奈良県内のあちこちの遺跡でも、たくさんみつかっています。それなのに、纒向遺跡ではまったく出てきません。広い範囲の、一部しか調査していませんから、全体のことはわかりませんが、六十数回の調査で、まだ一軒もみつかっていないのは、かなりおかしいのではないか。もしかすると、竪穴住居は全然ないか、ごく少ししかなく、平地住居か高床住居中心のマチづくりをやっているのではないか。三世紀の日本列島の一般農村とは、違った姿が予想できるのではないかと思います。

竪穴住居がないといっても、住まいがなかったわけではありません。無人地帯でしたら、あんなに土器が出てくるわけがありませんから、人間がすんでいたに違いないのです。それでは、どんな住まいがあったのかというと、家形埴輪に表現されているような、壁がちゃんとあって、屋根が掛かるという、今の住まいと同じような建物があったのかもしれない。地面を直接床に接する平屋や、二階建てにする高屋によって纒向というマチができていたのではないかと思います。

導水施設　それから、この遺跡には祭祀的な施設がいくつかあります。一つは導水施設で、幅八〇センチ、長さ一三〇センチくらいの長方形の箱舟のような容器（槽）を連ねて水を流しています（図29）。槽列は六メートルほど離れて二列あり、その間に四本柱の方形建物があります。単なる飲用水や水田用水などではなく、祭祀用の浄水を導く施設だと思います。その上流七〇メートルくらいの土坑（穴）から、今回、絹製の小袋が出てきました（図30）。土坑は導水施設につながる水源池の可能性があります。

小袋については桜井市の萩原さんから電話をもらったときにこんな会話をしたように思います。

「小さな袋が出てきましてでん」

図 29　纒向遺跡の導水施設

「どんな格好をしとる？」

「まあ巾着みたいなもんです」

「大きさはどれくらいやね」

「三センチか四センチ」

「袋が角張っとったら金印やな」と言ったのですが、角張っていなかったようです（笑）。

同じ場所から黒漆を塗った木楯が出ています。よその出土例では厚さ三ミリ程度ですが、今回みつかったのは、七〜八ミリくらいで、かなり厚めです。残念ながら、縁が全然出てきませんので、どんな形をしていたのかわかりませんが、ここ四、五年弥生の楯として注目されている系統のものです。

それから小机の部品というか、用途不明の木製品が出ています。それは単品でなく、幅三センチ、長さが四〇センチくらいの板に、高さ一〇センチの足が二つ付いていて、そういう部材を幾つか組み合わせて、一つの用途をはたす器具になるのではないか、と思います。

そういうなにか非日常的なものが、今回掘った地

図30　纒向遺跡出土の絹の小袋

点で出てきているというのがこの導水施設という場所です。

祭殿　もう一カ所、祭祀的な性格の場所があります。三世紀の中州の一画から平屋（平地式建物）か高屋（高床式建物）と思われる建物跡が三棟出てきました。担当した奈良県立橿原考古学研究所の寺沢薫さんが宮大工の木村房之さんにみていただいたら、建築構造上必要ではない柱穴がいくつかある奇妙な建物だということでした。木村さんは種々検討の結果、両側に一棟ずつの脇殿をもち、全体を柵で囲んだ社殿建築として復元されました。同じ中州には祭祀物埋納土坑群がありますので、ありうることだと思います。もしそうだとしますと、纒向ではすでに三世紀段階に、祭場を一定の区域に定め、祭殿も建てていたということになります。

祭祀物をおさめた穴　祭殿のある中州から祭祀物をおさめた穴が三〇くらい出てきました。全体の四分の一しか発掘していませんから、計算では約一二〇くらいの穴があることになります。これらの穴は約一五〇年の間に掘られています。

もっとも多くの祭祀物がおさめられていた辻地区土坑4と名づけた穴からは、煮炊きに使ったススのついた甕や食物をもりつけた高坏などの容器類一〇〇個以上、脱穀された籾殻約一〇〇リットル（五斗余）、赤漆と黒漆をぬり分けた花びらを浮き彫りした大型の木製高坏、鳥舟のミニチュア、機織具、焼けた木五〇本以上、などが出ています。

新たに脱穀したコメを清水を汲んで炊き、器にもりつけて神に捧げ、そして人びとも神と共食する儀礼が復元できます。そのとき、司祭者は新たに織った衣を身につけたのでしょう。のちの「延喜式」に記載されている新嘗祭《にいなめさい》の用度品とよく似ています。

そしてそこに参列した人たちというのは、単に大和の人たちだけではなく、山口県から静岡県の間の各地域の土器がたくさん出ていますので、多くの人たちが参加したと考えられます。

対馬の豆酘《つつ》神社を訪ねたときに「神様に使った用具はこちらに納めて下さい」という矢印のついた案内板がありました。いったいなんだろうと思って行ってみましたら、村の人たちが、神様に使った用具を境内某所の大きな置場みたいな所にもって行って、いっぱい積んでありました。観光客みたいなわたしに教えるために矢印があったのではなくて、村の人たちにここに納めなさいよ、という矢印だったのです。おそらく纒向の人たちも、祭りに使った用具を、その辺の川に投げたり捨てたりせずに、清らかな水を汲んだ穴の中に納める、という慣習があったのではないかと思います。

幸い三〇ほどの穴のうち、二つの穴の側に建物がありました。柱は、せいぜい径八センチくらいの、か細い柱が残っていました。わりと簡単な、粗削りをした柱です。これは、何年も住むようなつもりでつくった建物ではなくて、一間四方の仮の建物です。

そのとき、建物の写真を撮るためにカメラを構えましたら、画面の延長に三輪山が見えました。三輪山の神さんを意識しているのではないか、と想像しました。

もう一つの建物も方向は同じです。その建物も、三輪山を向いています。

先ほど幾つかの場所を紹介しましたが、仮小屋を建てて、川のほとりでおこなう祭りの場、それから社殿をつくった常設の祭りの場、あるいは清らかな水を引いてみそぎをするような場、というようにいくつかの性格をもった祭りの場が、集落内の一定の位置に固定されてきているように思います。弥生時代にも縄文時代にも、当然、祭りはやっているのですが、縄文・弥生にはない新たな場の設定だと思います。

外来系土器　つぎに纒向遺跡のもっとも大きな特色は、他地域の土器が多いということです。東は静岡県東部から北は富山県、鳥取県とか島根県あたりの土器があります。さらにずっと西の山口県あたりの土器がありますし、ぐるっと瀬戸内へ回ってきますと、岡山県の土器がたくさんありますし、近所の大阪あたりの土器はもちろんたくさんあります。そのうえ、少量ですが福岡県や大分県の土器があります。

平城京のように、各地域からたくさんの人が来ている場合は、高率で外来系土器が出てきます。それに対して弥生時代の一般農村の場合は、三〜五パーセントくらいの外来系土器が普通の姿です。

しかし纒向の場合は、地点によって違うのですが、一五〜三〇パーセントくらいあります。かなり密度が高いのです。

よそで焼かれた土器がたくさんあるということは、よその人が大勢来ているということだと思います。それは都会だ、ということです。大阪とか東京はよそ者ばかりですから。おそらく奴国の都も、倭国の都も、よそ者集団がたくさんいるところだろうと思います。そういう意味では、この纒向というのは、倭国の都としての合格点に入っているわけです。

そういう纒向的な、よその人が大勢来たマチというのは、奈良県のなかでは纒向だけだとは思っていません。同じ時期に幾つかあった可能性があります。

ひとつは、先に水野さんが言われた大和《おおやまと》の地域にもあります。さらに一九九〇年に天理市教育委員会が、黒塚古墳の近くで調査したときに他地域の土器が大量に出てきました。

外来系土器の多いマチは、大阪平野にも当然あります。それは近畿だけではなくて、岡山にもありますし、福岡平野にも佐賀平野のなかにも、そういう都市的なマチが当然あります。そういう都市的なマチを探し出し比較すれば、卑弥呼女王の所在地もみえてくると思います。

それから最後に、纒向遺跡には纒向石塚古墳をはじめ四つの早・前期古墳があります。これらの古墳は西暦一九〇年くらいにつくられはじめた前方後円墳だと主張していますが、定説的な見解からはずれています。しかし、奈文研が進めておられる樹輪年代は、はからずも、わたしの暦年代観を支持してくれているように思います。真実は実証されつつあると思っています。

青山　それぞれおもしろくて、とにかく物相手に、真実は勝つと思わないと、とても考古学なんていう学問に、たずさわってはいられない。考えようによると、たいへん孤独な学問であると思います。

つぎに、奈良国立文化財研究所の田中琢先生のお話をうかがいます。

平城宮址の発掘は、今年(一九九二年)で三三年になるということなのですが、その当初、一九六三年に、木簡をはじめてみつけた方です。平城宮址の発掘の中心で、坪井清足《つぼいきよたり》先生と、長くその方面にたずさわっておられました。弥生時代を研究され、今、石野先生がお話しになった、土器や鏡について、ご造詣が深くていらっしゃるので、卑弥呼が魏の国からもらった百面の鏡について、いろいろな説がありますが、そういうことについても、ぜひお聞かせいただけたらなあ、ということでお願いいたします。

銅鏡百枚からみえてくる邪馬台国(田中)

先ほどからのお二人のお話、たいへんおもしろいお話でした。

まず邪馬台国、卑弥呼の話は中国の本に書いてあります。邪馬台国は本当にあったのですか。わたしは、まずその辺から物事を考えることにします。中国の本にたしかに書いてある。書いてあることは本当か。

皆さんは日誌を書くでしょう。本当のことを書いていますか? 今日は青山先生が、壇上でこんなことを言ったと、本人はそんなことを言ったつもりはなくてもね、そんなふうに日誌を書く生徒がいるかもしれませんね。

日誌でなくても、帝塚山短大守衛日誌があるとしますね、すると夜中何時頃に、誰が来たとか、いろいろ書いてあるでしょう。事実もある。ほとんど事実が書いてあるでしょうけれど、守衛がたまたま、ぐうぐう寝ていたら、それを守衛さんは「午前一時から四時まで寝ておりました」とは書かないですよ。「その間来客なし」と書くわけです。本当ですか？

そういうふうに字で書いたものというのは、まず書いた人が都合のいいように書くというのが非常に多いのです。

今日は若い女性がたくさんいますね。お見合いだということで、釣書（身上書）が、たくさんくるでしょう。あれを信用しますか。まず親御さんは心配して、本当か嘘かと調べて歩くわけです。書いたものは信用しない。それが正しい姿勢です。

『漢書』地理志に「楽浪海中倭人有り、分かれて百余国、歳時を以って来たりて献見し」ということが書いてある。『魏志』倭人伝のなかには、たくさんの国の名前が並んでいて、三〇国あると書いてあります。たしかに勘定してみましたら魏の国と狗邪韓国を除くと、三〇ありま
す。

ところが、これが本当にそうなのか、どうして調べたらよろしいですかね。まず釣書なら聞き合わせということができる。けれど今から魏の国まで行って、聞き合わせるわけにはいきません。本当にタイムトラベルができたら行きたいです。バックトゥ・ザ・フューチャーというあのおもしろい映画みたいなことができたら、わたしは飛んで行きたいですね。そういうわけにはいきません。しかし、これを確かめる方法は、なくはないわけです。いくつかはあります。

たとえばもっと新しいもので申しますと、『唐書』という唐の時代の歴史を書いた本がありま す。当時、日本はもうすでに奈良時代で、遣隋使、遣唐使が行っているわけです。それが『唐書』に書いてある。唐の人が書くわけです。それから日本には『続日本紀』という本があります。これは日本人が、一生懸命歴史を書いたものです。全然系統の違うこの二つの史料に同じことが書いてあったら、これはかなり本当でしょう。守衛さんの日誌のほかに青山先生の日誌があって、両方合わせてみてだいたい一致したら、じゃあこれは真実だろうとみる。きちんと確かめるというのは、そういうやり方をするのです。不幸にして、『魏志』倭人伝や『漢書』の時代には、ほかに見くらべる書物がないのです。ましてタイムトラベルでバックトゥ・ザ・フューチャーというわけにもいかない。

しかし、もうひとつ調べる方法もなくはない。考古資料、さっき石野先生がおっしゃったように発掘調査をしていろいろ出てきます。『後漢書』に、倭の国が奉貢、朝賀してきたときに、光武帝という後漢の王様が「賜うに印綬を以ってす」と書いてあります。ハンコとハンコに紐がついていてそれを綬というのです。その紐の色によって位が違うわけです。そういう物をやったと書いてあります。先ほどの水野さんの話で、倭の奴の国はだいたい福岡市のあたりだろうということでした。しかし、さっきああ言ったのに、書いてあるものを信用しているのですか、とおっしゃるでしょう。あそこは地名が残っているのです。古い記録にも那の津と出てくるわけです。『日本書紀』にも出てきます。ですからこれは、信用していいと思います。ところでハンコです。二〇〇年ほど前に、福岡県の志賀島という所から金印が出てきました。「漢委奴国王」という有名な金印です。

これは光武帝という漢の皇帝からもらったハンコとみていいでしょう。ただしこのハンコ、偽物説がいっぱいありました。最近の研究で、中国の周辺から出てくるハンコと比較しましたら、まあ当時のハンコとみてよさそうです。

中国の歴史の本に書かれていることと、まったく異質の資料とが、がっちり合うのですね。光武帝のときに倭の奴の国から使いが行って、「どうぞよろしう」と朝賀した、というのですが、まあ臣下にしてくれ、家来にしてくれということでしょうね。そういうことは、ほぼ確かである。ただし家来にしてくれと言ったというのは、これは中国側の見方です。奴の人が、どんなふうに言ったのかは、これはわかりません。一稼ぎしようと思ったのかもしれないし、あるいは自分では大国のつもりだったのかもしれない。ですからこの辺も割り引いて、中国はこういうふうに扱ったけれど、福岡側に住んでいる人はどうだったかというのは、又別の問題。そのハンコのところは合っているから全部信用できるか、といったらこれは全然別問題です。一つずつ、確かめていかなければならない。

国王と書いてある。本当に国があったのでしょうか。本当に王様がいたのでしょうか。どんな王様ですか。王様といっても、いろいろレベルがあるわけです。

まあそういうふうに、国があるとか、王がいるとか中国の本には書いてあるけれども、本当にそれが、そうであったかというのは、又別の問題です。一つ、一つ、やはり確かめていかなくてはなりません。

吉野ヶ里で、邪馬台国がみえてきたといっています。

第二次世界大戦のときにドイツの宣伝相のゲッベルスが言ったことに、嘘も百遍言えば、真実になるというのがある。大きな声で何遍も、何遍も言っていれば、聞いているうちに本当のように聞こえてくるわけです。書いたりするのも同じですね。最初のうちは疑っていても、あれだけ言うのだから本当だろうとなってくるのです。これが危ない。二番目の教訓です。

書いてあるものは信用するな。何遍も言っていることは信用するな。これではじめて、まともに物を考えていくことができるというものです。まず疑うことです。

『魏志』倭人伝に書いてある邪馬台国、卑弥呼と書いてあるところで、我々がこれが本当の嘘か調べることになる。嘘ということを調べるというのはむずかしいのですよ。嘘というのは、実体がないですからね。嘘というものの証明は不可能に近い。だから、かってなことをいう人がいるわけですね。どこそこのお墓の被葬者は誰という説がある。これが嘘だとわかっていても、それが嘘であるという証明はなかなかむずかしい。

そうじゃない、この人だ、というのが関の山、二つか三つの説が並びます。藤ノ木古墳や高松塚。高松塚古墳は掘ってからもうじき二〇年です。あのときから「誰が葬られたか」という議論が盛んだった。わたしは「あんなもん決まらん」と言っていました。議論することに反対しているのではないですよ。いろいろな問題が浮かび上がってきますから無駄だとは言いません。しかし、二〇年たってもまだ決まらん。一〇〇年たっても、二〇〇年たっても決まらんと思います。これは断言します。

そういうもので、なかなか書いてあることを嘘とは言いにくい。『魏志』倭人伝の邪馬台国には「宮室、楼観、城柵厳かに設け常に人有り。兵を持して守衛す」と書いてあるわけです。吉野ヶ里遺跡でも、あれが楼観だとか、宮室だとかいっている。たしかに問題点もある。一方、又そうかもしれないと思うところもある。石野先生は、どうもあれは怪しいという。水野先生も怪しいという。わたしはあってもいいなあと思うのです。といって、あれが邪馬台国かという問題とは違います。

皆さん方、学校の数学の時間に勉強したことを思い出してください。必要条件と十分条件というのがある。邪馬台国であるための必要条件は何か。もしも、書いてあるとおりの邪馬台国なら、宮室、楼観、城柵はなければならないわけです。しかし、あるからといって邪馬台国とはいえないでしょう。十分条件にはなりません。十分条件はなんだろうと、ずっとみてもほとんどないのです。この『魏志』倭人伝でいくら追究しても、ここが邪馬台国だということはなかなか言えないでしょう。しかし言えるものは一つだけあります。それが、これからお話しする鏡の話です。

『魏志』倭人伝読んでいきますと、伝え聞いた話がいっぱい書いてあります。「倭人、帯方の東南大海の中に在りて……」というところから始まって、ずっと書いてある。書いた人は本当に行ったのですか？　今のように、なんとかツアーといって、簡単に行けるわけではないのです。本当にどこまで行ったのか、という問題があります。楽浪郡にいた役人が行ったのか、あるいは、魏の使いが行きますから、それがどこまで行ったのかという議論があります。『魏志』倭人伝を読むと、このときもハンコを貰っているのです。卑弥呼が魏の皇帝からもらったハンコというのは大事なもので、今の三文判みたいに、ポッと買ってちょっとおして、というわけにはいきません。それでも皆さん、実印は大事にしますよね。そういうものです。本当にこれは国の実印ですから。中国から国、国家と承認してもらったハンコなのです。

逆に言えば、ハンコをもっていたら王様なのです。認められた王がその国で実力を行使できるのです。ほかの人がその実印を使ったら、それはたいへんなことになります。ですから魏の皇帝が、卑弥呼にハンコをやるには、本当は直接渡さなければいけないわけです。そうじゃないと、国をのっとってやろうと思っているような奴が、途中でその魏の使いに「あー、わたしが卑弥呼ですわぁ」と言ってね、「おおきに、おおきに」とハンコをもらってしまう。それが倭国の王になることもありうる。

だいぶ前ですが、「西太后《せいたいこう》」という映画がありました。あの映画は見ていておもしろかったですね。西太后のほかにお后がたくさんいるわけでしょう。時の皇帝が生きるか死ぬかという間際に、玉璽《ぎょくじ》、皇帝のハンコをいったいどのお后が確保するか、ということが大問題になります。ハンコを確保すれば、皇帝の権力を行使できるわけです。ハンコは大事なわけです。

ですから、邪馬台国があったとすれば、使いはそこまで行っただろうと思います。だからそこまでのことは、かなり正しい部分があるでしょう。けれども事実を記述している部分、それはどの部分が本当かどうかというのは、また検討しなければならない。

そうですね、「親魏倭王」のハンコが出れば、そこが邪馬台国とは言いませんよ、まだ。それからちょっと手続きはいるけれども、少なくとも交渉があったということは証明できるわけです。そして邪馬台国があったということを、たぶん言ってもいいだろうというふうになってくるわけです。しかし、まだハンコは出てきませんね。

『魏志』倭人伝に魏の皇帝の、詔勅がでています。「お前の所から使いが来た。だからこうこういうことをしてやる。まずご褒美をやる。それから土産物を持って帰らせる」そういうことが書いてあります。この部分は、たぶん真実だと思います。ほかのところとちがって、これは皇帝みずからがおこなったことですからね。守衛さんが寝ていて、その間誰も来なかった、というのよりはもう少しこれは確かでしょう。

これをずっと見ていくと、いろいろな品物の名前がたくさん書いてある。その品物は、ほとんど織物です。この織物が発見できたら、そこは邪馬台国であると言えるかもしれない。しかし織物ですから、なかなかむずかしいですね。しかも、むずかしい名前で書いてある。この織物がどんな織物なのかということもなかなかわからない。織物のようなものは、ほとんどが腐ってなくなってしまう。

また、金八両と書いてある。しかし、金が出てきても、それが本当にそのときの金かどうかはわからない。あるいは鋳造しなおして、品物に変わってしまっているかもしれない。真珠五〇斤、真珠というのは「しんじゅ」かもしれないし、あるいは朱という水銀朱かもしれない。そういう物も使ってしまえばわからない。本当にこのときの珠かどうかは、わからないですね。あるいは鉛丹五〇斤、これもわからない。

すると、金八両のつぎに五尺刀二口と書いてあるでしょう。それから有名な銅鏡百枚。この五尺刀と銅鏡百枚が、物として残る可能性がある。考古資料として残る可能性が非常に高いのです。これを探せばいい。それを探せば邪馬台国はみつかるはずです。というわけで、明治、大正の頃から諸先生が探しています。

日本のこういう鏡の研究は、だいたい明治の終わり頃から大正時代くらいで基礎ができました。それ以後、あまり発展していません。だいたいそのときにできた枠のなかで、ゴチョゴチョしているような感じです。大正の頃に三角縁神獣鏡というグループがあるということが、だいたいわかってきました。

三角縁神獣鏡というのは、ほぼ直径二〇センチ、もうちょっと大きいものもあります。中国の鏡にしてみれば大きいです。縁の断面が山形の三角になっています。真ん中のほうには、神や獣の図像があります。この神は仙人みたいな神で、獣は宇宙を司っている特別な獣です。霊力をもっている獣、そういうものが描かれている鏡です。

　こういう鏡が一グループあるということが、大正の頃にわかっていました。いろいろ調べてみると、それがどうも中国では出土しない。そういうことがこの頃、わかっています。なぜだろう。たぶん、日本に輸出したから中国には残らなかった、輸出品だろうという説が古くに唱えられています。わたしはこれが正しいと思っているのです。

　鏡にある字を銘文といいますが、ある先生はその銘文に、海東という言葉がある、海東というのは後に朝鮮半島のことをいうことがあるので、東のほう、まさしく日本や朝鮮半島のことをさし、日本のことをいったのだろうとおっしゃいました。輸出説というのはその辺からも出てきました。

　中国では出土しないそういう三角縁神獣鏡というグループが先ほど言った銅鏡百枚にあたるかどうかということも、一九一〇年頃にもう言っている人がいるのです。「魏志、倭の女王、鏡を送るの記事、よもやこの鏡にはあらざるべし」と、まさかこの鏡ではないのだろうか、本当だろうかと、高橋健自《たかはしけんじ》先生が言われました。

　その後、いろいろな方がこの種の鏡が、厳密に言いますと、この種の鏡のなかにある一面ですが、邪馬台国の銅鏡百枚にあたるのではないか、と言われました。第二次世界大戦中まで、この説が主流でした。そういう考え方が比較的強かった。まあ邪馬台国自身について、それほど世の中の関心はなく、学会のごく一部で議論されたくらいでした。

終戦になって、議論ができるようになると、いろいろな方が発言するようになりました。そういうなかで、まず三角縁神獣鏡が中国の鏡であるということを疑う人が出てきました。中国の鏡というのに、中国で出てこないというのは、なにごとであるか、あれは疑わしい。あれは日本製だ。非常にじょうずにつくってあるが、それは中国から工人、職人がやって来て、日本でつくったんだと。もっともです。なるほどと思う。そういう説があります。これを最初に言ったのが、同志社大学の森浩一《もりこういち》さんです。なかなか勘のいい人ですね。

増田精一《ますだせいいち》という方は、先の海東という銘文をもち出してきて、工人が日本にやって来てつくったのではないか、という説を唱えられていますね。あるいは、三角縁神獣鏡という鏡を調べてみると、魏の鏡ではなさそうだ、三国時代の魏と呉と蜀のうち、呉の鏡の特色をもっている。だからこれは銅鏡百枚にはならない、そういう説もあります。

あるいは、古田武彦《ふるたたけひこ》さんや、奥野正男《おくのまさお》さんなど、いろいろなことでご活躍になっている方々は、あの鏡は古墳から出てくる。古墳は四世紀で、卑弥呼は三世紀の弥生時代だ。三角縁神獣鏡は弥生時代の遺跡からは出てこない。古墳から出てくるから絶対三世紀の鏡ではありえない。だから、銅鏡百枚ではない、ということをおっしゃっていました。

古墳時代の始まりの年代というのは、いいかげんなものなのです。あの頃は四世紀からといっていましたが、先ほど、石野先生は纒向石塚古墳を二世紀の終わりにもっていくというわけです。いいかげんに言っているわけではないでしょう。根拠があるのでしょう。

そういうふうに、古墳時代の始まりというのもいろいろな説があります。その当時のことは『日本書紀』に天皇のことや、年代も書いてあります。あれをそのとおりに読んだら、みな大昔になりますね。もっと古い年代になります。だからそれをどう縮めるかと操作した結果、まあ崇神天皇陵が四世紀のかなり古いところだろうかということで、古墳時代というのは四世紀ぐらいというのが通説になっていました。これもいくつもの仮説のうえでの結果ですから、それがどこかで崩れたらバラバラとなるのです。いまだに古墳時代の始まりは決まっていません。「前方後円墳が始まるのはいつか」といったら纒向石塚古墳を前方後円墳の走りだとみれば、石野先生の説では、二世紀の終わりです。わたしは、纒向石塚は別として、箸墓古墳で三世紀のどこかなあというぐらい。あれが卑弥呼の墓だというのは証明できませんが、いいところではないかなとこの頃少し思っています。これは、内藤湖南《ないとうこなん》という有名な東洋史の先生がおっしゃった説です。わたしの、師匠の師匠です。師匠の説とか、師匠の師匠というのは大事にしないといけませんね。そういうふうに古墳の始まりを、まあ三世紀の始まりの頃という人から、四世紀に下げて考えている人もいます。一〇〇年以上差があるかもしれません。年代というのはそう簡単に決まらないものです。

今、わたしたちのところでは年輪年代学というものをやっています。年輪を調べて年代を知る方法があるのです。そのうちに箸墓は二九〇年とか、二六五年だと、きちっと言えるようになるのではないかと思っています。

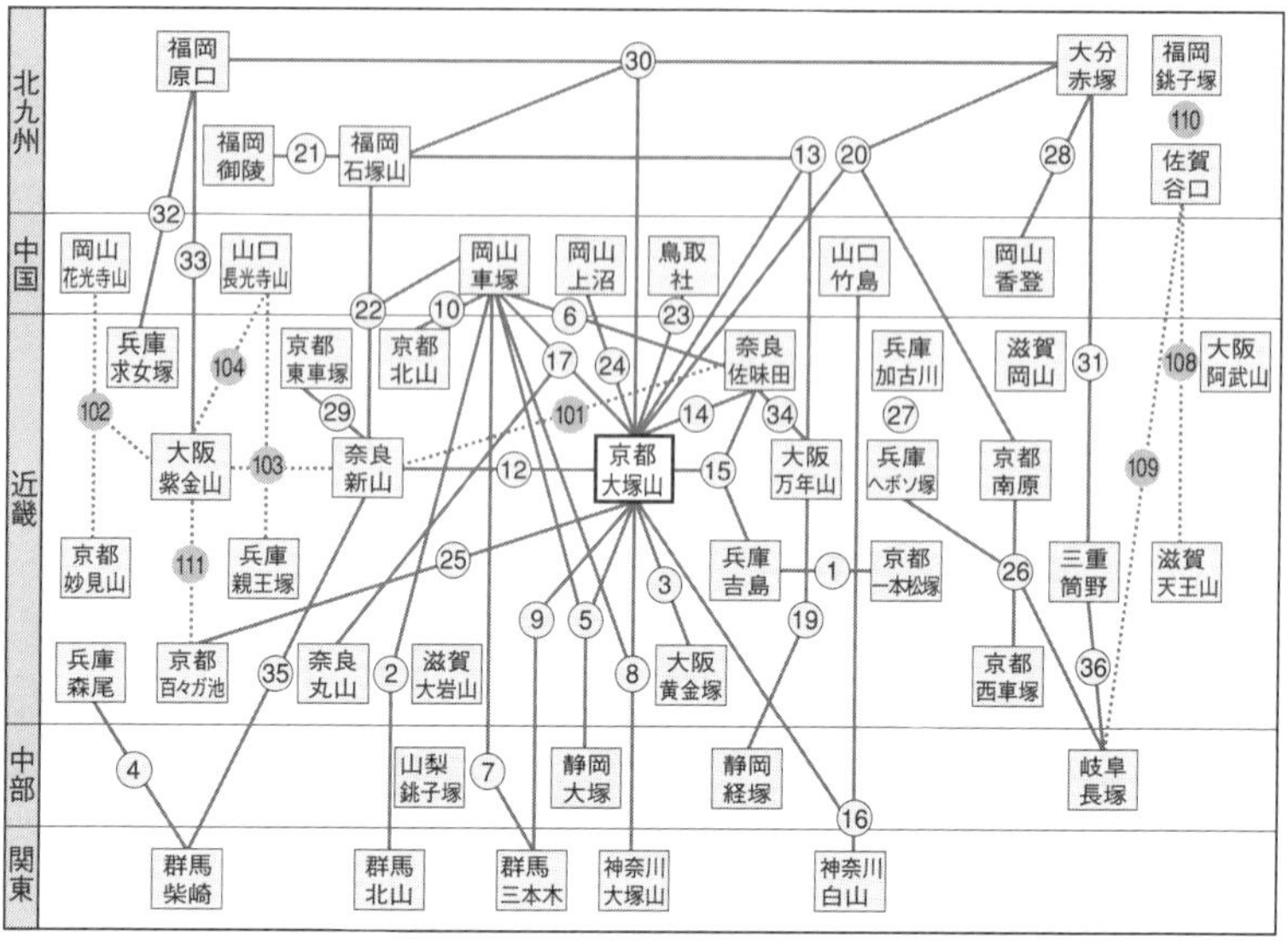

図 31　小林氏が 1961 年に発表した同笵鏡分有関係図

ところで三角縁神獣鏡ですが、戦後、京都大学の小林行雄《こばやしゆきお》先生という方が、三角縁神獣鏡という鏡のなかには、一つの鋳型を使って何枚か鏡をつくったということをおっしゃって、非常に脚光を浴びました。すべてがそうだというには、少し問題がありますが、間違いなくつくったものもあります。これを同笵鏡《どうはんきょう》といいます。笵というのは鋳型のことです。その同笵鏡が日本各地から出てくる状況をこまかく調べて、三角縁神獣鏡は大和政権が、日本各地を支配下におくための道具であったという説を唱えられました（**図31**）。これは国家というか、朝廷というか、そういうものを考古資料で本格的にとり上げ、ある種の証明を試みた仕事で、それ以後これを越すような仕事はありません。わたしの師匠だからもち上げますけれど、これは、弟子でない方でも一定の重要な仕事であったことは皆、お認めだと思います。そういう説を発表されました。ただし、わたし自身は、小林さんのいうとおりだとは考えていません。もう少し違うことを考えています。しかし、いずれにしても日本じゅうから三角縁神獣鏡が出土してくる。大和国家、日本初期の国家ができ上がってゆく姿がそこに投影されているのです。その分布状況でそういうことを唱えられたので、三角縁神獣鏡は、がぜん脚光を浴びたのですね。

三角縁神獣鏡は、もっとも北では茨城県から最近みつかりました。ただし破片で、なかのこまかい文様がわからなくて残念です。いちばん南は宮崎県ですかね。この範囲に、点々と出てきます。ただし、半分ほどは近畿地方です。中国、四国、九州その辺が一割五分ほどで、東日本が二割ほど、だいたいそんな感じです。それをみると、その分布の中心が近畿地方だということがいえるのではないかと思います。

それともうひとつ、三角縁神獣鏡を見ると非常に大きい。さらに一定の規格性をもっている。図像の文様には、いろいろな特色がある。卑弥呼の使いが来てその後、台与の使いが来る。そのたびに鏡を土産としてもって帰らせる。五尺刀ももって帰らせたでしょう。そのときに、工人を集めて大至急つくるのですよ。だいたいこの大きさでこんなふうにつくれと言って、後はお前ら勝手にやれというか、デザインは親方に任せようとか、いささか粗製濫造のところがあるのですね。量産の鏡です。そして詔勅には、「汝に好《よ》き物を賜うなり」と書いてあります。

お前にいい物をやるからと言って、そのつづきに国じゅうの人にこの鏡をよく見せて、いかに魏の国が卑弥呼、邪馬台国を大事にしているか、ということを知らしめろと書いてあるのです。だからあちこち配り歩いたのです。そうじゃなかったら自分が大事にしていればいいのです。これはね忠実に、魏の王さんの言ったとおりに一生懸命やっているわけですよ。しかし、一生懸命に配って歩いたわりには、効果がなかったのではないかとわたしは疑っています。水野先生は、そうではないとおっしゃいます。この辺は大分考え方が違いますが、いずれにしても三角縁神獣鏡の出土状態や分布状況をみると、この詔勅の言葉と一致します。

三角縁神獣鏡が中国の鏡でないという人がいます。では、いったい邪馬台国が本当にあったのか、ということにどうして確信をもてるのかとわたしはよく言うのです。先ほど話したように、証拠はなにもないのですよ。銅鏡百枚と五尺刀二口くらいです。五尺刀もそのうちみつかります。それは別としても、わたしは三角縁神獣鏡が銅鏡百枚でないという人にいつも聞くのです。「あなたは何をもって『魏志』倭人伝を信じるのか」と。そしてそれを信じれば、銅鏡百枚は大和を中心に配布したこととも合致する。邪馬台国は大和以外のどこでありえましょうか。

青山　これから、お話しいただいたことに重点をおきながら、話し合いをしていただき、皆さんからも質問をしていただくということで、討論していきたいと思います。

まず、わたしからそれぞれ三つの質問をし、それについてお話しいただいて、それから皆さんから質問を受けるということにしましょう。

銅剣・銅矛文化圏と銅鐸文化圏

青山　まず水野先生。邪馬台国論争について、いろいろ言われていることを、うまくまとめてお話しいただきました。九州を中心とした銅剣・銅鉾文化圏と、畿内を中心とした銅鐸文化圏とに大きく分かれているというお話でした。しかし、最近は九州から銅鐸の鋳型が出ています。出雲の荒神谷《こうじんだに》遺跡からは銅剣が三五八本、銅鐸六個、銅鉾一六本といういままでの銅剣・銅鉾文化圏、あるいは銅鐸文化圏という体系には、はまらない一つの大きな考古学的な、現物の出現であったということを皆さんもきっと思っているでしょう。それと古典的な二つの文化圏との嚙み合わせをどう考えたらいいのか、ということについてちょっとお話しいただきたい。

水野　わたしは日本を二つに割って、近畿地方を中心とする東西両側は銅鐸の文化圏、北部九州を中心とする東西側は銅剣・銅鉾の文化圏だと言ったわけです。ただいまの青山先生の問いかけは、出雲の荒神谷遺跡などは銅鐸・銅剣・銅鉾が発掘されていてこの枠にはまらない、それに佐賀県の鳥栖市の安永田《やすながた》遺跡、この遺跡は吉野ヶ里から一五キロくらいしか離れていないのですが、銅剣・銅鉾分布圏にはない銅鐸の鋳型が出てきました。それなのにまだ二分説をとるのかといわれるわけです。

「九州では、銅鐸は出てこないはず、それなのになぜ銅鐸の鋳型が出てきたのだろうか」というべきことになるのです。わたしたち三人の友達であります銅鐸研究のナンバーワンともいうべき佐原真さんは、「どう考えていいかわからない。わからないものはわからないのだ」とおっしゃる。研究の浅いわたしは反対に「わかった、わかった」というわけです。その佐原さんから、「水野よりは銅鐸のことは考えている。そのわしがわからんというのだから、これはわからんのや」とみごとにやられました。

しかし、これは大事なことですね。頭の良さ・顔の良さというのは、たしかに彼のほうがはるかにいいことはみとめますが、わたしはわたし。どう考えているかというと、安永田の銅鐸の鋳型は、銅鐸のなかでは少し変わったタイプの銅鐸なのです。その後も似た銅鐸の鋳型が近くの福岡県春日市で出ていますが、ともに小さい銅鐸の鋳型なのです。そうした銅鐸鋳型が佐賀県・福岡県にかぎられてあることがわかります。それ以後はないのです。

ところが、銅鐸の鋳型はこちらでは兵庫県赤穂市とか……

青山 わたしどもの帝塚山大学の田代さんも掘りましたね。

水野 そう、もっと大事な鋳型は、その田代克己さんや藤沢真依《ふじさわまより》君が掘った大阪の茨木市東《ひがし》奈良《なら》の例、ついで京都の向日《むこう》市鶏冠井《かでい》、最近では福井県の三国《みくに》でも出てきています。奈良県でも唐古《からこ》・鍵《かぎ》遺跡がありますね。銅鐸の鋳型は圧倒的に近畿地方に多いのです。しかし、安永田の例は、今の所、鶏冠井例と並ぶ古い鋳型だとされています。ですから、九州で銅鐸をつくり始めながら、なぜつづかなかったのかを問題にしますと、王都邪馬台国をとりまく近畿地方中心に銅鐸はつくりだされたが、倭国王が「大率」に命じてつくらせ、製品は東へと運ばれたという可能性、あるいは近畿地方の有力な官僚がたとえば大率を仕切っており、彼が九州で銅鐸をつくらせているケースなどが考えられます。ですから、九州には広くは残らないということになります。これで話は終わりになります。

このように考えますと簡単です。大率に指示を出せばよい。大率が九州でつくらせた銅鐸は九州には大きく広がらず、時には中国地方へ運ばれて淡路島や島根県などで見出されるということです。ですからこの文化圏説は崩れない。まずこのケースは「安永田などは生産地ではあるけれども、九州のみを消費地とするのではない」というケースになりますね。

つぎは出雲の荒神谷ですね。ここでは銅剣三五六本、銅鐸六個、銅鉾一六本が出てきました。従来だれ一人として想像もしなかった量の青銅器群の発見です。

出雲は昔から近畿、九州両方の文化圏に属する所です。今でもそうですけれど、出雲大社と宗像大社は『日本書紀』をみましても関係は深く、よく往来していますから、銅剣とか銅鉾がきわめて手に入りやすい位置にあるといえます。それから近畿とは、これはまた始終行き来していますから、当然銅鐸は手に入りやすい。結果両方の文物が出てきて当然だと思います。わたしは倭国朝廷が九州の「大率」に指示して出雲に運ばせ、倭国朝廷も大和三輪山麓の出雲氏を介して銅鐸を托し、出雲から日本海沿岸の諸国に配布させる形も考えられるかと思っています。ですから、「九州だというて騒ぐでないよ。ちょうど二つの分布圏に接する大事な地なんだよ。出雲は」というのがわたしの考えなのです。

田中　明快ですね。そうすると、銅鐸の古いときに一大率はもうあったのですか。

水野　倭国誕生の時点に外交上の必要もあって、設置されていたと考えています。

田中　わたしは、銅鐸の古いところというと、紀元前の二世紀くらい、一大率は一七〇〇から一八〇〇年前と考えています。たいへんおもしろい話をありがとう。いやそれとね、水野さんは鋳型が出てきたところでつくったことは認められたが、使ったことは認められていない。これはね。わたしは考え方が違うのですが、素直に使ったと考えてもいいのですよ。非常に古い段階に銅鐸を使っている。そして、銅剣、銅鉾は同じ時期よりはもうちょっと後なのですよ。大きくいうと銅鐸のほうが先です。少なくとも九州は。

水野　また怒ってきますよ。九州の人たちが。

田中　問題は、お祭りがすんだ後に土の中に埋めるような風習ができるか、できないかということです。九州のほうでは銅鐸を埋めるというお祭りに発展しなかった。そうすると、古い銅鐸は銅剣、銅鉾をつくるときにどんどん鋳直しているわけです。すると、いくら銅鉾だといっても銅鐸の鋳直しかもしれません。そういう事もある。だから、考え方は幾通りもありうるのです。

石野　水野さんのように、一大率の昔からとは、とても言う自信はありませんが、銅鐸そのものは九州で古い段階につくっていたというのは事実ですね。近畿にもその後、大きい銅鐸がたくさんつくられた。同じ銅鐸という名でよんでいるけれども、つくったのは九州のほうが先ということも事実でしょう。しかし、先につくった意味が全然違うのではないか。

九州は単なる器具として銅鐸をつくっているけれども、近畿のほうは祭りの道具として再生産し、祭りのシンボルとして展開させたと考えています。そういう文化の流れというのは、ほかにもいろいろあるのではないか。九州は先に手に入れるけれど、ただじっともっているだけで、それに新しい意味をつけていくのは、近畿の人間がやっているのではないか。その一つが銅鐸だと思っています。

田中　わたしはね、銅鐸のいちばん古い段階で、そこまで分かれていないと思います。一大率がいて支配していたというほうがまだ通るかもしれない。

青山　だいたいその古い銅鐸が出現したのは何世紀？　弥生の中期の初めですか。

田中　いやいや前期です。だから、まあ前三世紀の終わり頃と言っていいでしょう。今から二二〇〇から二三〇〇年前。大昔ですね。後の銅鐸の祭りとは質的に違うかもしれないけれど、全体にそういう祭りがあって、銅鐸は鈴ですから、鳴り物でお祭りの道具です。そういう共通の祭りがあって、それからさらに埋めるとか巨大化するという祭りに発展していったのは近畿で、九州は乗り換えてしまって鉾や剣にしてしまいました。そう考えたほうがいいのではないかなと、わたしは思っています。

纒向遺跡の年代

青山　つぎに石野さんに纒向を中心にお話をしていただいたのですが、もう一度はっきりしていただきたいのは、特殊な都市的あるいは特殊な国家的祭祀をもっていたおよそ二キロの穴師川、纒向川の間の扇状地というものが、いつからそういう性格をもちだして、いつ終わったのか。それからその時代が、邪馬台国がどこにあったかは別にして三〇カ国ほどの連合体があったという三世紀の前半、卑弥呼が死んだのがまあだいたい二四七年か二四八年とすれば、三世紀の前半が纒向遺跡のそれぞれに対応するのか、しないのか。

最近、大和岩雄《おおわいわお》さんや石野さんが対談しておられるなかで、大和氏は卑弥呼の時代の邪馬台国は九州にあって、台与の時代に東に移ってきたのではないかという東遷説。だから三世紀の四分の三くらいのところで、台与の時代は纒向に邪馬台国がそのまま移ったということで、石野さんたちの説と整合させようという座談会があったように思うのですが、纒向遺跡の年代のおさえ方、ひいては古墳時代というのがいつからか。あるいは土器、庄内式土器との関連でどうか。石野さんの下で掘っている寺沢君の書いたのをみると、やはり纒向というのは弥生の後半であって、今言われたような二世紀から三世紀の初頭に纒向の遺跡を入れるのには、まだちょっとひっかかるとありました。ほんの一、二そのような時代の土器が出ているが、特殊な地域で出ているとしか考えられないのではないかということを橿原の研究所で書いておられる方もあるので、そこのところを石野さんはいったいどのように考えておられるのか。邪馬台国の時代と関連させてもう一度年代観の話をお願いします。

石野　小林行雄先生が唐古の遺跡を中心にして、弥生時代の土器を一、二、三、四、五期と分けられましたが、纒向遺跡は第五様式のなかの、新しいところから始まります（三〇ページ表1参照）。そしてその後に田中琢さんが提唱した庄内式になりました。庄内式には古い段階と新しい段階があり、その後に以前から言われている布留式があります。布留式にも三段階がありますす。纒向遺跡は土器でいいますと、弥生第五様式末から布留1式末までです。大量に土器のある段階はこの間です。これ以前はかけらでは若干ありますし、この後も須恵器の古いものなどがありますが、きわめて少ない。

それで、年代をどうあてはめるかということですが、わたしは纒向1式の始まりは一八〇年頃で、纒向2式（庄内古式）の終わり、つまり纒向3式の始まりは二五〇年頃だと思っています。桓・霊の間に、倭国が大いに乱れ、それから間もなく統一されて、卑弥呼が即位したのが一九〇年頃です。そして卑弥呼が亡くなるのが二四七年か二四八年なのですが、それは土器でいうと庄内の古いほうと新しいほうの境目くらい。纒向の編年でいうと、2式の終わり、3式の頭と考えています。

田中　意地悪なことを言ってもいいですか？　卑弥呼さんが纏向にいた、ということを前提として年代をあてはめたのではないかと思います。というのは、始まりが一九〇年というのはどうして決められるのかという問題がある。一九〇年をどうして証明したかと言われたら、「いやこれが出てまして、これは中国では何年なので、中国から日本にくるのに五〇年かかったとしたら、これは一九〇年です」という証明の仕方も実は非常にむずかしい。石野さんは、たいへん苦労されていると思う。絶対年代というのは非常にむずかしい。

しかし、年代のわかるものが一つある。わたしがやっている鏡です。あれはね、二三九年、景初三年に行って、正始元年に、ちゃんともらって帰ってきたと書いてあるわけです。もって帰ってきて配るわけでしょう。まあ二、三十年かかったとする。だからもうちょっと差があるかもしれない。配られてすぐに埋めずに、別の人にやったということもあるかもしれないから、最初に埋めた人でも、その年代は、まあ三世紀の後半かそのあたりでしょう。これで土器はどうなるかというと、実は古墳と土器の年代とはまだしっくり嚙み合っていないのですね。だから布留式で、前期古墳が始まると言う人もいるけれども、わたしはそうではないと思っているし、まだしっくり嚙み合っていない。どこかこの辺でしょうね。いろいろとむずかしい。

石野　本当に年代というのは、なかなかむずかしい。土器を順番に並べてそこに数字を書くというのは、きわめて勇気のいることです。わからんと言っているだけでは話は進みませんから、土器編年に暦年の数字をあてはめていったら、話に整合性があるのかないのかということを一度やってみないとだめです。

田中 こういう数字をあてはめたら、いつの間にか卑弥呼さんの都になってしまう。

水野 「勇気がいる」とは便利な言葉ですね。わかりやすいですね。しかし……

田中 わりやすいだけじゃだめ。

石野 これでもう決まったと……

田中 本当にむずかしいですよ。もうちょっと後になって倭の五王の時期になると、誉田御廟《こんだごびょう》山《やま》古墳は応神天皇陵ではないという人もいるけれど、もし応神さんの陵だとしたら四世紀の終わりか五世紀の初め、その辺もちょっと問題があるけれども。

しかし、まあ、誉田御廟山古墳を応神さんとすれば、大仙古墳は仁徳天皇陵としたらもう少し後にくるだろう、そういうことになってくるとね、もう少し確率が高い。

青山 おわかりいただけましたか。この件について水野さんから何か。

水野 年代をきめることは、石野さんがものすごく努力されているのはよくわかるのですが、結局、年代を決める傍証資料は現在何もないのに近い。非常にむずかしいですね。たとえば中国からはっきり年代の決まる物が日本に届いて、土器といっしょに出てくれば、日本に伝わってくる期間、時間さえ考えればいいわけですが、しかし、そういう証しとなる物が何もない。何もないのならば、ということで、勢い土器である程度の幅を極力限定しようということになる。土器の動きを細分していって五期に割ろう、六期に割ろう、一〇期に割ろうといってこまかく割っていく。一つの時期に同じ年代幅を与える。ですから、たしかにこまかくなったようにみえる。しかし、はたしてそのとおりかという前提が問題になってきます。ただ石野さんが一生懸命検討されて一九〇年などという数字が出てくると、わたしなんか「わあ！　石野さん一生懸命やな、これ言ったら悪いですけど、卑弥呼のほうによせてあてはめようと努力しておられるんだな」と下司の勘ぐりで考えてしまうのですね。田中さんも同じ考えのようなので、わたしも安心しました。

田中　今、水野さんがおっしゃった中国の物で年代が決められるという物は、弥生時代のむしろ中頃はね。九州のほうにはたくさん鏡、前漢の終わり頃の鏡がある。そうするとまあ弥生の真ん中ぐらい。その辺はわかりやすい、確率は。それの後はもっとややこしくなっていくんですよね。

石野　水野さんがさっき言っていた王莽の新の貨泉は大阪でいくつか出てきて、それは弥生中期後半と弥生後期前半の土器といっしょに出ています。

　王莽の貨泉は一世紀の初頭につくられています。それが日本にきて弥生中期後半から後期の土器と共伴しますと、従来の年代観をひきあげる必要が出てきます。それによって、従来、弥生後期末といわれている纒向1式の開始も早まります。

田中　わりあい新しいですね。ただ貨泉が入ってくるのは、やっぱり王莽のあとぐらいに入ってきていると思う。むずかしいのは、おじいちゃんのもっていた物を皆さんもっているでしょう。家にあるでしょう。おじいちゃんの大事にしていた物は、皆で大事にします。ですから、つぎからつぎへ後に残すこともあるでしょう。新しい物を捨てる事もあるでしょうし、いろいろなことを考え合わせていかないとだめです。一つだけポッと物を考えてはいけません。

青山　今の年代のむずかしさということと、いささか関連してもう一度水野さんに、東大寺山《とうだいじやま》鉄剣の銘文、中平年の銘文と、この邪馬台国とどのように組み合わせて考えたらいいかをお話ししていただきましょう。

水野　田中さんがいちばん尊敬しておられる先生、それからもうひとつ上の先生という話が出ておりましたが、京都大学に梅原末治《うめはらすえじ》という非常に卓越した考古学者がおられました。末永雅《すえながまさ》雄《お》先生と同世代といいますか、本当にすばらしい方です。その梅原先生が定年後、天理大学へお移りになり、天理大学が中心となって天理市の北域にある東大寺山古墳を掘られました。大きな木棺と木棺を包んだ粘土の施設が出てきました。その木棺を包んだ粘土の外側に、たくさんの刀が出てきまして、先生はとても喜んでおられたのです。その刀のなかには本当に珍しい把《つか》——握りの先に家が造形されていたのですばらしい刀剣だな、と思いました。

その後、白木原和美《しらきはらかずみ》先生たちが、刀の錆を落そうと思って、丁寧に仕事されていましたら、金線が見えたのです。「あれ、金象嵌《きんぞうがん》でもしてあるんじゃないかな」ということになって、ゆっくり錆を取っていったわけです。そうしますと、「中平□年、五月丙午、造作支刀、百練清剛、上應星宿、下辟不祥」といういうみごとな金象嵌の文字が浮かび出たのです。

実はこういうみごとな銘文は、中国の鏡や刀に彫り込まれる典型的な銘文なのです。この中平という年号を考えてみますと、ちょうど『魏志』倭人伝には倭国の女王として卑弥呼が即位する直前には、倭国が大いに乱れと先ほどからお話が出ていますが、そういう時期があったのです。『後漢書』には桓・霊帝の間（一四七～一八八年）、『梁書』や『太平御覧』には光和年中（一七八～一八三年）とはっきり書いてありますが、そういう乱をへてやっと卑弥呼が即位したのは、考えてみればこの中平年間という時にあたるということになるのです。

そうしますと、卑弥呼が使いを漢帝国に出しまして、即位を報告。「わたくし、今度、倭国女王になりました、よろしく」ということで貢物をもたせて漢の霊帝に使いを出した。中国にしてみれば「女性の皇帝か」世界でも珍しいことと、貢物の見返りとは別に、たくさんの品物を授けてくれたのだと思います。そのなかの一つが「中平□年」の銘をもつこの刀だといま考えているのです。卑弥呼は晩年にどんどん使節を魏へ送り出しています。記述には現れませんが、即位のときにも後漢の霊帝のもとに使節団を送り、刀や鏡や布などの文物を多く授かっているのではなかろうか、というのがわたしの意見です。『後漢書』にこのときの遣使の記事はみえないので、ちょっと自信がないのですが……

田中　水野さんは字に書いたものを、わたしより信用されている。卑弥呼は使いを出したのに、どこにも出てこないですよ。

水野　そうなのですよ、しかし『後漢書』ですからね。だから、ちょっと自信はないが……と言ったでしょう。

青山　書いていないことを言ったらあかん。

水野　書いていないから「ではなかろうか」と言っているのです。卑弥呼女王の景初三年の使節とも共通する一面をわたしは感じているのです。そのうちに中平年間の遣使の証明ができる日がくるだろうということです。青山さんが司会者としてこの刀のことを説明せよというから言ったんですよ。

田中　そういうふうにしてね、都合のいいことと悪いこととがいろいろあるのですよ。お互いにそういうところを今日はさらけ出して話し合いましょう。

卑弥呼が使いを出したのは、わたしはやっぱりあの時が最初ではないかと思っています。これはね、桓霊の間にもそういうことをやっているわけですよ。ただね、金象嵌のものが出てきたというのは不思議なわけですよね。しかも五尺刀ですからね。象嵌があるというのは、中国でも特殊なのです。だから、たしかに当たってなくもない。文献でも信用できないところがある、ひとつの証拠です。

それからもうひとつ、この古墳からこの年号のものが出ています。じゃあ古墳は二世紀か。そんなことはありません。二〇〇年ほど後の古墳です。古いものは後から出てくる。

水野　今、田中さんがおっしゃったのは、東大寺山古墳というのは、四世紀、三六〇年、三七〇年くらいに築かれた古墳で、中平年間（一八五年前後）との間に一八〇年近い歳月がありますね。その一八〇年間、刀はどこにあったのか。わたしは倭国女王卑弥呼の王倉にたくさん、田中さんが言っておられる鏡などと一緒に……　刀も、納められていたのだろうと……

田中　だから二口あったからもう一口はね……

石野　中国の文献というのはどういうものなのか。正式の歴史の本なのですよね。中国の場合は歴史の本というのは、つぎの王朝が正統だということを証明するために編纂している。そうすると遠くの国から使いが来た、というのは一度も逃さず書いているはずです。もしそうだとすると、今書いている以上のことはなかったのではないか、という解釈もあるのではないか。そうするともらった物はここに書いてある物しかないのではないか。これはどうですか。

水野　『後漢書』には卑弥呼が使いを出したということは全然書いていない。『魏志』倭人伝には、景初三年の遣使は書いてあるが、漢代の中平年間の動きはまったく出てこない。後漢帝国と魏国とは異なる位相ですから書くはずはないと思います。しかし、『後漢書』では卑弥呼の状況はくわしく書いてあるわけです。ということは、卑弥呼が使いを出していない限り、城柵、楼観とか彼女が宮室の中にいるということはわかるはずがないのです。だから卑弥呼は、みずからの即位にかかわる使節を出しているのではないか、あるいは誰かがそれを伝えていたのではないかと考えるのです。ですから即位後に遣使したのではないかな、という気がしているのです。わたしは、『後漢書』に中平年間の遣使があったとは書いてなくとも、書かれずに終わった遺使が時にはあったのではないかと思うのです。『後漢書』には光武帝の建武中元二年の遺使や、安帝の永初元年の入貢など、他書に記されていない記事もまた見られるのですから。飛鳥、白鳳、奈良時代の遺使団でも、中国や日本の史料では抜け落ちている例は、いくつもありますから、使節団が行けば必ず記録が残るとはいえないのです。

石野　本当に偶然、大事なことだけが記録されたうちの一つなのだろうか。

水野　記述としては中平年間の遺使は見あたらないのですが、この刀から考えられるのではないかと言っているわけです。

石野　しょっちゅう行っているのでしょう。それは東洋史の先生から前に言われたのですよ。

水野　しょっちゅうとは言えません。漢倭・魏倭間の国際状況のなかで派遣するのですから限られています。

田中　わたしはそうは思いません。たとえば、あの卑弥呼の頃から倭の五王までの間は、中国製品の入り方を見てみると、三角縁神獣鏡からあとはほとんど一つも中国の物が入ってこないのですよ。倭の五王になると、バタバタと入ってくる。民間で一人、二人勇ましいのが遊びに行ったり来たりしたかもしれないけれども、向こうの朝廷と、こちらの倭国の女王などの使いが行き来することがその間なかった。書いてある程度しかなかった、という可能性があったのではないかと思っています。

青山　それに関連して、皆さんを代表してうかがいます。『後漢書』が編纂されたのはずっと後になります。そうすると、『後漢書』が編纂されたときには一般的な倭国についての知識について、すでに大陸で相当認識された時代であるから、くわしく知ってたということを考えると、今水野さんの言ったことは、根拠が少し薄くなるということ。

それからもうひとつ、卑弥呼がそれほどモニュメント的な女王であって、しかも授けた五尺の刀には金の象嵌をしてあるという。同じ五尺の刀のなかでも特殊なつくりをした珍品を送ったとすれば、やはり記録に残っていいのではないか。それこそ『後漢書』に残っていいのではないか。

三世紀に入って二回、三回難升米というのを遣わして、どうだこうだということよりも、第一回こそ魏の国にとっては、たいせつな印象深い使節団の来貢であったのだから、書いてもいいのではないか、そういう考え方ができます。

水野　青山さん流の言い方で「いいのではないか」と重ねたうえで、それを否定しようとする立場と、「と考えては」というわたしの立場は同じで一方は否定したい、一方は肯定したいという立場でしかありません。わたしは青山さんの意見も十分に参考にしますが、青山さんもわたしの意見を一考して検討してほしいものです。

田中　それはこういうこともあると思います。『三国志』魏書をつくるというのは、晋の時代でしょう。晋の国というのは司馬氏が建てた国です。魏のことをもち上げなければならないわけがあるのです。自分が引き継ぐから、だから一生懸命もち上げる。そうすると、いろいろな所から朝貢に来たし、倭も来た、ということを一生懸命記録しているわけですよ。むしろオーバーに書いてあると思うのです。ところが他のほうには冷たくなって、やっぱり事実だけだと思いますけれど、もっと冷たくて、書き落としてしまったのかもしれない。水野さんの立場に立っていえば、書き落としたといえなくはない。

水野　ありがたいお話です。

田中　だから、先ほどから言っていますが、一つだけの史料ではああでもない、こうでもないというようなことしか言えない。そのなかで、自分の信念はこうだと。

青山　ということでいささか新興宗教のような、ある面ではそういうふうにとられる。まあそういう一つの仮説を立てて、仮説を整合させていく学問というのは、逆からいえば新興宗教だと言われてもいたし方ない。学問宗教だといわれてもいたし方ないことがある。

田中　それを証明、発見しようとする、という姿勢があるかないかが大事なんです。たえず自分のその仮説が正しいかどうか。

青山　誤りであれば正していく。

田中　そうそう、その姿勢がないとこれは宗教になる。あるいは小説です。それをどう証明するか、それが基本です。

青山　では田中琢さんに。

田中　とうとう俎上にのぼる。

青山　そうではなくて、もう少しくわしくというか、先ほど鏡に至るまでにずいぶん時間をとって、鏡は一〇分間で終わってしまった。具体的に名前が出たけれども、同志社の森浩一さんなんかの言っておられる三角縁神獣鏡は、呉の工人が云々……　という説や、たとえば景初四年鏡という年号鏡をどう解釈するのか、ということが一点。

先ほど少し話に出ましたが、卑弥呼の二三九年から二四〇年かの遣使のときにもらった鏡百面が、今伝世という話が出たけれども、それがなぜ伝世されて、大和を中心として配分されていったのかということ。しかもその古墳は大和ではなくて、のちに山城とされる京都府南部の椿井大塚山《つばいおおつかやま》古墳から出た物をもって中心としていることについて、一般の人はどう考えたらいいのか、ということについて。

田中　まず、中国鏡でないという説が出ています。中国の王仲殊という先生が幾つかの根拠を挙げておられます。日本の研究者も三、四人言っていたのですよ。その間、学会では無視していました。中国の王仲殊さんが言ったとたんにウワーとなりましてね。王仲殊さんのその論文を読んでみると、いままで日本の学者がだいたい言っていたことも書いてあるわけです。しかも引用もしていません。あれはたいへん失礼ですね。

それは別として、その根拠は幾つかありますが、一つだけ言います。例を申し上げましょう。

うわけです。

さっき言いました海東という、あれは海の東と書いてある。王仲殊さんは、あれは日本だとい

『三国志』を見てご覧なさい。海東というのは今でいったら広東の広州です。ハッキリそう書いてある。「海東四郡あわせて広州にする」と書いてある。中国の人にしてみれば海東といったら広州ですよ。けっして日本ではない。王仲殊さんもちゃんと『三国志』を読んでいない。しかし、銘にある海東は固有名詞ではない。海の東のほうに仙人がいる世界です。前後の文章からそういわざるをえない。今の、銘文の解釈では、その一部分だけをとり出してきて盛んに議論する傾向がある。銘文全体をくらべるということは少ない。それが弱点になる。そういうふうにして順番につぶしていくと、今、根拠とされていることは根拠にならないとわたしはみます。ただ一つ中国では出ないというのが最大の特色。これは森浩一さんが最初に言いだして、そのとおりです。これは、わたしがさっき申し上げましたようにお土産にやったのだから中国からは出てこない。

青山　けれど中国でほかの鏡が出ているじゃないですか。

田中　それらの鏡はみんなね、あんなりっぱな大きさもないし、規格的でもない。三角縁神獣鏡が銅鏡百枚でないという人に「では、どんな鏡をもらったのですか？」と聞くのです。具体的にこれだ、とはけっして言わない。あれもこれもありうると、候補はいっぱいあげるけれど、どれかとはっきり言ってください、と言っても「えー位至三公鏡《いしさんこうきょう》とか」など名前をあげるけれ

ど、どれだとははっきりおっしゃらない。問題点があることはわたしも正直に認めています。

たしかに。しかし、そのうちに中国で鋳型がみつかる。これは必ずみつかります。確信しています。ただし、この辺は信仰の部分です。信仰と真実とはハッキリ分ける。

青山　三角縁神獣鏡が日本だけから出てくるのは、進物用としての鏡で……

田中　特別につくったということ。

青山　特別製の鏡。それから景初四年。

田中　特別につくったというのは、さっき申し上げたように、鏡をこまかく調べていくと、大きさやいろいろなことからそういうことがいえると思う。そうすると景初三年、これは卑弥呼が使いを送った年ですよね。正始元年、これは使いが帰って来る年ですね。ところが、景初四年という鏡がパカッと福知山で出てきたのです（図32）。そうすると景初四年というのは、実は正始元年と同じ年なのです。ない年だというのは、前の皇帝の明帝が景初三年の一月に死んでしまうのです。だから卑弥呼の使いが行ったときに、明帝はいないわけです。死んでしまった。中国では皇帝が死んだら、年号を変えるという風習がある。そうすると正始元年になっているはずなのに、景初四年があるのはおかしいではないか。遠く離れている日本あたりだったら、「年号がかわったぞー」という知らせとかニュースが伝わるのが、とても時間がかかった。だから日本でつくったんだという説をたちまち唱えた人がいました。

もっともらしいですね。けれど実際はそうではない。そもそも鏡に年号を入れるというのは、

図 32　福知山市広峯 15 号墳出土の景初四年銘鏡

そう多くはありません。特別な事件のあるときに年号を入れるのですよ。そういうときにつくった鏡です。これは王仲殊さんも認めています。なぜ景初三年、正始元年の年号が鏡にあるかというと、これは卑弥呼が使いを出して、その使いが帰って来た、非常に倭国にとってたいせつな年であるから、倭国でつくった鏡だといわれるようになった、とそういうのです。たいせつな年だというのは、使いが帰って来て「親魏倭王」のハンコを入手することがたいせつなのです。使いが失敗したら、たいせつな年とはいえない。景初三年に行って、正始元年に帰って来た。向こうの使いがハンコをもって来てくれた。卑弥呼にとってはじめて、日本の国内に対してなんらかのものを示すことができるきっかけになるわけです。だからこそ記念する年なのです。

そうすると、正始元年に帰って来た使いは、正始元年と年号が変わっていることを知っていたはずですよ。それでどうして景初四年と日本でつくるのですか。おかしいじゃないですか。だからわたしはかえって話は逆で、景初四年銘があることは日本製説にとって不利であるというのです。

では、どうして景初四年銘があるのか。景初三年に使いが行ったので、中国では一生懸命鏡をつくったでしょう。そして使いが来た景初三年の年号を入れるわけです。来年は景初四年だということで、景初四年の年号、まだ正始元年と決まったわけではない。正始と決まったのは一二月ですから。使いは来年帰りそうだから、来年の年号入れとけ、ということで入れるわけです。そのうち正始元年と決まった、というふうにわたしは考えています。ただし、これもなかなか証明しにくいのであります。

それからもうひとつ、伝世鏡。三角縁神獣鏡のほとんどは、伝世鏡ではありません。どれだけ卑弥呼がもち伝えたかくらいの問題はたしかにあると思いますが、普通伝世鏡というのは、何十年二世代以上に渡って伝えたものが伝世鏡です。その意味で三角縁神獣鏡は少々伝世したかもしれませんが、それはたいしたことはないと思います。

『魏志』倭人伝をちゃんと読んでみてください。「国中の者に示せ」と書いてある。お前もっとれとは書いていない。だから、もらった人間はあんなものもっている必要はないのです。

というのは、西のほうに葛城《かづらき》がいました。大和《おおやまと》か、纒向かは知らんけれども、このあたりは三人ともいっしょで、だいたい卑弥呼はあの辺にいたと。葛城は遠いですよ。いくら水野さんの言うようにかなりおさえて言ったとしても、葛城は最後まで抵抗するわけです。記録にも、雄略天皇の頃、地位が上がってどうのこうのといって大もめにもめるようなことがあります。だから葛城まで行くのはたいへんなので、北回りで行く。椿井大塚山はまさしくそこ。あそこは大して広い面積もなく小さい所だけれども、大和朝廷に可愛がられている。

青山　それがのちの山の辺の道のいわゆる北へ行く重要性にも通じると。崇神天皇の二つの道にもなるということにも……

石野　今の話の最後のほうの同じ奈良県のなかでも磯城と葛城は違うのではないかというのは、

さっきお話しした土器にみられます。纒向何式とか庄内式とかいっているのですが、それが奈良県を代表するかというとどうもそうではない。ある面積を掘って庄内式がたくさん出てくる地域は、今のところ桜井、天理あたりで、それ以外のところを掘っても出てこない。たとえば纒向から四キロ離れたところに桜井市大福《だいふく》遺跡がある。庄内式並行期の土器はたくさん出てきたけれども、庄内式の土器はちらちらで、後は弥生の第五様式とみえるようなものばかり出てくる。たった四キロ離れても、庄内式の土器は出てこない。葛城の地域にも、今のところ大量に庄内式の土器は出てこない。そうすると土器からみても、文化は違うというのはいえますね。

つぎに前半の話で、中国の鏡、わたしはいままで三角縁神獣鏡というのは国産か中国製かといったときに、なるべく横を向いて何も言っていないのですよ。なぜ何も言っていないかというと、わからない。わからないというのは、いろいろ勉強した結果、事実としてわからないのだから言っていないという意味ではなくて、勉強していないからわからないのです。

田中　勉強すればわかります。

石野　三角縁神獣鏡を中国製だと考えた場合、日本製だと考えた場合、どちらにもわからないところが幾つかある。先ほど言われたように、三角縁神獣鏡が中国で出ないという一つの大きな事実がある。中国で出ないという大きな事実について、まるっきり別の解釈が出てくるわけです。それを根拠にして日本製だ、いやそうじゃない中国製だという大きな違いが出てくる。

もし中国で出ない、したがってあれが日本製だとしたら、卑弥呼がもらった鏡は何か。それについては、たしかにいろいろ言っていないみたいだけれども、もしかしたら、漢代くらいの鏡が大量に倉に収めてあって、これをもって行けということはありえないだろうか。

田中　倉の中でホコリにまみれてあるのをどう調べるか。

石野　たぶん調べても鏡そのものではわからないでしょう。

田中　まあそういうことです。

水野　年号のある鏡は、八面あります。この八面中、呉の鏡の二面を除きますと、六面が全部魏と関係する鏡です。景初三年二面、景初四年二面それから正始元年二面。景初四年は正始元年にあたるだろうということなのですね。よく見ますとおもしろいことがあります。見ればすぐおわかりいただけることですが、「陳是作銘」、「陳是作鏡」、「陳是作鏡」、「陳是作鏡」という銘文が続出します。だからこれらの鏡は、陳氏の鋳造工房での作鏡ではないか。陳氏工房が日本に来た、渡来の人で構成されていてもかまいませんけれども、しかしそういうことを言うよりも、まず中国に陳氏工房があるというほうが自然だといえますね。

その文の後ろにまた「本是京師」「杜地命出」「杜地之出」と書いてあります。「杜地命出」の杜は、杜陵県の略で杜陵県がちょうど魏の都の傍らにありまして、鏡つくりの名人がたくさんいるところなのです。そこから皇帝の命令で出てきて鋳鏡したのが陳氏工房だといっているわけですから、やはり中国でつくられたのでしょう。中国の都すらもよく知らない人たちに、わたしたちは都の隣、杜陵県に出自するといった書き方は不要でしょう。

ところがこの銘文を先ほど田中さんが言われた王仲殊さんは、「杜地之出」と読まず、「絶地亡出」と読むというわけです。出雲の神原神社《かんばらじんじゃ》古墳発見の鏡の銘文（図33）をわたしも小一時間熟視すること二度、三度ありましたが、とうていそうは読めませんでした。ここに「杜地之出」とわたしは書きましたけれども、この「杜」、「之」の文字は読みにくいと昔から言われています。言われていますけれど、王先生はこの「杜」という字を「絶」と読む、「之」の部分を「亡」と読む、そして「中国の地を絶って亡命して日本に出て来た」、と読むのだと言われるのです。こんなふうに読んだら漢文はどうでも読めることになります。「絶」ならば糸偏は丸を二つ上下に重ね下に小を書きます。これで糸偏になるのです。他の場合はそうなっています。これは明らかに木偏です。だから「絶」とは絶対読めないのです。現物を熟視しての意見です。「地」は共通しますからいいとして「亡」という字もよく見ますと、これは「之」という字ではないかと思うのです。「之」ですと「杜地の出身」という意味になりまして、「自分は杜地の出」だよ、と言っていることになります。他の鏡では「命」ですけれども。

そうしますとね、これは明らかに中国の杜陵県出身、陳氏工房だと書いているわけですから、こうした銘文を日本でつくる意味はまったくない。そんなのおかしいですね。まして「絶地亡出」といった読みは不可能。先ほど田中さんが言っておられた王さんの「海東」という部分の読み、解釈は中国の方としてはいささか気になる漢文の読み方です。中国の代表的な考古学者の王仲殊さんの言われることについては、この部分に関しては納得できないのです。

図33　神原神社古墳出土の三角縁神獣鏡銘文

それからもうひとつ、まあ田中さんもよく知っておられて、くわしく言われないのですが、それぞれ八面の鏡の銘文は陳氏工房がつくったのに、つづく鏡の銘文にはいろいろな文句の種類があるのです。もう好き放題に、銘文の好きな句をとってきてポッポポッといれてあるわけです。神原神社古墳の銘文がそのもっとも整った原型になります。

田中　鏡の銘文というのは、きちっと構成が決まっているものがたしかにあります。しかしね、多くはモデルがある。それから、好きなところをとって組み込むのです。これをもっていたらおめでたいことがありますよ、というところは必ず残すというふうに。銘文を読むというのは、下手をするとこじつけになってしまう。

水野　ところが多くの人から、三角縁神獣鏡は三〇〇枚も日本で出ているではないか。古墳を掘ればどんどん増えて、そのうち一〇〇〇枚になるのではないかといわれるのです。わたしは三〇〇〇枚くらい日本に届いていると思っています。今、魏の少帝よりもらった卑弥呼への鏡一〇〇枚は全部、景初三年、景初四年、正始元年と書いてあった鏡ではないのかもしれない。陳氏作鏡などの鏡はまだまだ埋まっている可能性があります。日本にはまだ掘っていない古墳が山ほどありますから。逆に言いますと、だから三〇〇〇枚になろうとわたしは全然心配していないのです。

青山　一〇〇年後にも古墳を掘っている予告をしている。

田中　お互いその頃はいないない。だから勝手なことを言える。

水野　逆にいうと、中国皇帝の文物をつくるのは、「尚方」という役所です。卑弥呼への鏡は「尚方」の銘をもつ「方格規矩鏡」だった可能性が大とわたしは考えています。景初三年、景初四年、正始元年の「陳是作鏡」と書いてある鏡などは尚方の指示で民間の鋳造業者「陳工房」につくらせた鏡だと考えています。同業の「顔・王・呉工房」等も指示をうけ作っています。倭国使節団が大量に買いあげたいと申し出た結果、尚方が文様のあらかた、法量を含めて指示して初めてつくられる興味ある型象だったと思います。

石野　鏡がまだまだたくさん出るか出ないか、という話でひょっと思ったのは、中国の歴史の本に書いてある回数だけ倭の遣使が行った、という考えが当然あるわけです。そうすると鏡は一回目に一〇〇枚やったと書いてある。魏の段階で使いが行ったのは、全部合わせても台与の時期まで含めて三回くらいですね。あと、何面やったとは書いてないけれども、今すでに三〇〇枚以上出てますから、出過ぎじゃないか。

田中　まあそういうふうに、言えますね。たしかに。これからはまあそんなに出ません。

水野　わたしはまだジャンジャカ出てくると思っていたのに……

田中　四〇〇枚くらいでちょうど数が合うのです。三七〇枚から三八〇枚くらい出るでしょうね。

石野　一回一〇〇枚だったから三〇〇枚。

田中　まあ確かに昔から二〇〇面以上出ていることについて、さまざまな議論があった。結局それは景初三年に、卑弥呼に使いをやったとくわしく書いてあるけれども、それから後のことは書いていない。もらったかどうかと考えるかどうか。逆に考古資料の三角縁神獣鏡からみれば、もらったと言わざるをえない。そういう論になるのです。

水野　わたしは、呉の年号鏡は卑弥呼の後、女王台与が魏だけでなく、呉にも使いを出したりしているのではないか。それらも呉の鏡が魏の都に多く行きわたっていたのではないかと考えています。日本発見の赤烏年号鏡の背景は、そうした環境ではないかと考えているのですが、『呉志』にはそのような記事は出てこない。だからそのような議論がおこるのです。

石野　鏡の資料から出発して、鏡から離れますが、先ほど水野さんがあげられた年号鏡が出土した古墳、大阪府黄金塚《こがねづか》古墳、島根県神原神社古墳、京都府広峯《ひろみね》一五号墳などの古墳の年代観としては、広峯を除くとだいたい古墳時代の前期のなかでもおよそ後半と考えられている古墳ですね。前期後半の古墳から出てくる年号鏡がすべて伝世の期間が長くないというのであれば、それぞれの古墳の年代に与えられている前期後半は、鏡の時期に近い年代になるでしょう。仮に、鏡の製作年代は二四〇年くらいですから、伝世期間が二〇年か三〇年か五〇年だったとしても、古墳の年代は二七〇年か九〇年という年代になります。

その前に、さらに前期前半がありますから、ちょうど二四〇年くらいになって、その前に庄内式という段階がある。というふうに考えていくと、結構わたしの年代観の確率は高くなる。一九〇年というのは仮に嘘だとしても二一〇年くらいまではいくんですよ。

田中　前期古墳をだいたい三世紀の初めぐらいにもっていってしまっている。そうするとつぎの倭の五王の年代まで間が抜けすぎなのです。時間的に開きすぎるのではないかという問題が出てくる。倭の五王の年代は、かなり確率が高いです。鏡なんかを直接卑弥呼かあるいは邪馬台国に渡すと考えられているのは、それは港の近いところの連中、親分に渡す。それをまた分けてもらう、そういう形でおのおの所へ配られたということを少し考えていただかないと、合わないのではないかとわたしは思いますね。

石野　文献の年代は、あれ以上は動かない。しかし、日本の古墳にあてはめる場合には、これはかなりむずかしいわけです。「仁徳陵」が仁徳天皇の陵であるかどうかもわからないし、かなりむずかしい。しかし、倭の五王の段階ですと、須恵器の初現年代について、ワカタケル大王に関する銘文のある鉄剣が出土した埼玉稲荷山古墳から出てくる須恵器の年代や、あるいは九州の岩戸山古墳を磐井《いわい》の墓として、その須恵器の年代観を根拠として須恵器の初現年代をさかのぼらせて考えてみると、今のわたしの年代観と合ってくる。だからみんなで上がればこわくないということ。

水野　そう思っておられるのでしょうね。わたしはそう思わないのです。わたしの考えは、景初三年が二三九年、正始元年が二四〇年、女王卑弥呼の死が二四七年にあたりますが、この女王卑弥呼の使節団がもち帰った二三九・二四〇年の鏡を副葬している古墳は、前期古墳の初頭につくられた箸墓古墳（宮内庁管理の倭迹迹日百襲姫命大市墓《やまとととびももそひめのみことおおいちのはか》）の年代二八〇年前後から前期古墳の終わり三六〇年頃までの古墳にほぼ限られていますから西暦二四〇年から二八〇年の四〇年間、あるいは西暦二四〇年〜三六〇年の一二〇年間は古墳へ入らずにあるわけです。わかりやすくいえば、二四〇年に入手した鏡は早くても四〇年間、おそければ一二〇年間を経て古墳に納まっているということです。この時間をどう理解するかということになるわけです。

田中　石野さんはそれをぐっと縮めると、下のほうを三八〇年じゃなくてもっと古くするという考え。

水野　古墳の始まる時代をぐっと上げておられるのです。

田中　わたしは、今の前期古墳の古いという部分を、三世紀のある段階まで上げればいいとみているのです。終わりのほうは、四世紀の今の前期後半といっているのは、そう上げられないのではないかと思う。

ひとつの問題は、古墳の年代を決めるのに、まず順番を決める。これはいろいろ資料がある。どういう形のお墓で、どういう副葬品をもっているかということで順番を決める。お墓の様式というものの幅がどれくらいかという考古学の基本的な研究方法のところにつながる問題が出てくるのです。それを解決する方法がなくてね、頭が痛いです。

水野　わたしの考えを言いますと、二四〇年にもち帰った鏡のうち女王卑弥呼に下賜された尚方作鏡は女王の王蔵に、民間工房に鋳造させ持ち帰った三角縁神獣鏡などは大蔵に収納され、二四七年女王卑弥呼の死去のあと、王位をついだ女王台与の時代も鏡は丁寧に管理されて王蔵に収納されていたと思います。そして四〇年がたち、女王台与のあと王位をついだ崇神天皇が大蔵に納まっている鏡を皇族や顕官に配る政策を提起し、一斉に大蔵から倉出しされ始めるのだろう、と見てきたように話しています。

鏡を配ったのは、「南山城の木津川のほとり、椿井大塚山古墳の被葬者。この古墳から三六面もの鏡が出たのは、鏡を配る機構の一人であったに違いない。もう一人は岡山県の車塚古墳の主だろう」というのが、小林行雄先生の御意見なのですが、わたしはこの御意見には強く心ひかれるのですが、はたして事実がそうなるのかと自省するときもあります。

なぜかと言いますと、三輪山の麓に「吉備《きび》」というところがあります。この地に吉備のすぐれた人びとが出てきて、倭国の行政を支えていたのではないかと思うのです。それにもう一つ、滋賀県の湖西、大津の北に和邇《わに》というところがあります。天理市の北の東大寺山古墳の所在地も、山下に和邇下神社があり、両地に和邇氏の居住が確かめられています。山城の椿井大塚山古墳の所在地も和邇氏の居地の一と説かれています。吉備氏は孝霊天皇の皇子稚武彦《わかたけひこ》を祖とする家ですし、和邇氏は孝昭天皇の太子天足彦国押人《あめたらしひこくにおしひと》命を祖とする氏です。いずれも天皇が吉備や近江に分封した皇子であることが問題です。

そうしますと、和邇氏や吉備氏が天皇から「お前たち、鏡を配れ」と命じられて鏡を配ったのではなく、皇族のゆえに大量の鏡が崇神天皇、垂仁天皇、景行天皇からおくられたのだとするほうが、よく辻褄《つじつま》が合うと思っているのです。岐阜や名古屋あたりの尾張氏や桜井市の阿部氏、丹波の丹波氏にもこうした大量の贈与がおこなわれているのではないかと考えているのです。

田中　三角縁神獣鏡は、古墳時代の鏡ではありません。顔を映す物ではありません。おそらく日本で顔を見るための鏡が出てくるのは、平安時代のかなり後になってからです。もちろん貴族や天皇は奈良時代から使っていた。古墳時代の鏡は、お祭りの道具です。というのは、古墳時代の新しいほうでは、鈴鏡《れいきょう》という鈴を付けた鏡があります。あれでどうして顔を映すのですか。あれは腰に付けて鳴らすのです。だから鏡というのはお祭りの道具ですね。

青山　せっかくの機会ですから、後十分ほどありますから、何か質問はありませんか。

質問　わたしは玄界灘で漁師をしておりましたが、玄界灘を渡るのは、今でも非常にたいへんなのです。当時はもっとたいへんだったと思うのですが、邪馬台国を三輪山の麓に想定した場合、邪馬台国が大和にあったというならば、どういうコースで来たのか。また、田中先生がおっしゃった鏡に関することですが、一回だけではなく何回も来たということですから、どういうコースでどういうふうに来たのか。そしてその場合に来た人は、卑弥呼のいるところで寝泊まりしたのか、別のところで寝泊まりしていたのか、ということをうかがいたい。

水野　中国からの使者は、中国の山東半島から朝鮮半島の帯方郡に渡り、朝鮮半島の西海岸に沿い南下して、対馬、壱岐を経て九州に来るコース、あるいは今日の釜山から玄界灘の孤島沖ノ島を経て宗像市に着く、あるいは山口県の豊浦に着くという三コースが考えられていて、それぞれになぜわかるかというと、魏国は朝鮮半島に設置した楽浪郡、帯方郡という役所を通じて外交を展開します。そこから必要な物資を積んで、西海岸を南下します。そして半島の南端狗邪韓国（釜山港付近）から対馬、壱岐というコースです。ただし、玄界灘の孤島沖ノ島を介して福岡県宗像や山口県豊浦へ船をつけるケースもあったと考えています。このほかに有明海へ着くコースもあったと思います。佐賀、長崎県には中国や朝鮮とにかかわる文物も多く出ますからね。しかし、公的には対馬、壱岐それから唐津です。

質問　問題は瀬戸内海で、瀬戸内海はどのようにして渡ったか。瀬戸内海コースをとったのか。

水野　倭国王都ヤマトへのもっともよく使われた航路は、瀬戸内海航路、両岸それぞれケースにより航路をかえていたといえます。

質問　瀬戸内海コースを使うのか、あるいは日本海敦賀のほうを通るのか。

水野　都への主航路は瀬戸内海です。先ほども山口県や岡山市で多くの貨泉が出たと言いましたね。瀬戸内海がメインコースであることは動きません。もちろん日本海コースもにぎやかです。丹後の函石浜遺跡で貨泉が出ていますからね。しかし、倭国の表航路は瀬戸内海航路です。

　中国から来た使節が女王にすぐ会見できたかというと、そうではありません。中国から来た使節は、伊都国にある「大率」の客舘《むろつみ》にしばらく滞在させる施設があり休養させます。たずさえてきた皇帝からの詔書などだけ先に「大率」から王都邪馬台国へ運ばせるのです。『魏志』にそう書いてあります。もってきた文書や文物は大率で受けとり、先に女王のところへ送る。

あとで使節が着くのです。使節とともに来日する中国の神の神威と倭国王統の神の神威が衝突しないよう日本になれ親しんでもらう時間が必要であったからだとわたしは考えています。

青山　これは後の時代でもそうですからね。はい、ほかに。

質問　鏡のことですけれども、あの笵というのはどういう意味ですか。

青山　石か何かでどうしてつくるのかということですか。

質問　つくる場合に、石などを削って、骨なんか一遍ぱあーと入れたら、もうその後はつくれないでしょう。同笵というのはね。

田中　説明しましょう。おっしゃるとおり古くは石の鋳型です。中国でもそうです。しかし、漢のちょっと前ぐらいになると土の鋳型、いわゆる真土《まね》型になります。真土型で、幾つもつくるということは非常にむずかしく、不可能だということをいう人がいます。

ところが、実物を見くらべていきますと、たとえば鋳型にひび割れができますでしょう。そのひび割れが、五面の同笵鏡にあれば、そのひび割れは、しだいに進んでいくのですよ。かなり傷が深くなるという例がある。同じ鋳型でなかったらそういうことは起こりえません。

質問　わたしは樋口先生にお聞きしたら、同笵はないと言われました。

田中　樋口さんはそう考えていられるのでしょう。わたしは違う。一つの鏡を土の上に押し付けてつくるという技術もあったことは間違いありません。これは、はっきり証明できることです。だから、これは一つの鋳型からつくった鏡だというもの、あるいは押し付けてつくったもの、一つ一つについてきちっとそういう議論をしながら、やらなければいけないことであって、漠然とできます、できませんという議論はできません。

質問　鋳物は、製品として出すときにどれだけ縮んでいるかというと、鋳物の場合一千分の八ですね。

田中　そうですね、それくらいですね。

質問　一千分の八も縮むものが、同じ三角縁神獣鏡の型をつくって入れて出したときに、スポッと型から抜けるかどうか。

田中　わたしの親父は実は鋳物屋なのですよ。鋳物の職人を五〇年ほどやっていました。その親父に聞くと、むずかしい、不可能だろうと言ってました。逆に銅鐸などの石の鋳型があるのですが、これで鋳物がつくれるのかと聞いたら、こんなのではできないと言いました。実際に鋳型のあるものでも、今の技術ではできない。ただ、これは今の技術をもってしてですね、できる、できないというのは非常に危険です。たとえばさっき言ったように、鋳型の割れ目がどうして進んでいくのか、そういう事をきちっと検証しなければなりません。割れ目がどんどん進んでいくというのは、押し付けたのでは進まないのですよ。つぎの新しい鋳型で割れ目が進むはずはないですから。

質問　先ほど田中先生がおっしゃいましたよね。邪馬台国の台は「やまと」と読めるのですか。

田中　昔はみな「やまと」と読んでいたんですよ。

水野　邪馬臺（台）国の場合、臺の字はトと読むべきです。ところが『魏志』倭人伝には「邪馬壹国」とあります。「壹」これはイチという字ですね。だから邪馬壹国《やまいちこく》と読むという意見もあります。

しかし「臺」と「壹」は非常に似た字だから誤って書いたのだろうと考えています。そうすると、つぎはこの字をトと読むかタイと読むか、ということですね。これはタイと読むほうが無理なのです。女王卑弥呼のあとをついだ女王は「臺（台）与」と書きます。タイヨとは読めませんね。トヨと読みます。これは明らかにトなのです。ですから「やまと」と読むのでいいのです。

なぜヤマタイ、ヤマタイと言うのかというと、ヤマトというとすぐに大和だとわかってしまう。それではおもしろくない。まず国名から楽しもうということでしょうか。本来は「やまと」と言ってしまっていいと思うのです。田中さんなんかずっと「やまと」と言っておられ、わたしは楽しいですから「やまたいこく」といっていますが、本音は「やまと」です。

田中　古いときには皆「やまと」と読んでいるのですよ。戦後ヤマタイコクと皆言いだしたという傾向があります。

青山　たいへん充実したお話をうかがいました。長らくご静聴ありがとうございました。では、これで終わらせていただきます。どうもありがとうございました。

（青山茂 2011.12）

追記

対談司会の冒頭でも述べたように、この対談の計画を立案したのは、日本文化史専攻が新設されて一五年目にあたる平成四年（一九九二）のことである。帝塚山短期大学に新しく日本文化史専攻を開設するのを機に、その〝実学〟の担当教授にふさわしい人物として新聞社の学芸文化面の担当者として勤めていた五〇過ぎのわたしに誘いがあり、ジャーナリストから教壇への思い切った転向を試みたのが昭和五一年（一九七六）であったので、わたし個人としても転進一五年目というのは、たいへん印象深かった。したがって、その節目にあたる記念の学術的な催しとして奈良に拠点を置く本学として「邪馬台国問題」に焦点を置き、しかも〝大和説〟にフォーカスをしぼることがふさわしいのではないか、と考えたのは、まことに理の当然行き着くところであった。

しかもわたし自身、大阪生まれの町人出身、小、中学校は奈良・大和で、旧制高校と大学は伊予松山と千年の古都京都、そしてジャーナリストとしては奈良で一一年、大阪本社で一六年という四分の一世紀を大阪本社管内で過ごし、しかもそのほとんどを歴史・考古学・古美術等、文化関係の担当記者として過ごし得たのは、まことに顧みればこのうえなく幸いなことであった。これはかつて、大正、昭和前代に大阪毎日新聞社（大毎）に本山彦一という考古学マニアの社長が長く君臨して社内にその方面の専門記者を養成するという遺風が残っていた余恵にもよる。

そんなこんなのおかげによって、研究室に残って研究にはげんだわけではないが、ジャーナリストとして門前の小僧以上に考古学者や歴史学者たちと、同僚以上の知遇や交友を得る結果となった。したがって、派閥や学閥のことなどについても、あまりそれらについては意に介さずに、同じ〝大和説〟についてもメモランダムに顔を合わせて自由に討議してもらえた、と思っている

（石野博信 2011.12）

纒向の祭殿

二〇〇九年に纒向遺跡から三世紀前半の一直線に並ぶ建物群が検出されたが、そのうちの一棟（建物B）は、本書一八六ページでいう「祭殿」である。仮小屋程度の小さな建物だが、その一棟を手がかりに周辺の調査を進めた桜井市埋蔵文化財センターの努力の成果である。現段階では全貌は明らかではないが、二七六五個のモモの種実をともなうなど、政治棟よりは祭祀棟の可能性が高い（二五四ページ「大和・纒向の三世紀の居館と祭祀」参照）。

記念銘鏡をもつ古墳と纒向式土器の年代（二三四ページ）

大阪府黄金塚古墳と島根県神原神社古墳の景初三年（二三九）銘鏡出土古墳を前期後半とし、鏡の伝世期間を永くみる立場に立つと、古墳の初現年代が二世紀末～三世紀初頭になる、というわたしの発言は乱暴だ。神原神社古墳の埋納土器群は纒向5類＝布留1式併

行としても、黄金塚古墳は近年の調査で前期末・中期初であり、本文のような立論の根拠にはならない。

ただし、纒向2類=庄内1式の初源を二一〇年とする発言は、結果としては現在の考えと同じである。

須恵器の初現年代（二三五ページ）

埼玉稲荷山古墳の鉄剣銘文、辛亥年を四七一年とし、福岡県岩戸山古墳を「磐井」の墓として、それぞれの共伴須恵器の暦年代を推定すれば、須恵器の出現年代は四世紀後半になる可能性がある。したがって、それ以前の布留式、纒向式（庄内式）土器の暦年代もさかのぼる、という発言は今も変わらない。

2009

纒向遺跡は邪馬台国か

石野博信
高島忠平

卑弥呼の宮殿の有力な候補地（石野）

――注目を集める纒向遺跡の大型建物跡は、卑弥呼の宮殿といえるでしょうか。

わかりません、というのが実際です。纒向遺跡で発見された建物は、卑弥呼が活躍した時代の三世紀前半の大型建物と、それに連続する一直線上の建物群で、たいへん意義のある発見です（図36参照）。居館の範囲は南北一〇〇メートル、東西一五〇メートルと規模も大きい。しかし、畿内説に立っても、卑弥呼の祭殿なのか、政治的な建物なのかといった具体的なことはまだ不明です。ただ、南北が川に挟まれ、西側が祭祀的な広場と考えられることから、一般の人が出入りしづらい封鎖された空間と考えるのが自然です。可能性としては、卑弥呼の宮殿の有力な候補地の一つでしょう。

――出土した土器や、『魏志』倭人伝の記述などと照らすと……

土器は三世紀中ごろかそれ以前のものと考えられ、関東から九州でつくられた外来系の土器の比率が一五～三〇パーセント。これは、政治や経済の中心である都が置かれた場所であることを裏づける証拠です。一方、『魏志』倭人伝については、厳密には「宮室（宮殿）」や「楼観（高層建物）」がどういったものかはわかりません。宮室は建物群の場合と、一つの建物の場合もあります。城柵も内郭を囲む柵は一部出てきていますが、外郭の周りはまだ発掘していません。

――今回注目される成果は？

特異なのは、柱穴が四角であること。さらに、建物群が東西一直線にきれいにそろって並んでいる。こうした形状は三世紀どころか、古くても五世紀以降というのがこれまでの常識でした。それが今回、くつがえったといえるでしょう。

――畿内説を決定づけた？

建物の中心軸がそろった四角い柱穴群を見るだけでも、計画性は「ピカ一」。わたし自身、やっと出てくれたか、という気持ちもあります。三世紀でもこうした計画的な遺跡があるとわかり、これまで七～八世紀とされていた建物も、再調査すればもっと古かったというケースが出てきそうな気がします。出そろったうえでの議論が楽しみです。

――今後の研究への期待は？

三世紀の大型の集落には目的の違う二つの区画があるようです。今回の発見が仮に卑弥呼の祭祀的な空間なら、同じ規模の政治的空間があるはず。南北どちらかに同じような施設跡が出土するといいですね。また、親魏倭王の金印が注目されていますが、魏の皇帝が送ってきた柳ごうりのロープに判を押す封泥《ふうでい》が大量にみつかれば、そこが邪馬台国で決まりです。考古学では、あまり価値がないような物こそ大きな証拠となるのです。

首都の構造をもつ吉野ヶ里（高島）

――纒向遺跡でみつかった大型建物群が「卑弥呼の宮殿か」と注目を集めています。邪馬台国九州説の立場からみると……

ヤマト王権発祥の地でこれほどの建物群がみつかったことは、謎の多い古代国家の起源を探るうえで大きな意義があります。建物の方位を一緒にして、軸線を東西に合わせるなど規則的に建てられており、祭祀儀礼的な建物群でしょう。ただ、纒向遺跡を卑弥呼の宮殿と短絡するのは論外。また、時代的な大きな問題があります。

――大きな問題とは？

今回、桜井市教育委員会は纒向遺跡の大型建物群の年代を三世紀前半としていますが、考古学的にみて無理があります。根拠としては、箸墓古墳で出土した木製の馬具（鐙《あぶみ》）と一緒にみつかった「布留1式」とよばれる土器がポイントです。鐙は中国では四世紀初めに、朝鮮半島では四世紀末に出現します。日本では五世紀になってようやく使われるというのが実情です。つまり、一緒に出土した「布留1式」は、四〜五世紀になるはず。それより一段古い「布留0式」は四世紀後半、纒向遺跡はそれより少し古いので、四世紀中ごろあたりに落ち着くのではないでしょうか。そうなると卑弥呼の時代とは一〇〇年も違ってきます。

――では九州説の有力候補地、吉野ヶ里遺跡（佐賀県）は？

図 34　復元された吉野ヶ里遺跡の祭殿

吉野ヶ里遺跡は、大規模な環壕集落（南北一キロ、東西六〇〇メートル）で、全体が発掘されています。その結果、歴代の王の墓、厳重に環壕で囲まれた「北内郭」の祭殿（図34）や「南内郭」の宮殿、祭壇などが設けられ、まさに三世紀の国の首都の構造が明らかになっています。『魏志』倭人伝には「卑弥呼のいる所は宮室（宮殿）、楼観、城柵を厳重にめぐらしている」とあり、城柵の記述などから考えて卑弥呼の館は、土塁の上に柵を設けた環壕施設です。つまり、邪馬台国の中枢は環壕集落だったはずで、環壕や柵を設けていた吉野ヶ里遺跡などが有力候補。纒向遺跡ではいまだに環壕はみつかっておらず、『魏志』倭人伝の記述と照合しても、邪馬台国畿内説＝纒向遺跡とすることはできません。

――邪馬台国論争の今後は？

纒向遺跡でも全体構造が明らかになったうえで、吉野ヶ里遺跡などと比較すれば、客観的な所在地論争が可能になります。わたしは、近畿の地域政権だったヤマト国家をはじめ、九州のツクシや中国地方のキビ、イヅモなど全国各地に四世紀に地域国家が成立し、最終的に六世紀になってヤマト王権が古代国家成立のイニシアチブを握ったと考えています。そう考えれば、卑弥呼の政権は北部九州といった地域的な枠組みと考えるほうが自然です。畿内説、九州説のどちらにしても、日本における古代国家形成という大きな道筋に沿っての議論が重要です。

追記

纒向遺跡は継続する

二〇〇九年の東西一直線上の建物四棟の検出後、二〇一一年の調査で方位の異なる大型建物の一端が建物Dの東側から検出され注目を集めている（図35）。この建物を建物Xと仮称しよう。建物Xは柱穴が三、四基調査されただけだが、年代は纒向5類＝布留1式＝三世紀末～四世紀前半であり、『日本書紀』記載の纒向珠城宮（垂仁天皇）か纒向日代宮（景行天皇）の可能性が想定され、三世紀の王宮からの継続性が検討の対象となる。

建物Xの柱穴は、建物Dと同様に長大で柱間も広く束柱をもつ。ただし、建物X西側の調査ずみである約三五×五〇メートルの範囲には、建物Xと同じ方向の柱穴列や溝はない。建物Xは、建物Dと同程度の規模の大型建物と想定されるので、それに関連する建物群は囲郭施設が存在して当然である。かりに、東側の未調査地域に関連施設を想定したとしても、西側の一五〇平方メートル余の空白地域の存在は、建物Xの特殊な機能を考えねばならない。少なくとも、日常的居館の一棟ではない。

建物Xの推定年代、三世紀末～四世紀前半から先に指摘した纒向珠城宮と纒向日代宮の可能性は残しつつ、建物Dの機能を継承し、その跡地につくられた広い空間を必要とする建物を推定しておきたい。

（石野博信 2011.12）

図 35　纒向遺跡の 4 世紀の柱穴列

2010

大和・纒向の三世紀の居館と祭祀

石野博信
橋本輝彦
辰巳和弘
黒田龍二

二〇〇九年一一月、纒向遺跡ではじめて三世紀前半の居館が検出され、二〇一〇年九月に東西一直線に並ぶ四棟の建物のうち、最大の建物Dの南側から一辺約四・三×約二・二メートルの土坑が調査された。

土坑から祭祀用と思われるミニチュアS字甕約一〇点をはじめ、多くの土器や木製品とともに多量のモモ種実や獣骨・魚骨などが土坑内土砂の水洗作業によって明らかとなった。

本章は、土坑内の出土品がほぼ明らかになった二〇一〇年一一月二日に辰巳和弘、黒田龍二、橋本輝彦、石野博信が纒向遺跡調査事務所に集まっておこなった検討会の記録である。

本記録作成には、NHK奈良放送局のご協力をいただいた。記して感謝します。（石野）

土坑から出てきたもの

橋本　二〇〇九年の一一月に発表しました大型建物の南から検出された大型土坑（SK－3001）は南北約四・三メートル、東西約二・二メートルの長楕円形の土坑です（図36・37）。穴が掘削された時期は庄内3式期と考えていますが、今のところ建物群の廃絶時期も庄内3式期と考えていますので、土器型式上は同じ時期のものといえます。

ただ、この土坑は大型建物にともなうとみられる柱列（柵？）の一部を破壊して掘削されていますので、建物群よりは後のものだということはわかっていますが、残念ながら両者の時間

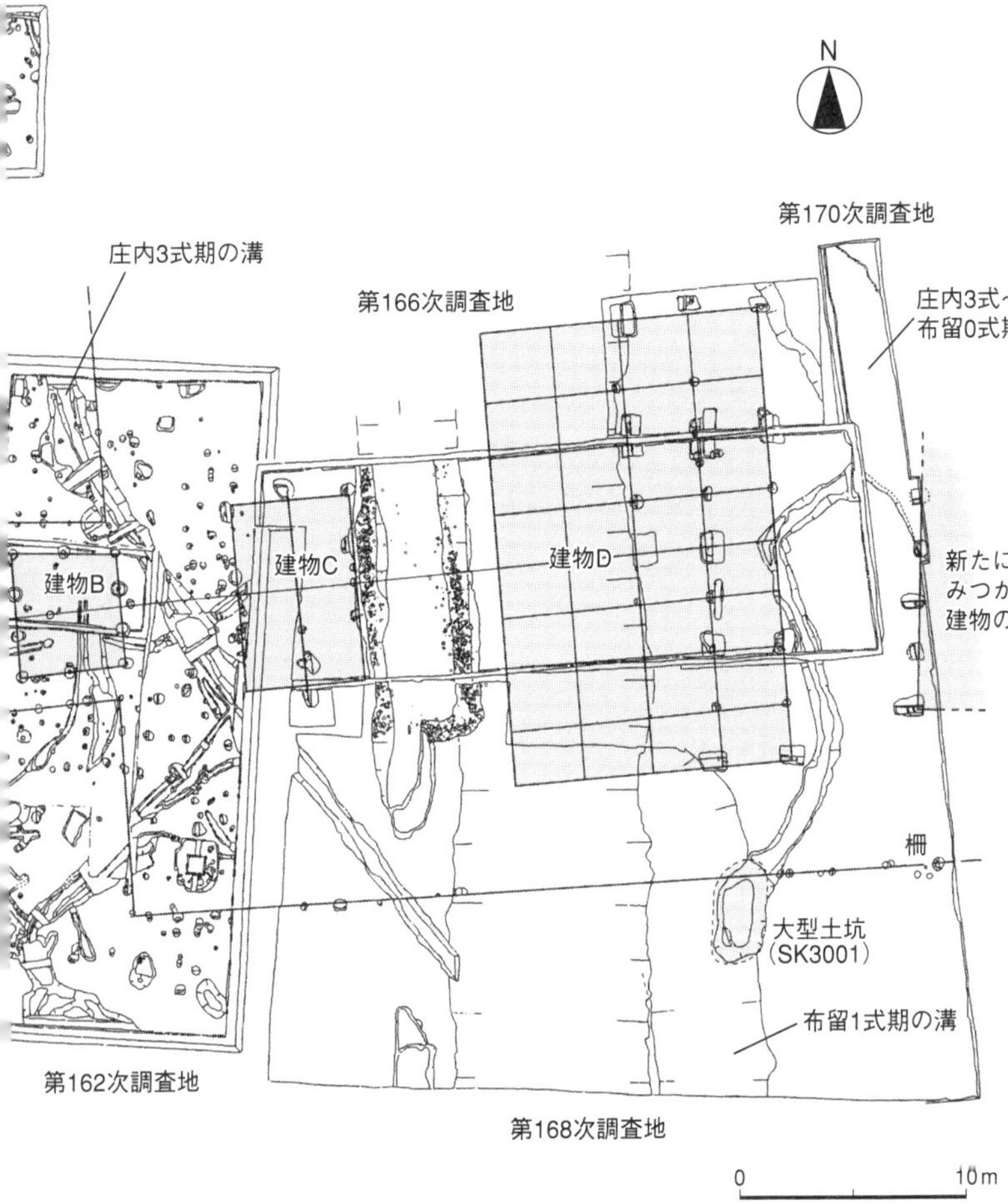
N
第170次調査地
庄内3式期の溝
第166次調査地
庄内3式～
布留0式期の溝
建物B
建物C
建物D
新たに
みつかった
建物の一部
柵
大型土坑
(SK3001)
布留1式期の溝
第162次調査地
第168次調査地
0
10m

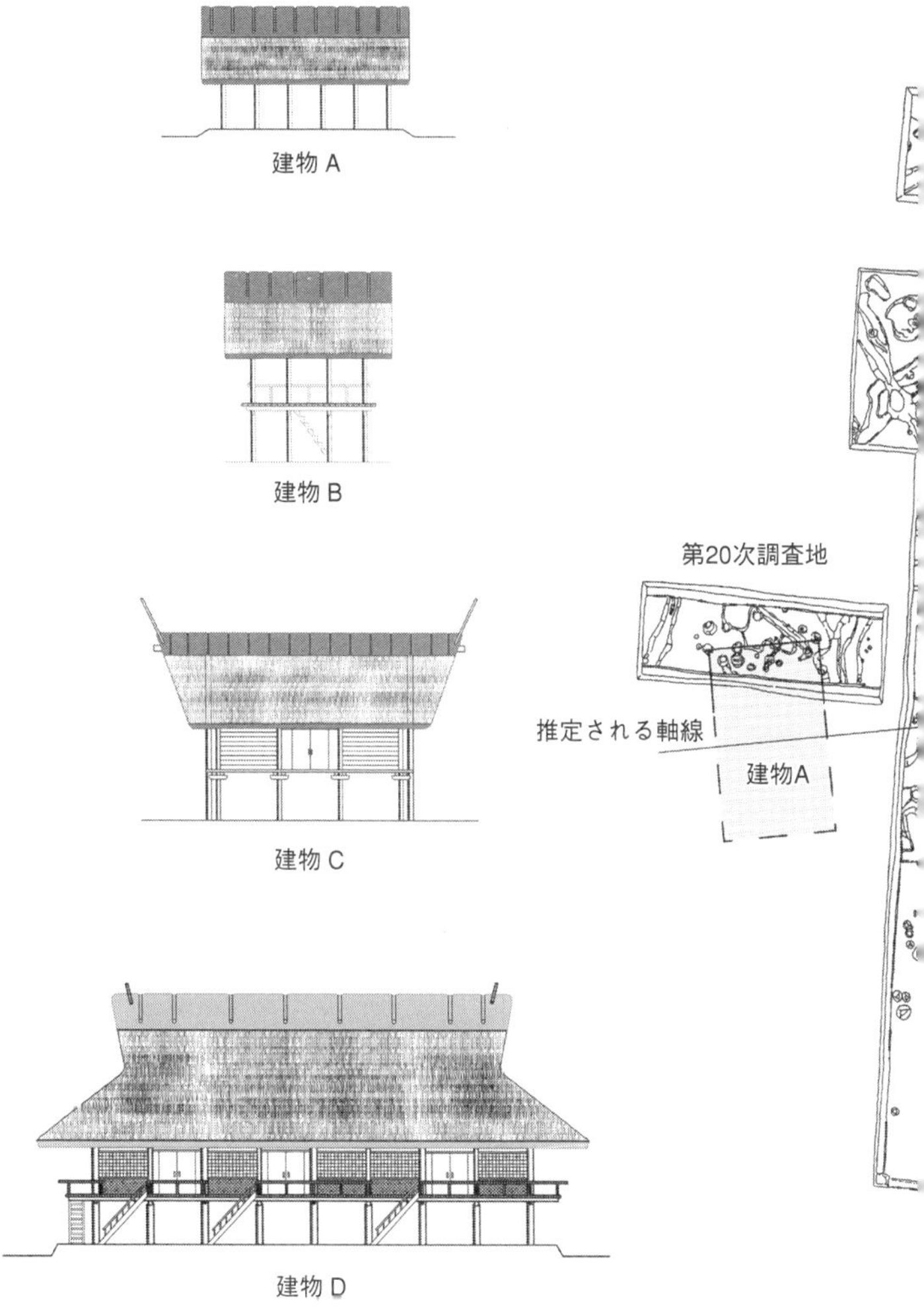

図 36　居館群と土坑の平面図

図 37　土坑の調査

表2　土坑より出土した遺物

種類	出土物			
	魚類	両生類	鳥類	哺乳類
動物遺存体	イワシ類 サバ科 タイ科（マダイ ヘダイ）アジ科 コイ科	カエル類	カモ科	齧歯類 ニホンジカ イノシシ属
植物遺存体（種子・花粉）	栽培種（イネ アワ ヒエ モモ スモモ アサ エゴマ ウリ類 ヒョウタン類 ササゲ属）野生種（カヤ ヤマモモ キイチゴ属 サンショウ トチノキ ブドウ属 マタタビ サルナシ サクラ属サクラ節 ヒメコウゾ ヤマグワ グミ属 ニワトコ ガマズミ属 シソ属）			
土器	ミニチュア土器　手捏ね土器　底部穿孔壺　甕			
木製品	黒漆塗り弓　槽　容器　横槌　剣形　有頭棒（垂木？）　竹籠　筒形木製品			

的な差がどの程度であったのかというところまではよくわかりません。

　この土坑からの主な出土遺物には数多くの土器のほかに、線刻を施した短頸直口壺《たんけいちょっこうつぼ》や底部に穴をあけた小型の直口壺、ミニチュアの手づくね土器・ミニチュアのS字甕《かめ》などのミニチュア土器が数多く出土しているほか、木製品ではヘラ状木製品四点、黒漆塗りの弓一点、槽《そう》一点、容器一点、筒状木製品一点、横槌《よこづち》二点、剣形木製品一点、有頭棒《ゆうとうぼう》一点、竹製籠《かご》六点などが出土したほか、ガラス製粟玉《あわだま》二点と多くの動・植物の遺存体が確認されています（表2）。

二五〇〇個のモモの種

橋本　土坑の埋土の洗浄はまだ完了していませんが、これまでで判明した遺物の特徴をいくつかあげるとすれば、ひとつは多量のモモの種の存在です（図38）。現時点で、カウントしてみたところ二三〇〇点あまり出ています。これから洗浄して出てくる分を足せば、おそらく二五〇〇ぐらいになるかと思います。

　モモそのものは、成熟しているモモの実と未成熟のモモの実とがあったようです。植物遺体を見ていただいている奈良教育大学の金原正明《かねはらまさあき》先生と何度か検討しているのですが、なかに異常に軽くてスカスカになっているモモの種が一定量含まれています。とくに種の横が口が開いてくるような感じで変形して割れているものがあるのですが、これは包丁で切ったらモモの種が切れてしまうぐらい柔らかく青い状態の実から出た種のようです。もちろん主体となるのは、成熟した種なのですが、未成熟の種が少なからず存在するということは、成熟・未成熟を問わずにモモが集められているという可能性が考えられます。

　これらの種でもうひとつ特異なのは、発掘調査で出てくるモモの種は、ネズミやリスなどの齧歯《げっし》類がかじった穴が側面にあいているものが多いのですが、今回はそういう種は一点だけでした。齧歯類がかじったモモが出ていないので、木から直接採集され、果肉がついた状態で、

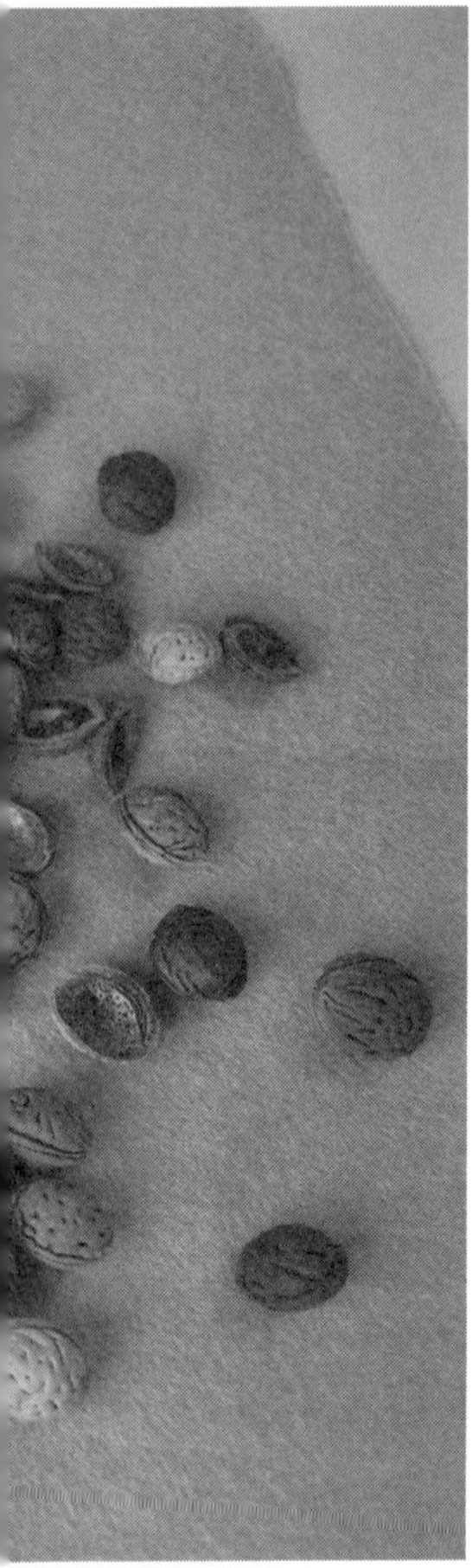

図 38　モモの種

そのまま穴に投げ込んだか、あるいはその場で人間がかじって、そのまま投げ込んでいるのだろうと考えられます。少なくとも木からいったん下に落ちたものを集めて、ここに投げ込んだというようなものではないのだろうと思っています。

そのほかの植物遺体ですが、現時点でわたしたちが洗浄して回収した種を、金原先生に顕微鏡でぜんぶ見ていただきました。米やヒョウタン、瓜、スモモ、麻、栗、それからササゲなどが出ています。そのなかで金原先生が注目されたのは、麻の種が結構多いということでした。モモの種のように爆発的な量ではありませんが、弥生時代から日本でも麻は利用されていますし、種も一粒二粒ポロポロ出ることはたまにあるけれど、一定量まとまって出るというのは、なかなかめずらしいということをおっしゃっていました。

辰巳　さっき麻っておっしゃいましたけど、いわゆるカラムシのことですか。

橋本　いいえ、大麻、麻です。いままで纏向の調査で出てくる栽培種としては、麻の確認例はありません。それが出ているのがおもしろいと思います。

辰巳　この種については、土をぜんぶ洗ったのですか。

橋本　まだぜんぶは終わっていないのですが、こういう品種が出ているということがわかっています。

石野　モモで果肉がついているというのは、何個くらい？

橋本　小さなものも含めたら五〇点ぐらいですね。

木製品と割れた土器

橋本　他に出土しているものには、木製品があります。分析のデータはまだですが、基本的にはスギ・ヒノキ系の針葉樹がメインになっています。例外のものとしては、ヘラ状木製品（図39）とよんでいるものにはムラサキシブキが使われていたり、横槌はアカガシ亜属やヤブツバキが使われていたりします。

辰巳　堅い材ですね。

橋本　堅いのは堅いですが、ヤブツバキなどは腐るのが早くて、もともとあった削り出しの突起が溶けてしまっています。

木製容器はコウヤマキでした。かなり大きいコウヤマキの木目の緻密ないいところを使っています。

石野　これは組み合わせ？　それとも刳り抜き？

図39　ヘラ状木製品

橋本　おそらく刳り抜きです。ちょっと不思議な形状なのですが、多くの部分が鉄製の刃物で、はつられたように壊されています。舟形木製品に近いような形状になると思います。ただ、今まで纒向でよく出てくるような舟形木製品とはまったく違うと思います。

石野　槽ではない？

橋本　槽ではないと思います。ただ、容器だとすれば内面の刳り込み部分が結構粗く削られているのに対して、外面はとても緻密に削っています。容器として内面を上に向けて使用するなら、内側をもっときれいに仕上げてもいいのではないかという気はしますが……

剣形木製品といっていいるものは、ヒノキでできていました。それから筒形木製品とよんでいるものは、バラバラになっていますが、一個体分あると思われます。径約一〇センチ、高さ約一七・二センチの筒状に中が刳り抜かれている器で、トチノキが使われています。これはどちらかというと東海、尾張を中心によく出る遺物だそうです。東海のものは、イヌガヤが多いのですが、纒向のこの個体に関してはトチノキ製です。

辰巳　ジョッキのようなタイプですか。

橋本　いや、底が抜けていて、筒状のものだと思います。

辰巳　そうすると樋上昇《ひがみのぼる》さんが最近、『古代学研究』一八三号に発表している「木製『筒形容器』考」で検討された器台ですか。それにしても大型ですね。

橋本　纒向では過去にもいくつか出土例がありますが、それらとくらべると標準的なサイズだと思います。

辰巳　しかし、これは薄いですね。

橋本　薄いです。纒向で昔、第九〇次調査の導水施設下層の溝から出たものは、たしかイヌガヤだったと思います。でも、これはトチノキが使われています。

辰巳　なんでしょうね。器台として使うのかなあ……

橋本　内側には出っ張りあるので、当初は底をはめ込むのかと思っていたのですが、底をはめ込むにしては突起が貧弱すぎるというか、隙間なくきっちりとはまらないので、液体なら漏れてしまうと思いますから、樋上さんの考えがあたっているのではないでしょうか。

石野　目釘を入れている容器があるけれど、それではないの？

橋本　ちょっと違うと思います。これらの土坑から出土した遺物で特徴的なのは、木製品では剣形木製品にしても槽や容器にしても、割られていて、つながるものがほとんど出てこない状態です。ほとんどの木製品が壊されているのではないかと考えられます。土器も整理を進めていますが、まったく接合しません。器形全体の一〇パーセントくらいしか残っていないような具合です。どこか離れたところで壊したものを穴に放り込んだのか、複数の地点に分けて捨てているのか、わからないです。

今のところ、木器のなかで完全な形で出ているのは、横槌二点と、ヘラ状木製品が数点です。土器では、小型の直口壺みたいなものが二点あるだけです。それと土坑に破棄されて割れたということが確実にわかる土器は、甕が一点あるだけで、あとはいっさい接合関係がないという状態です。おそらく、道具を壊す所作というのがマツリにともなっていたのではないかと思います。

石野　甕一点というのは、完全なものが穴の中でグシャッとなっていて、つなげば完全になるわけですか。

橋本　完全になっています。お焦げや煤が付着しているので、使っていたものです。

石野　これは、マツリに使ったものではなくて、ふだん使っているものですね。

橋本　そうです。ただしこれは、大和で一般的な形の土器ではありません。かなり使いこまれたものですが、精緻な庄内甕などの土器とは異なったものです。

辰巳　これは土坑のどの層から出たものですか。

橋本　下層下部とよんでいる層位で、木製品などが集中するあたりです。底からちょっと浮いたところです。

石野　甕にあいている穴は、たたいて割っていますね。

橋本　外側からたたいて割っています。外側から力が加わり、器壁が内側にはじけています。

石野　内側を見ると、破裂の穴がある。

橋本　小型の直口壺には、キリのような先端が尖ったもので穴をあけたものがありましたが、これは外側に石かなにかをあてがったうえで、たたいて穴をあけています。でも、形状や用途を考えると、マツリで特別に扱われるような、いい土器ではないと思います。

石野　まだ全部数えてはいないだろうけれど、土器の種類では、何が多いのかはわかりますか。壺、甕、鉢、器台は全部ありますか。

橋本　全部ありますが、なにかが多いという傾向にはないと思います。不思議なのは、先ほども言いましたが、これだけ遺物がたくさん出る土坑でありながら、木器も土器も、とにかくバラバラに割られていて、接合しないことです。纒向に限らずどこでもそうですけれど、こういう土坑から土器が出てくると、だいたい接合が可能でそれなりに形になりますが、ここではまったく形になりません。いままで、わたしもいろいろ調査してきましたが、とても珍しいケースだと思います。

石野　ミニチュアの土器というのはどれくらい出たの？

橋本　ミニチュアの土器は、確認しているだけでもおそらく二〇点くらいはあると思います。そのなかで、在地で普通につくられる手づくね土器が、一〇点弱ぐらいあって、一方で東海系のS字甕のミニチュア品が一〇点程度あります。

辰巳　それは、めずらしい。

橋本　最終的にはもう少し増えるかもしれません。非常にめずらしくて……　わたしも十五、六年纒向の調査をやっていますけれど、いままでに四、五点くらいしか掘ったことがない遺物です

辰巳　でも、S字甕のミニチュア品は東海のほうへいっても、そんなにないのでは？

橋本　そうですね。いわゆる尾張の中心エリアでもほとんど出てこないのではないかと思います。

横槌

橋本　横槌（**図40**）ですが、纒向からこういう丁寧な細工をしたものは、あまり出ません。かなり使用されて、側面がすり減ってダメになるくらい使いこんでいるものも多いのですが、今回出土したものに関しては、たたいた痕跡は十数回認められるだけで、ほとんど使っていないのではないかと思います。

辰巳　同じ部位だけでたたいている？

橋本　そうですね。一カ所だけですね。裏面には痕跡が全然ありません。細い筋状の当たり痕

図40　横槌

跡が確認できますので、たとえば包丁の背中のように堅い薄い金属のものをたたいたのではないか。なにか刃物のようなものの背中に横槌をパンと当てるようなことをしている可能性があるのかなとは思うのですけれど……

石野　これが新品で、なにかのマツリ用に使ったものだとしたら、逆にほかの土器や木製品で、新品というのはあるだろうか？

橋本　木製品に関しては、横槌や木製容器・筒形木製品などは新品だと思います。壊されているというのも影響しているかもしれませんが、土器に関しては、どれが新品というのを見分けるのは困難です。新品か否かは不明ですが、特殊な土器といえば胴部の全面に線刻の施された短頸直口壺が一点あります。この線刻の施されている土器だけが、おそらくマツリのなかで中心になるような特別な存在だったのかなと考えられます。ただ、それも、やはり壊されていました。どこかで壊したものが放り込まれている可能性が高いとみています。横槌でたたけば、土器は簡単に壊れますし、木製品は刃物をあてがってたたいたのだと思います。

黒田　木製品はまだまだ、これから使えそうなものなのでしょう？

橋本　どちらかといえば、新品です。まだまだ使えるのに捨てているのは、それなりに意味があるのではないかと思いますし、横槌のこの精緻といってよい造形からみると、このマツリのために特別につくったといえそうです。

黒田　使い込まれたものもあるのですか。

橋本　おそらくないです。この穴からは横槌は二点しか出ていません。

黒田　もう一つのほうも新品ですか。

橋本　実は、もう一点のほうは腐食が進んでいて、投棄された当時の状態がよくわかりません。

黒田　生活感あふれる土器があるので、つりあうとしたら使いこんだものが出てきてもいいのに……

橋本　この土坑から出土した木製品には、使いこんだと感じられるものはありません。

石野　土器は普段使っていたもので、木製品はわざわざ新しいものをつくって使ったということになるね。

橋本　土器は新品か否かの判別がむずかしいので、すべてが普段から使っていたものとの断定は困難な状態です。木製品に関しては金原先生との検討では木製容器などはコウヤマキの、かなりの大木のいちばんいいところを使っているようですので、ひょっとするとマツリのためにわざわざこういうよい材を使うことも意味があったのではないかと考えたのですが。

辰巳　『豊後国風土記』大野郡条には、海柘榴《つばき》（椿）の樹でツチをつくって武器として使っています。椿の木が堅いからでしょうね。

シカや魚の骨

石野　動物や鳥の骨はどうですか。

橋本　まだ全部の鑑定が終わっていないのですが、わかってきているのがいくらかあって、珍しいものでは鳥の胸骨が出ています。

辰巳　鳥は、どんな種《しゅ》かわかります？

橋本　まだそこまでは、調べていません。サイズからすると、カモくらいの大きさだそうです。動物系ではシカの足の骨、中手骨《ちゅうしゅこつ》あるいは中足骨《ちゅうそっこつ》があります。それと、イノシシの歯です。

辰巳　切断したというような刃物の跡はないのですか。

橋本　いまのところありません。ひょっとすると火を受けているかもしれない骨があって、食べている可能性も考えられます。イノシシは、いまのところ歯だけしか出てきません。下顎骨を全部おさめたりする例はありますが、この土坑では歯しか出ません。解体して食べたのですかね……

辰巳　解体して食べるにしても、歯だけが出てくる……

橋本　ほ乳類の骨は多くが砕かれています。一つだけまともなのが、シカの中手・中足骨です。でも、これは食べるところは非常に少ないそうです。どちらかというと食用というよりは、骨がまっすぐなので骨角器をつくる材料としては非常にいい、珍重される部分だそうです。

まだきちんと鑑定を受けていないのでわからないのですが、イノシシかシカの指の先端の骨もあります。シカだとすると、ひづめにおおわれた中の骨です。腿《もも》とか胴部の骨がまったくみあたらないので、どうもシカの足の先の部分だけが穴に入っている可能性があって、それをどう理解すべきか苦しんでいます。

辰巳　それも、こまかく砕いていますか。

橋本　これはもともと小さい骨なのですが、足の先端の骨は砕かれていません。もしかすると、切断して肉のついた状態で穴に入れられているのかもしれません。骨角器の材料としてそれなりの価値があったのか、あるいはこの部分だけをカットしてお供えして、それでシカをお供えしたという意味をもたせたのか…… あと、ほ乳類でわかっているのは、ネズミですね。これは出土層位や残存状況からは混入の可能性が高いと考えています。

それともうひとつは、魚類です。まだちゃんとした鑑定を受けていないので、種類は同定されていませんが、淡水魚があります。そして、ちょっとおもしろいものには海水魚があり、サバ、アジ、タイ、イワシなどが確実にありそうだということです。骨のなかにタイのアゴの骨も入っているので、尾頭付と言ってもいいのではないかということです。

このほか、魚の鱗が十数枚出ています。焼くと、うろこは焼けたりとれたりしますから、魚は生の状態だったのではないかと思います。

石野　供えるか何かして、生のまま穴に入れているということ?

橋本　奈良女子大学の宮路淳子《みやじあつこ》先生に骨をみてもらいましたが、イワシの椎骨《ついこつ》の一部には焼けた可能性のある骨があるということです。ただ、わたしたちも食べるときには魚の背骨が焼けるほど魚は焼きませんから、どうしてそういうものがあるのかはよくわかりませんが……

黒田　生のままだとするとおもしろいですね。食べてない可能性があるのですね。

辰巳　そうすると、神饌である可能性がきわめて高いですね。

黒田　ほかの遺跡で同種の骨が出てきた場合に、焼けたものはどういう場所から出てくるのか、生のものはどういう場所から出てくるのか、そういう事例はあるのでしょうか。

橋本　貝塚など縄文時代の遺跡の例はありますが、三世紀前後の内陸の遺跡での調査例はないのではないかと思います。

石野　纒向の穴は、ぼくが掘ったときでも三〇カ所はありました。残念ながら、それらの穴は肉眼で見ただけで、全部の土を水洗いしていないのです。だから、二世紀、三世紀段階では比較材料がないということでしょうかね。全国的に調べていくと、いくつか出てくるとは思いますけれどね。

黒田　その頃、魚を生で食べたかどうかということも問題ですね。とくに海の魚だと、纒向まではだいぶ距離あるので、刺身で食べられるかどうか。

橋本　その頃でも朝大阪湾で四時か五時に揚げたら、昼にはもうここに届くでしょう。だから「意外に生で食べていたかもしれないなあ」と冗談で言っていました。

季節は秋

橋本　魚は年中いる魚なので、季節はわからないのですが、植物は秋成りの種子が多いので、秋のモモの実のなる頃ではないかと金原先生はおっしゃっています。モモのなかで果肉がついているものは、土坑の上のほうから底のほうまで、もちろん下層からの出土量が一番多いのですが、比較的同時性が高い状態で入っていると考えていいと思います。また骨なども下層を中心にしつつも層位的にまたがって出ていますので、わたしのイメージとしては、何回もではなく一回だけのマツリがおこなわれたのかなと思っています。

石野　穴の中の堆積土が層位的に、時間差をおいて分かれることはないということ？

橋本　すべての土器の検討が終わっていませんので断言はできませんが、いまのところ上層までは土器型式の差は認めにくいですね。

辰巳　植物遺体で季節がおさえられる？

橋本　野生の草本のたぐいで、ある程度シーズンが絞れると思います。

黒田　逆に一時期のものだとすると、相当大量だということになりますか。

橋本　そうですね。かなり大げさだと思います。昔、石野さんが調査された辻土坑4は、木製高坏や木製の鳥形の槽など、見た目に派手なものが出ていますが、今度の調査でも内容的には全然劣っていないと思います。

辰巳　モモ以外の植物遺体も、数はまだまだ出てきますか。

橋本　出てくると思います。未分類の植物遺体は大量に残っていますから。

辰巳　結局、モモだけをマツリで使ったわけではないですよね。

橋本　モモが大きいのと目立つのとでクローズアップされていますが、今判明しているものではコメ、ヒョウタン、ウリ、スモモなどもあります。

石野　炭化米は、量としてはどれくらい？

橋本　辻土坑4のように一斗缶に一杯というような量はないです。まあ茶碗に一杯くらいかなあという感覚ですね。

石野　炭化米がいちばん多かったのが、辻土坑4です。径四メートルくらいの穴からは、脱穀ずみの炭化したコメが四斗ほど厚い層をなして、ぎっしりと詰まっていました。今後、穴の土を全部洗っていくと、ほかの穴とどこが同じでどこが違うかということが出てくるでしょう。

橋本　辻土坑4と今回の土坑は、かなり遺物の様相が違うのではないかと考えていますが、これはおそらくマツリの性質の差ではないかと思います。もし、石野さんの調査のときにも埋土を洗っていて動物や魚の骨、多様な栽培植物などがないということが確認されていたら、おもしろいのですが、当時はやっておられないからわからない。

辰巳　そういうことは考古学の世界では、残念ながら考えていなかったですね。

橋本　わたしたちも掘っているときには、魚の骨なんか一点も確認していませんでした。土を全部もって帰り、それを洗ってはじめて魚の骨が出てきたわけです。

石野　こうなってくると、前の調査で穴一つくらい掘らずにおいておけばよかったと思うね。全体が追いかけられていたから、今となってはどうしようもないけれど……

黒田　そこは、埋め戻してはいないのですか。

石野　もう穴も全部掘り終わって、鉄筋のアパート群になっています。

黒田　土そのものもなくなってしまったということですか。

石野　ないです。今度の土坑も調査が終わった後、ずっとその土を洗っていて、まだ洗い終わらないわけですよ。それぐらい時間がかかる。

建築部材

石野　建築部材は何点？

橋本　有頭棒一点と板材一点の計二点です。

黒田　板材の一面は、仕上げたときの手斧《ちょうな》の跡が完全に残っているので、手斧で削った向きまでわかりますね。反対側の面も平らなので、一度は同じように仕上げているはずですが、風食していいます。おおざっぱにいうと、跡が完全に残っている面は、外気にほとんど当たっていないけれど、反対側の風食している面は外気がすごく当たっていたということがわかると思います。

　材の形状からいうと、かなり大きな建物の床部分に使われたものではないかと思います。扉の下の敷居である可能性が高いと思います。

石野　高床の床の部分？

黒田　そう思います。

辰巳　ヒノキですか。

橋本　有頭棒はツバキで、板材はヒノキです。

石野　纏向の南飛塚《みなみひづか》古墳で、すだれ状の壁材も出ています（図41）。角材を蔓で綴じていましたね。

この材から復元図は描けそうですか？

黒田　わりと一般的な材料なので、これだけではちょっと無理です。

もう一つの材は有頭棒のような形をしています。有頭棒は呪術とか祭祀に使うのでしょうが、それと似た形のものに垂木《たるき》があります。断言はできませんが、事例がありますので、垂木だろうと思います。わりにりっぱな材料です。

石野　これから建物の大きさを推定する

図41　南飛塚古墳出土のすだれ状壁材

のは、無理ですか。

黒田　ちょっと無理です。

辰巳　この材は、樹皮が残っているのですか。

黒田　丸太です。

石野　黒木の柱とか皮のついた柱は、マツリ用によく使うといわれますが、垂木の場合は別に皮がついていても、かまわないですか。

黒田　そうですね。今の民家の建築でも、生活に使う部分はきちっとした材料でつくりますが、屋根材は丸太をそのまま使ったりします。そもそも茅葺《かやぶ》きなら、垂木の上に木舞《こまい》を組んで、茅を葺くのですから、そんなにきれいに製材する必要はありません。丸太で十分です。

石野　最初にこの部材を見せてもらったときに、皮がついているようだったので、黒木の柱なら、マツリ用の建物だと思いました。

辰巳　大嘗祭《だいじょうさい》の建物は黒木で建てられますから。

黒田　垂木だとすると、わりに普通の材料だと思います。先が曲がっているというのは、ほかの事例であまりありません。垂木と断言できないと考えているところです。この部材から建物の性格を推定するというのは、ちょっとむずかしいですね。それと点数が少ないですね。

石野　ほかのものを壊しているといっても、それでも少ない。

辰巳　建物を壊して放り込んだというのなら、もうちょっと部材があってもいいのではないかと思います。

黒田　敷居に関しては、短期間の建物ではないですね。この風食の具合をみると、少なくとも数年以上、地上に存在した建物という感じがします。

辰巳　この二点は、穴にたまたま入ったという可能性はないのですか。

橋本　たまたまとは考えがたいですね。この二点が出土したのは、植物遺体や木製品がいちばん多かった層の直上にのっている層なので、放り込む手順としては、容器土器や土器などを放り込んで、そのすぐ後に放り込んでいると思います。この二点に限れば、他の遺物との投棄に順番はあるようですけれど……

辰巳　モモやほかのものは、どの層から？

橋本　モモは全層位にみられましたが、上層は比較的乾燥状態にある埋土でしたので、残存状態が悪く、出土数も少なめでした。すでに腐食してなくなってしまったものも多いと思われます。槽をはじめとする木製品や籠《かご》などはわりと底のほうで、出土した面が揃っていて、その直上の層から二点の建築部材が出土しました。

石野　ほかに大きな木材っていうのは。ない？

橋本　ないです。材の出てきた土層の直上は四世紀の溝が切っており、土坑全体の三〇～四〇パーセントは削られていましたので、もし、これより上層に建築材が入っていたとすれば、後世の溝の掘削により壊滅してしまった可能性も考えられます。

黒田　この二点は、運よく残ったものかもしれないですね。

辰巳　これらがヒノキだということは、この建物がある程度特別であることをうかがわせるのでは？

黒田　板などのようにまっすぐにつくりたいものは、ヒノキないしスギなどの木目の通った針葉樹でつくるのが普通です。

辰巳　唐古《からこ》・鍵《かぎ》遺跡（奈良県田原本町）の大型建物の柱は、すべてケヤキでしたね。

石野　纒向の場合、纒向大溝とよんだ長い溝の護岸工事に使っている矢板は、ヒノキとコウヤマキでした。

辰巳　使う樹種が時代とともに変わっているのかな？

橋本　金原先生のお話では、桜井でも大福遺跡（弥生後期）の段階と纒向遺跡（古墳前期）の段階では出てくる木材の主体が広葉樹から針葉樹に代わっているということでした。

辰巳　それは樹相が変わったことを示しているのでしょうか。

橋本　金原先生は、使う用材を意図的に針葉樹にシフトしているのではないかとおっしゃっていました。ですからその切り替えの時なのではないかと思います。

黒田　木製の板を使うかどうかだと思いますね。板をつくるなら、針葉樹でないとつくりにくいのです。

石野　鳥取県の青谷上寺地《あおやかみじち》遺跡から出た板は、幅が四〇〜五〇センチで長さが三メートル五〇くらいあって、非常に薄いです。

辰巳　楯に使っている板なんかは、本当に薄いですね。そうすると、部材をつくる工具も当然変わってくるのでしょう。

黒田　そうですね。

土坑の性格

建物と土坑の関係

石野　今回のこの穴が、建物の内部を囲む柵を壊していたのですね。

橋本　壊しています。

石野　その穴から出てくる土器でいうと、時期はいつ？

橋本　土坑の掘削時期は庄内3式くらい、最終の埋没は上層および最上層出土土器から布留0式と考えています。

石野　年代にすると、三世紀後半？

橋本　掘削は中頃を過ぎたくらいかなと思っています。

石野　三世紀の第3四半期という感じなのだろうか？　建物を壊している溝から出ている土器の時期は？

橋本　あまり変わらないですね。同じ庄内3式です。今回の土坑も含めて建物を壊している遺構のうち、もっとも古いものは庄内3式ですが、それが建物の廃絶とどの程度の時間差があるのかは、土器型式からでは限界があってわかりません。

石野　今後、こまかい検討をしていって課題になってくるのが、建物を壊した時期と今回の穴の内容物が、建物を壊してすぐなのか、一〇年や二〇年、間があくのか、ということだと思います。その辺はどうだろうか。

橋本　建物の抜き取り穴から出ている土器をみると、庄内3式でも新しいほうじゃないかとのイメージをもっています。これが正しいのなら庄内3式の真ん中から新しいところで建物の廃絶があって、そして土坑の掘削がおこなわれる。建物の廃絶と土坑の掘削の時期がかなり近い気がします。ただ、きちんと整理しないときっちりとしたことは言えませんし、現時点では土器を示して説明しろと言われるとなかなかむずかしいです。

黒田　建物が廃絶してから、ある時期をおいて土坑がつくられているとしたら、それは何のためにということになりますね。

石野　この穴の内容物というのは、どうも日常的に使っているものをゴミ捨て場に入れたというものではないですね。そうすると、建物がなくなって数十年後のものだとしたら、ここに入れられたものが使われた建物はいったいどこにあるのだろうということになる。今のところ、今回の建物群以外にはありません。そうすると、この建物とどう関係するのかということになってくるかと思うのですが（二〇一一年三月の調査で、同地区から方向性の異なる三世紀末以降の大型建物の一端が検出された）。

黒田　逆に言えば、かなり密接な関係があるのではないかということになりますね。

辰巳　この土坑を含む掘立柱建物群の南側には、水田一枚分の広い空間がありますよね。

橋本　あと三〇メートルくらいはあいています。

辰巳　そこに同じような建物群があるということは、考えられないですか。

橋本　スペース的にはありでしょうけれど、あとは建物の配列的にどうなるのかということになります。まあ、なんとも言えないですね。

辰巳　いま、なにを考えているかというと、この建物群が廃絶して、その後南側に新たに建物ができて、その建物にともなう土坑とみてもいいのではないかと……

石野　今回の建物のある区画は、いまの地形からみると、南北の幅が約一〇〇メートルで、東西が約一五〇メートルの長方形状の地形にあります。そこからみると、全部が一つの屋敷であろうと思うのです。ですから、いま出た建物を壊して、その区画のなかに別の建物は当然建てたと思いますが、中心の建物は、いまみつかっている一直線上の建物で、それに対する付属の建物となるわけです。この祭祀的な遺物は、付属建物用というよりは、メインの建物用だというほうが、わかりやすいと思います。

黒田　考えられるのは、橋本さんがおっしゃる廃絶したときのマツリではないかということですね。柵を壊しているというところが重要で、明らかに前後関係がある。その前後関係があったときに、石野さんが言われたように、かなりたってからのものならどう解釈するかという問題がおこりますので、やはり壊した直後ということですね。

もうひとつ、このマツリの規模というのは大きいといっていいのですか。わりにちょくちょくやるものなのですか。

辰巳 一回のマツリの規模ですか。

黒田 先ほどのお話から、一回のマツリに近いような話の流れだったように思いますね。

橋本 穴の規模や出土遺物の様子からすると、わりと大きなものだと思います。平面プランも長楕円、隅丸の長方形といってもよいようなもので、特殊な感じがします。石野さんが掘られた祭祀土坑というのは、ほとんど円形土坑ですよね。規模はどうでしたか。

石野 大きくて四メートルか五メートルぐらい。小さいのは一メートル程度です。

黒田 何回も廃棄しているという感じですか。

橋本 基本的には一穴一回という感じです。

辰巳 マツリをおこなって、そこで使用した祭具や祭料を穴に埋めたということでしょう。

橋本 次のマツリのときは、違う穴を掘って…… というやり方ですね。

石野 いままで纒向でわかっている祭祀土坑と称するおマツリに使った用具を、おマツリのあと穴に戻しているというそういう穴は、全体で三〇ほどあります。大きな穴は、きれいな水が湧いてくるところまで掘っています。穴を掘ってきれいな水をまず汲んで、神様に捧げる。穴からは機織りの道具なども出てきていますから、新たな着物をつくる。そして籾殻も大量にありましたから、新たに籾を脱穀して神様に捧げる。まるで新嘗祭《にいなめさい》のようなマツリがあったと思います。

しかし、今回のは、どうもそれとは違いますね。出てくるものの組み合わせが違います。今回の穴も秋のマツリのようですが、必ずしも収穫を祝うようなマツリではないという感じはしますね。

黒田　わたしの関心は、そういうところでも、いちばん上から建築部材がでるのだろうかということです。たぶん、いままで発見されてないのだろうと思いますが。

橋本　纒向遺跡の祭祀土坑から出てくるのは、いわゆる農耕的なものが主体となりますが、今回は弓や剣形という武器類があり、農耕的なものが含まれていないということは、これまでの土坑とはちょっと様相が異なりますね。

石野　そう。それといままでの穴からは建築部材は出ていないです。

モモとマツリ

辰巳　土坑の性格をはっきり考えさせるのは、やはりモモの種ですね。

橋本　量的には、圧倒的ですからね。

辰巳　三〇〇〇個？

橋本　二五〇〇個近いですね。

黒田　その二三〇〇個から二五〇〇個という数字は、短期間のものですか。

橋本　一シーズンのものだと思います。

黒田　そうするとものすごい数ですね。

橋本　金原先生のお話では、野生に近いモモの木には一本あたり、だいたい一〇〇個ぐらいしか実がならないのではないかということです。そうなると、モモの木が二〇～三〇本は必要になってきます。そして、片っ端からモモを採ってくる……

辰巳　まだ熟してない実も採るということは、一度にそれだけの数を集めなくてはならないということですね。

橋本　そうですね。木になっているものを全部採ってしまうということだと思います。

辰巳　二五〇〇個とか三〇〇〇個ものモモの果実となると、あの土坑がほぼいっぱいになるのでは？

橋本　いや、そんなにはならないと思います。土嚢袋一杯でもたぶん五〇〇～六〇〇個くらい入るかもしれませんから。

石野　穴から籠が出ているよね。

橋本　出ています。

石野　その大きさの籠で、二五〇〇個盛ってみたいね。それで何個になるのか。

橋本　一個だけ大きな籠が出ているので、それだと、たぶん一〇〇〇個とはいいませんが、かなりの量を盛ることができると思います。

黒田　運搬用とか廃棄用に集めて処理をするのなら、それはそれでいいのですが、捧げ物だと仮定したら高坏などの器に盛るでしょう。一つの器の上に盛る量は、しれているのではありませんか。そうするとこの二〇〇〇を超える数というのはどれくらいの器の数になるのだろう。ちょっと想像がつきません。

石野　黒田さんの復元したいちばん大きい建物D（図44）では、ズラリと籠に入れて並びますか？

黒田　あれだけ大きければ、それは十分でしょうね。

橋本　二〇〇〇個といいますが、果肉がかなり小さいので、たぶんコンテナにいっぱい入れたら一〇〇〇個は入ると思いますから、それほど……

辰巳　成熟した実の状態で？

黒田　いまの神社祭祀で捧げ物をするときには、高坏の上に載せるのではないでしょうか。

辰巳　そういう高坏に盛ったいくつもの山が、周りに供物としてずらっとあるという状況ですね。

橋本　高坏はそんなに多くは出ていないです。

石野　籠は何個？
橋本　籠も六個体くらいです。
石野　三〇センチくらいの大きさの籠が、二〇も三〇もというわけではない？
橋本　そんなに出ていません。
辰巳　でも可能性として、籠はもっとあって、たまたま残ったのがその六個の籠ということでは？
橋本　いや、実数に近い数だと思います。せいぜいあっても一〇個とかそれぐらいの数だと思います。
石野　モモを神様に捧げたとして、籠や木の容器、あるいは土器に入れたりしたのなら、それなりの容器の数が出ていない。なぜ、モモのほうが器よりたくさんあるのだろうか？
辰巳　それは木製の容器にしろ、土器にせよ、かけらが揃っていないということと多分に絡んでくるのではないですか。
石野　容器は、土坑のもっと上のほうにあったかもしれない。
辰巳　または、別のところに捨てられたのかもしれない。それはモモについても可能性はある。とするとモモの量は、もっと多くなるかもしれないですね。
橋本　別に土坑がある可能性は十分にあります。この穴だけでも上層の削られているところに、どれだけモモが入っていたかというのは、いちど層位ごとに統計をとってみないといけませんが、おそらく三〇〇〇を超える量が入っていたのは、間違いないと思います。モモの量は調査の進捗と検討により、まだまだ増えると思います。

黒田　実際に最終的にどうなったかという問題は別にして、モモを集めようとする意志があったことだけは確かですね。これだけ集まっているのだから。使ったかどうかは別として、モモを三〇〇〇個使ってなにかしようと思ったことだけは確かですね。証拠がないので、使ったとも使わなかったともいえませんが、とにかく集めた。それなりに大規模なことをやろうとしたことだけは確かなのではないでしょうか。

辰巳　結果として、モモが土坑に埋められて、しかもマツリに使われたと思われる木製品なども破損した状態で埋められているのか、捨てられているのか、ともかく、その前の段階でそれを使用した行為がなにかあったわけですから、モモがマツリの実態を解く重要な鍵になると思います。

橋本　道具類と一緒に捨てているので、間違いないと思います。

モモと中国の神仙思想

西王母のマツリ

石野　辰巳さんはずっとお祭りを研究していますが、考えられるマツリの内容はなんですか？

辰巳　モモの季節に、熟してようが熟していまいが、多量のモモの実を一気に集めていますね。それも、従来の発掘調査では知られていない量です。それを使用した祭儀行為となると、従来の日本的なマツリとは考えられません。思いつくのは、中国のいわゆる西王母《せいおうぼ》を祭る行為ではないかということです。西王母の宮殿の中心に巨大な桃の木（蟠桃《ばんとう》）があって、それは三〇〇〇年に一回実をつけるといいます。モモをたくさん盛って、それ以外のものも神饌として捧げて、西王母を祭るのです。

西王母は、古代中国の人びとがあこがれた不老長生の神仙界、崑崙山《こんろんさん》を支配する仙女です。神仙思想が倭列島へ早くから伝わっていたことは、唐古・鍵遺跡の第八〇次調査で、弥生中期後半の溝から出土した褐鉄鉱《かってっこう》の殻状をした物体によって証明されています。砂質土層中の自然の生成物である、この褐鉄鉱の殻は、そもそも粘土を核にして、その周囲に褐鉄鉱が層を形成してできたもの。そして結果として、なかにとり込まれることとなった粘土が「禹餘粮《うよりょう》」とよばれる不老長生の仙薬として服用されたことは、東晋の人であった葛洪《かっこう》が著した『抱朴子《ほうぼくし》』にもみえます。

唐古・鍵遺跡から出土した褐鉄鉱の殻では、なかの粘土はすべてとり出され、そこにヒスイ製の二個の大きな勾玉が納められていました（図42）。古代の倭ではヒスイは永遠の命を象徴する呪力をもつと信じられていましたから、不老長生の薬効をもつ粘土（禹餘粮）をとり出した後の褐鉄鉱の空洞にヒスイを納めるという行為の背景に、神仙思想が倭列島、しかも近畿地方

図 42　唐古・鍵遺跡出土の褐鉄鉱の殻

にまで伝播していたことが確かめられるとみて間違いありません。
纒向遺跡出土の多量のモモは、そうした神仙思想にもとづいた祭儀のひとつのあらわれと理解してよいと思います。しかも、唐古・鍵遺跡出土の褐鉄鉱の殻から約二百数十年後の段階であり、大型掘立柱建物の存在を考慮すれば、そこに古代国家経営にかかわるマツリとして、より昇華した祭儀のおこなわれていたことが推察されると思います。
三雲南小路《みくもみなみしょうじ》墳丘墓（福岡県糸島市）や須玖《すぐ》岡本《おかもと》D地点（福岡市）など、弥生中期の王墓に副葬された多量の前漢鏡には、神仙思想にみえる鏡の呪力への傾倒がうかがえます。そして、後期になると、神仙を表現した鏡が出土しています。平原《ひらばる》一号墓（福岡県糸島市）出土鏡などにみられます。なにより、平原一号墓出土鏡や桜馬場《さくらのばば》遺跡（佐賀県唐津市）出土鏡などの方格規矩鏡の多くに「上有仙人不知老」とか「寿如金石」といった銘文がみられることに神仙思想が明らかにうかがえます。
石野　弥生中期段階で九州の甕棺から鏡がたくさん出てきていますが、あれには西王母や東王《とうおう》父《ふ》というのは描かれていましたか。
辰巳　中期には認められません。
石野　その段階に、九州の人たちが中国の神仙思想を受け入れていたということはいえますか。
辰巳　いえると思います。ただ、受け入れ方が違いますね。畿内では、褐鉄鉱の器に仙薬が入ったものを非常に意識しています。また、銅鐸に西王母と思われる桛《かせ》を持つ人物像を表現する例があるのも注目されます。中国の神仙思想の大筋は理解していたのでしょう。九州では甕棺のなかに鏡を入れる。鏡というのは、神仙思想ではいわゆる魔除けです。山に入る道士はそれをもっていれば邪悪なものから守られる。それから鏡をたくさんもっていれば、亡くなったあと神仙の世界に近づくことができる。神仙になることを願うということなのでしょうね。そういう意識はあっただろうと思います。

石野　鏡に描いてある画像やその背景にある思想を、どこまで理解していたのかということは、よく疑問になっていますが、わたしはそれなりに理解していたのではないかと思います。だから、同じような種類の鏡をたくさん受け入れているということがある。

辰巳　中国の浙江省《せっこうしょう》の紹興《しょうこう》という地域から出土したといわれている後漢の時代の画像鏡には西王母と西王母にかしずく仙女がモモを捧げた図像がみえます。西王母の一方には、ひざまずく羽人がいて、なにか西王母におねだりをしています。おそらく西王母がモモをこの羽人に与えようとしている図です。西王母の宮殿には、三〇〇〇年に一回、実をつけるモモの木があるわけで、三〇〇〇年に一回ということは、結局、永遠の世界に近づくということで、モモは仙人になるための薬ということでしょう。そういう情景をこの鏡は表現しています。当時、モモは長寿の象徴だったのです。

そういう思想（神仙思想）が日本にも入ってきたからこそ、纒向遺跡での大量のモモを使ったマツリ、西王母を祭るマツリもあったのだろうと思います。

やがて、これが日本化（倭化）して、神話がつくられる土壌となるのでしょう。イザナキが黄泉《よみ》の国へ去ったイザナミのもとを訪ねていって、逃げ帰ってくるときに、モモの実を三個、黄泉比良坂《よもつひらさか》の坂本で投げると、黄泉の国の雷神や軍隊はことごとく退散してしまいます。イザナキはそのモモの実に対して、この地上の人びとが重い病などに苦しんだときには、必ず救ってやってくれということでオオカムズミ（意富加牟豆美、大神の霊）という名前をモモの実に与えたという話が『古事記』にあります。

石野　纒向のこの穴の場合は、そのモモの実が果肉をつけたまま、大量に入れられています。そういう儀式、モモに対する中国のような思想があったとして、そのマツリに使ったものをみんなに分け与えるということはしなかったのでしょうか。

辰巳　しなかっただろうと思いますね。マツリに使ったものを、とにかく穴を掘って埋めてしまう、単に捨てるのではなくて、マツリに使ったものは特別なものだから、穴を掘ってそこにおさめるということでしょう。そのような穴をいくつか掘ったのではないでしょうか。それぞれの穴に、モモが分散して入ってしまって、その一つが今回たまたま発掘されたのだとわたしは思います。マツリに使ったものは神の世界のものだから、埋納して見えないようにしてしまうのです。

石野　だから木製品でも土器でも、壊した状態でみんな入れている。持ち帰って使ったりするなということですね。

古墳の場合でも、古墳の堀から出てくる器類や木製品のなかには、完全なものもあるけれども、壊しているものも結構ありますよね。あるいは、愛知県の朝日《あさひ》遺跡でしたか、完全な鋤を堀の底に沈めて砂をかけて上がってこないようにしていましたね。

辰巳 弥生の墓や古墳時代の墓は、そこへ人を埋めて墓を完成させてしまうと、それに使った土木具などは全部そこへおさめてしまうというか、埋めてしまうという意識があって、それと共通したものが、今回のこのモモの出土の状態からうかがえるのではないのかと思います。

石野 九州の弥生中期からそういうことが芽生えてきているとしたら、紀元前二〇〇年か一〇〇年くらいに相当しますが、纒向は今回の土坑が紀元後二五〇年前後だから、三五〇年から四五〇年くらいあきますが、その間、そういうマツリはずっとつづいていたのか、それともそれなりに変化をしてきたのだろうか。

辰巳 おそらく、そのマツリの根本にある神仙思想というものは変わらないけれども、日本化(倭化)していったと思います。倭人が神仙思想をとり込んで、自分たちの流儀で理解しながら、新しいマツリを日本で創造することがおこなわれていて、そのひとつが唐古・鍵遺跡出土の褐鉄鉱の容器の中に、不変の光を放つ、すなわち永遠の呪力をもつとされたヒスイで製作された勾玉を入れていたということにあらわれています。日本でしか出てこない勾玉をそこへ入れるということは、仙薬の禹餘粮を抜いた後の殻の中に入れるわけですから、自分たちの文化として、受容していたということがよくうかがえますね。

めずらしくないモモの種

石野　モモの種は、弥生や古墳時代の遺跡を掘ると、いくつか出てくるので、めずらしくもなんともないものです。纒向でも、あちこちでたくさん出ていると思います。ただ今回のように、千という単位では初めてですよね。いままで十とか二十の単位で出てくる場合は、めずらしくないから、あまり注目されていないですね。だから今回のことをきっかけにして、日本中の弥生とか古墳時代……それ以外の時代でも、モモの種がどこにどれくらいあるのかというのを知りたいですね。

辰巳　いままでは、モモの種が出てくればモモを食べていたと理解してきましたが、今回の発掘成果から、そういう普通のマツリ、ちょっとモモをお供えするマツリは、いろいろなところでおこなわれていた可能性は、たぶんにありますね。わたしが調べたなかでは、いちばん多いのは滋賀県栗東《りっとう》市の手原《てばら》遺跡という奈良時代の遺跡で、井戸のなかから一八五個出ています。

橋本　昔、纒向の東田大塚《ひがいだおおつか》古墳を調査したときに、墳丘下から一一八個が固まって出ています。たぶん百数十の単位だったら、いくらかありそうです。

石野　旧纒向小学校の跡地を掘っているときに、雨の降った後に行ったら、掘り上げた土のなかにモモの種がたくさん混じっていました。十数分で、手のひらに三杯か四杯拾えましたね。それで、ここで一〇〇〇個ほど出たというのを最初に聞いたときに、あまり驚かなかったのですよ。

辰巳　いままではあまり気にしないできたものが、今回のこの一つの土坑でまとまって出てきてくれたおかげで、あらためてこういうものを使うマツリがあるということがわかりましたね。

石野　普通、掘ったら一〇個や二〇個が出るのはあたりまえとしても、二〇〇〇個や三〇〇〇個となると、これは、きっちりと考えないといけないと思いましたね。

辰巳　いくつものザルや籠に入れたり、場合によっては高坏に盛ったりしてずらっと周りにモモが並んだ場景は、西王母を祭っていたとしか考えられません。

黒田　ところで、中国にはモモに関する儀式や大量に使ったというような記録はないのですか。

辰巳　たとえば不老不死を願う漢の武帝のもとを、西王母が三〇〇〇年に一回実をつけるモモの実を、七個持って訪れ、四個を与えたという伝えがあります。また、五個を与えたという伝えもあります。

黒田　四個？　少ないですね。

辰巳　象徴的な表現です。一つ食べると、それで長寿になれるということなのでしょうね。

黒田　中国では、モモを非常に重要なものだと思っている。しかし、この量というのは、そこから逸脱しているような感じがします。倭人はなにかを誤解しているのではないかと……

辰巳　おそらくなんでも大きくしよう、お墓も大きくしようという倭人的理解が入っているのかもしれないですね。

黒田　中国で大量使用の事例があれば、その習慣とともに思想が入ってきた可能性がありますが、中国では非常に大きな特殊なモモを重要視しているのに対して、日本では桃ならなんでもいいからということでしょうか。

辰巳　のちの中国の小説『西遊記』に孫悟空が西王母の宮殿のモモがたくさんなっている桃園へ侵入して、モモを食べまくった話があります。西王母は召使いに、蟠桃会《ばんとうえ》というおマツリをするから、モモをたくさん集めてこいと命じたけれど、孫悟空がほとんど食べてしまって、おいしいところはなかったという話です。この小説が作られたのは、そんなに古い時代ではありません。しかし、そういう話がある背景に、西王母のマツリには、大量のモモを供えたということがあったのではないかと考えています。ただし、いまのところ中国の発掘調査では、モモが大量に出てきた例をわたしは知りません。

モモがたくさんあるなかで、祭祀を司る人物が一心不乱に祈っている。その人物が卑弥呼的な存在なのでしょうか。西王母を祈るということは、当然おのれの不老長生と同時に国家の繁栄を祈ったのでしょう。

黒田　これだけモモがあるとしたら、その人物自身が西王母になろうとしていたという感じがしますが……

辰巳　のちに斉明天皇が越智崗上陵《おちのおかのえのみささぎ》に葬られます。おち（ヲチ）とは「変若《おち》」、すなわち「若返る」ことを意味します。『万葉集』には変若水は月読神がもっていると歌われます。そこに不死（不老長生）へのあこがれがみてとれます。

歴代のヤマト王権は、そのベースに神仙の教えというものがあって、それは纒向の時代からずっとつづいているのではないかと思います。天武天皇は天渟中原瀛真人《あまのぬなはらおきのまひと》という諡号《しごう》をおくられます。「瀛」は、蓬萊《ほうらい》・方丈《ほうじょう》とともに東海に浮かぶ三つの仙島の一つ瀛州《えいしゅう》のことです。不老不死の世界が東海にあって、そのうちの一つを天武は諡号としておくられるわけです。神仙思想が歴代のヤマトの王につながっている、その初めがこの纒向遺跡にあると思います。

建物の性格

もう一つの建物の可能性

石野　いま、わかっている纒向の一直線になる四棟の建物、その周りにはほかの建物もあるだろうとは思いますが、あの一つの大きな屋敷というか、王宮というか、あれはいったい政治的な空間か祭祀的な空間かというのは知りたいところですね。

辰巳　当然、マツリのもう一つの側面にマツリゴト＝政事がありますから、そうすると今回の建物が両方の意味や役割をもつのか、それとも、もう一つ東側に政事（政治）をおこなうという性格のまつり（政）をする建物があるとみるべきなのか。

石野　今回のような一〇〇メートルを超える大きな長方形区画が、一〇〇メートルくらい離れた北か南に同じ方向であるのではないかと予想しているのです。男弟の空間か卑弥呼の空間というのがね……　別々にきっとあるのだろうと。これからも桜井市は、計画的に掘ってくれるだろうと思っています。

辰巳　どちら側にあると考えていられるのですか。

石野　地形的には、南側の太田の村にかけてのところ。それからもう一つは北側の草川の微高地にかけてのところ。それがどちらも候補になりえますね。

辰巳　邪馬台国に関係ないとしても、少なくとも西日本全体で、祭祀空間と政治空間とを別々につくっている可能性は大いにあると思います。吉野ヶ里でも内郭が二つあるので、マチづくりの構成というのは、西日本全体に同じようにあるだろうと思っています。

祭祀と政治の二つの空間がみつかったから邪馬台国だというのではなくて、その中身が問題だという研究の時代に入ってきたのではないかと思います。

石野　石野さんは、今回発掘された大型建物というのは、どちらだと？

辰巳　やはり、祭祀的空間＝卑弥呼的空間という可能性が高いと思います。

一直線に並ぶ建物

辰巳　わたしはどちらとも言いかねるのですが……　今回の建物、大型建物群の中心軸を西に延長したら石塚古墳の後円（主丘）部上を通過するということが気になります。それに一つの意味があるのではないかと思います。

石野　纒向石塚古墳の築造年代は、二一〇年くらいだと思っているので、古墳のほうが建物より先です。だから、それに合わせて主軸を揃えて、建物をつくったということになりますね。そうすると、石塚に葬られているのは何者かということになりますけれど。

辰巳　卑弥呼がおこなった〝鬼道〟が、神仙思想をベースにしたものだということを考えれば、その卑弥呼がこの宮殿を営む段階で、石塚古墳のような形の、俗に前方後円といわれる、壺形の墓を創りだしたのかなと。その形の背景にも一つの思想があるとみるべきだろうと思います。

石野　卑弥呼という人は〝鬼道〟という一種の宗教改革をやった人ですよね。その最大のシンボルは、長い突起を持った円墳、長突円墳、いわゆる前方後円墳というのが最たるものだと思います。おそらく女王・卑弥呼の登場が一九〇年前後でしょうから、その段階からその形の墓が大型化してくるということが始まっているのではないだろうか。

そういう流れで考えたときに、黒田さんの復元（図43・44）のなかで、いちばん大きい建物に出入口を五つつくっておられましたが、黒田さんが考えられた出入口が五つという意味合いはどんなものなのですか。

黒田　建物Dの出入口は正面に三つ、側面に一つ、背面に一つですね。内部を広く使うという復元をしています。ただし、入口の位置と数を決める直接的な証拠は、まったくありません。

石野　そうすると、どの出入口が主な出入口ですか。真ん中のちょっと寄ったのが、主な出入口ですかね？

黒田　わたしは東を正面と考えていて、柱間は四間です。この場合、中央に柱が立ってしまうので、中央の入口はつくれません。柱間の広さも等しいので、どれが主要なものなのか、区別できません。もともと、そういう設計がされているということです。復元では、平面を大きく西側と東側に分けて構成しています。西にある建物Cが棟持ち柱つきの重要な宝物をおさめておく建物と思われるので、建物Dの西側の出入口は、建物Cに対する出入口です。それから南側の出入口は、王なり、女王なりのお世話係というか、あるいは位の高い直属の大臣というかそういう人の出入口です。東側は、家臣団の出入口。そういう使い方で考えました。中国の宮殿とか、のちの大極殿とか、そういうものとは全然違う建物だろうと考えました。

石野　建物Dは、かなり大きいのですが、これを北半分と南半分にして、なにか使い方が違うのですか。

黒田　北と南ではなく、西半分と東半分です。西側のほうは、マツリと一体化した生活がおこなわれていた。その反対側の東では、家臣や家来との対面とかがおこなわれた、そういう感じの場所ではないかと考えています。ですから、先ほどのお話の政治のための建物なのか、マツリのための建物なのかという考え方でいけば、この施設のなかでは両方おこなわれたと考えています。

わたしは、これを初期ヤマト王権の建物だろうと思っていますので、のちの天皇家につながる祭祀がおこなわれた場所であろうと想定しています。

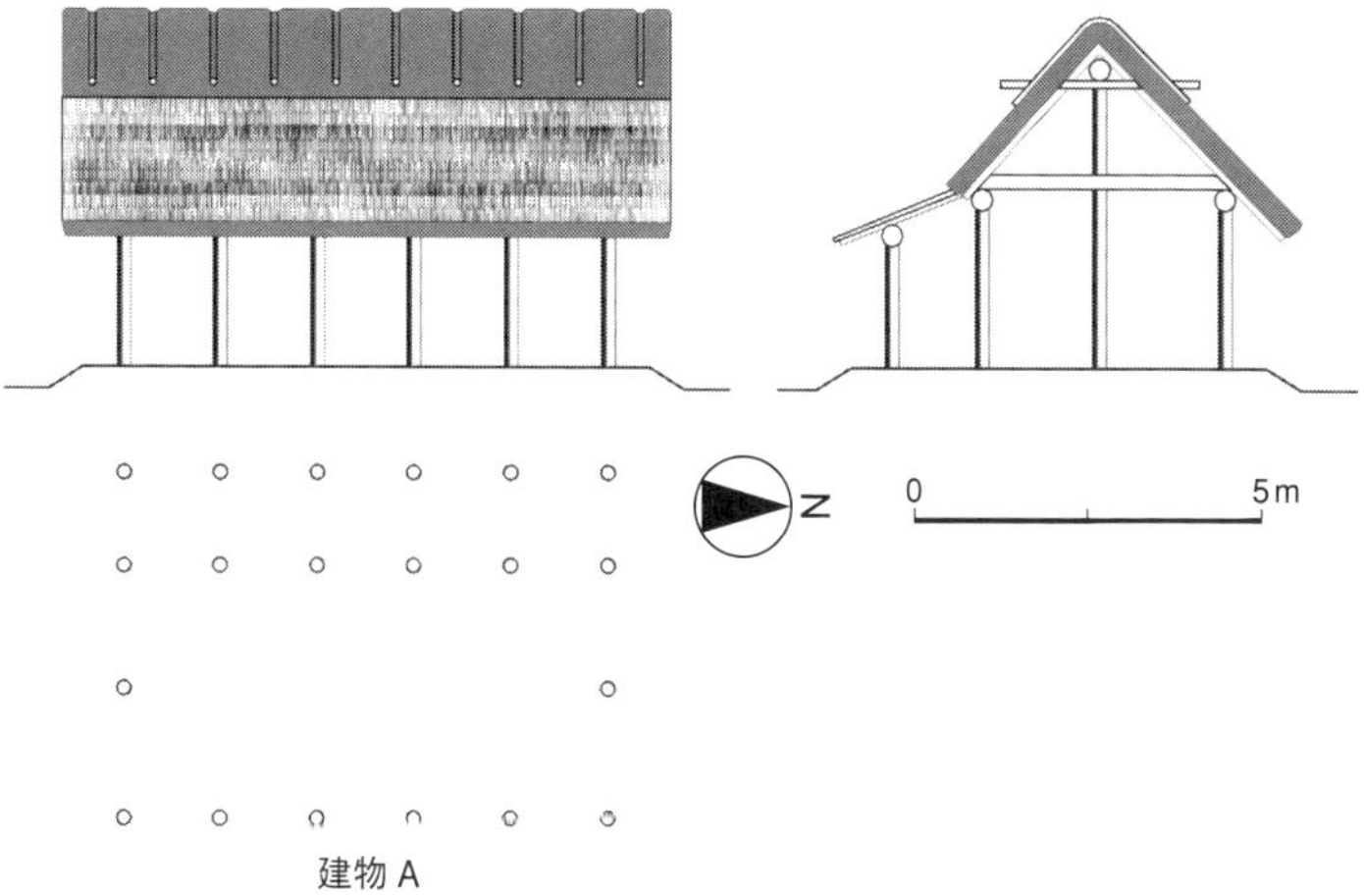

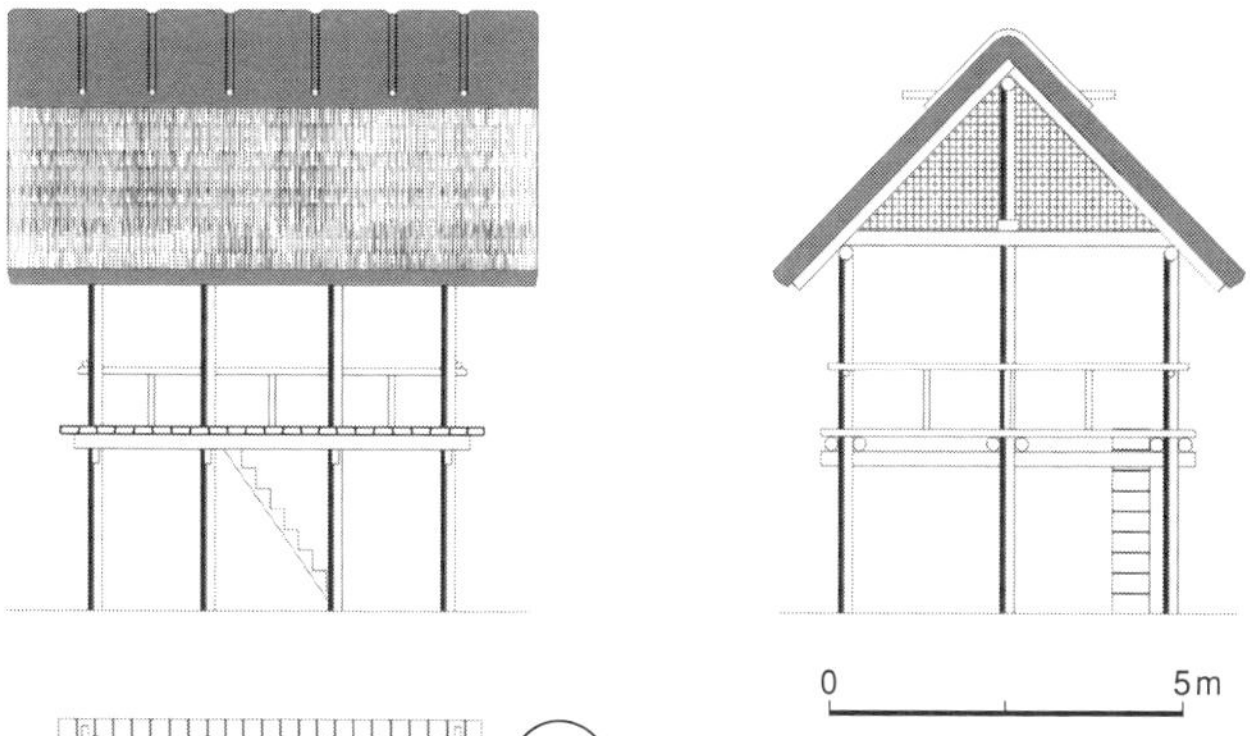

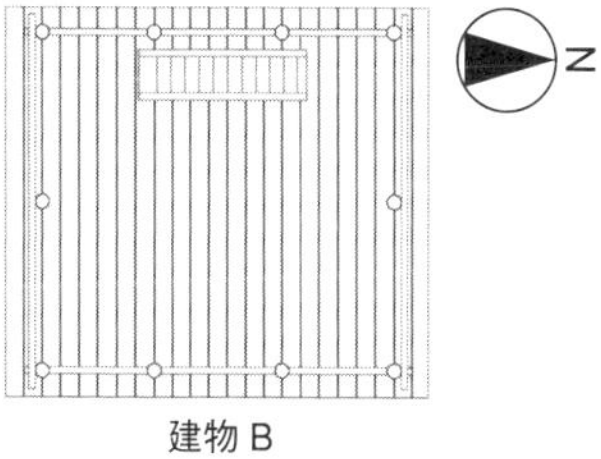

図 43 建物Ａ・Ｂ復元図（建物Ａは北側の一部しか発掘されていない）

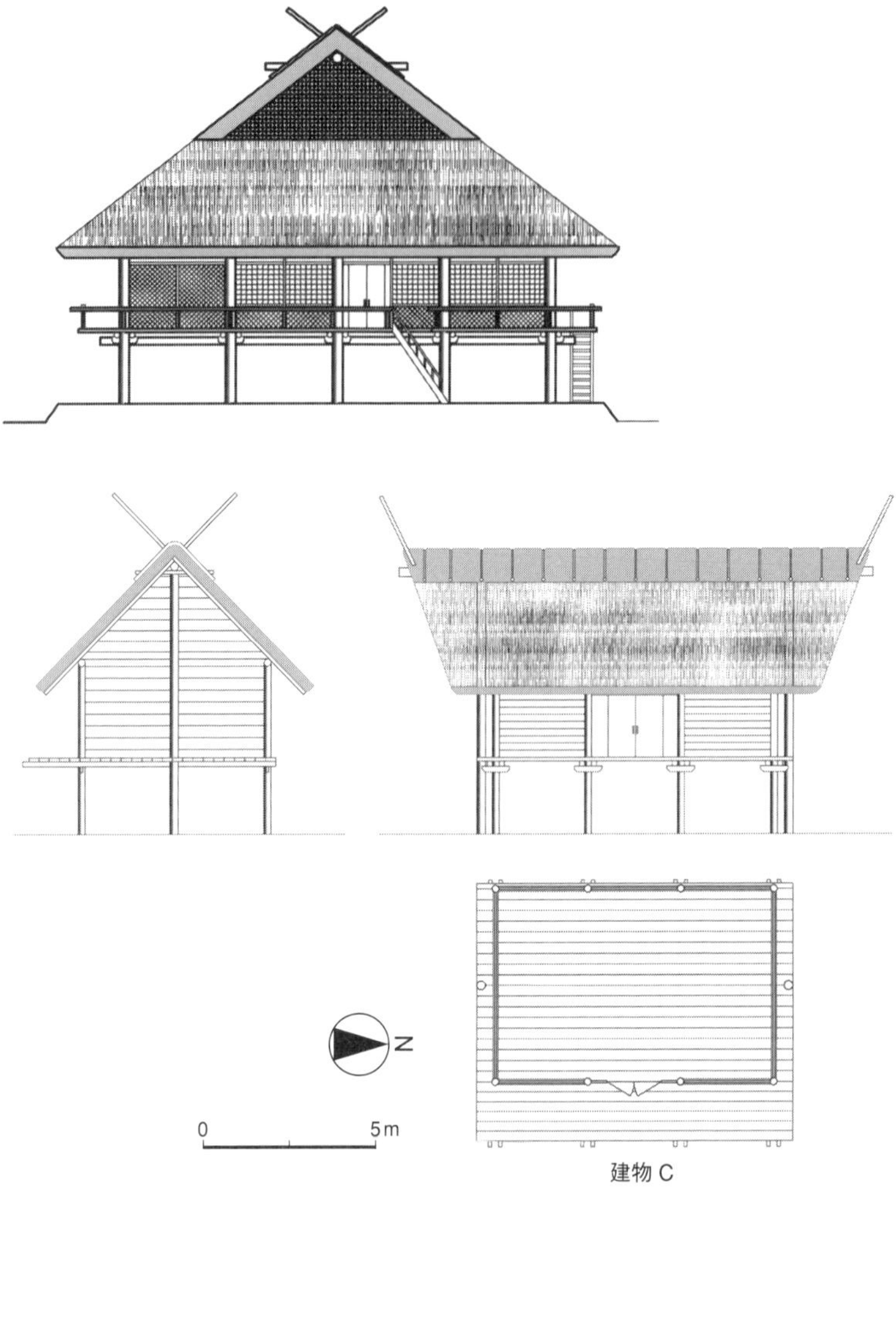

建物 C

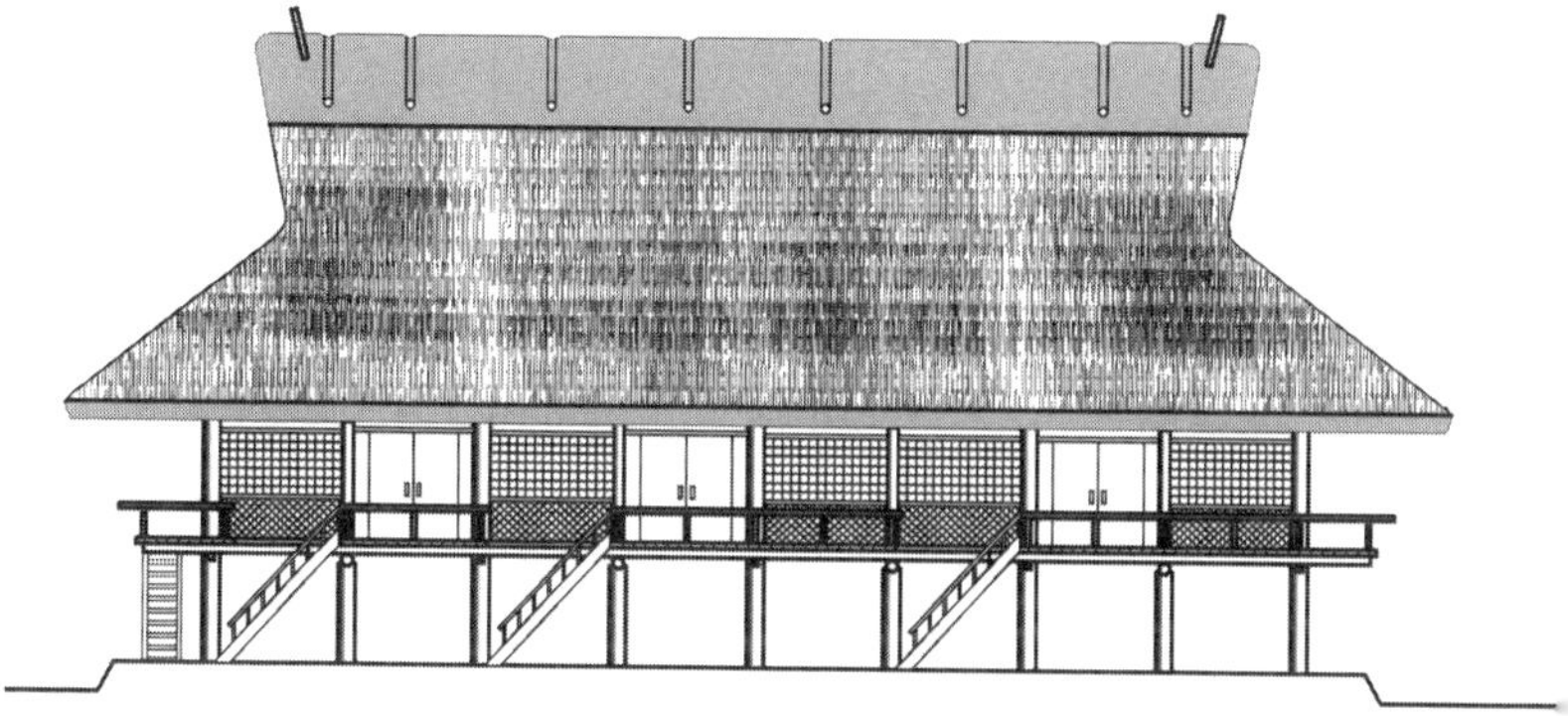

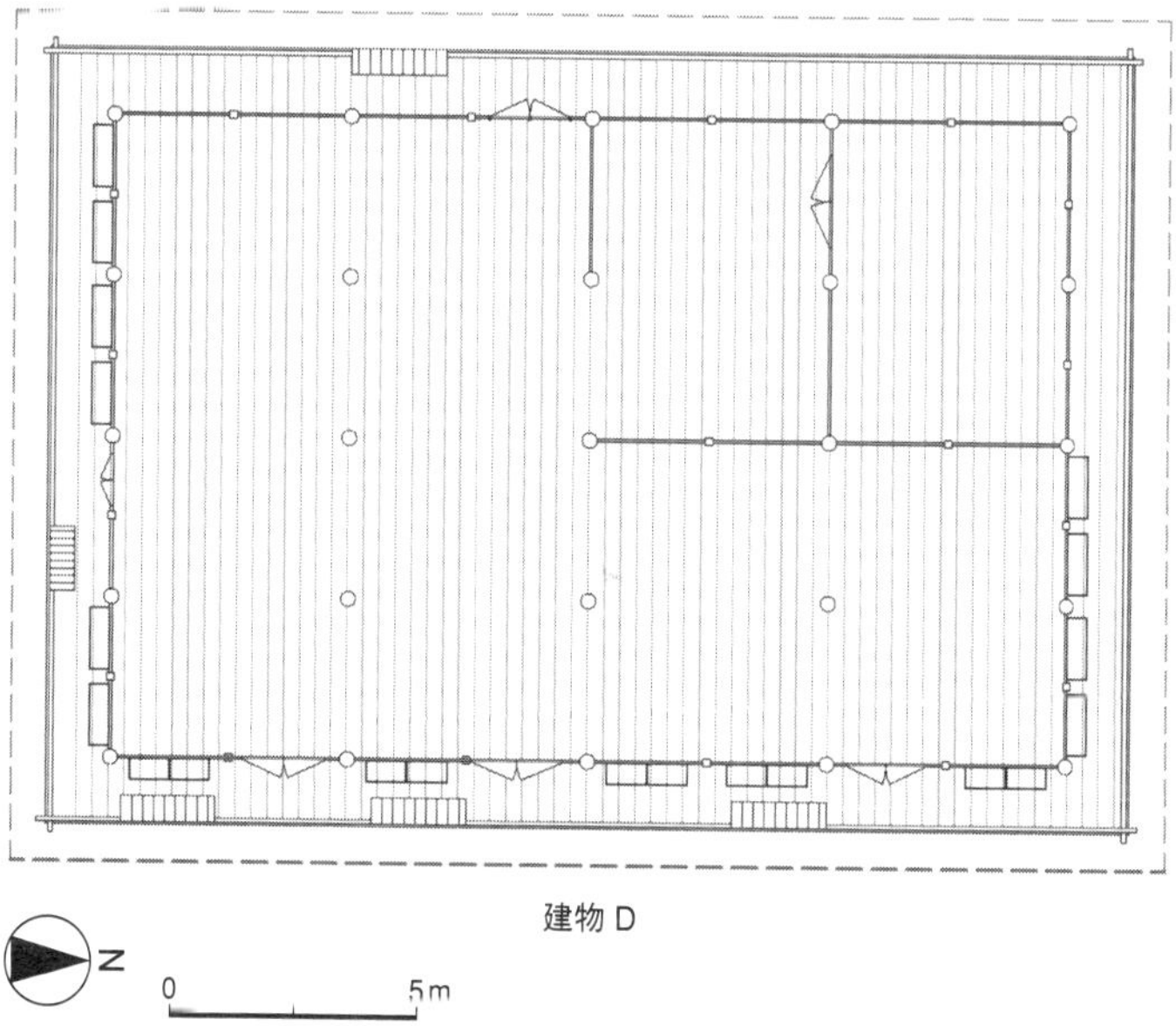

図 44　建物C・D復元図

石野　出雲大社が偶数間で、入ってからこうL字型に曲がって、その奥に神様がおられるという……

黒田　そのとおりです。原理は、だいたい同じ設計になっています。天皇の王宮と出雲大社との関連は『古事記』『日本書紀』に明瞭にみてとれます。とくに『古事記』垂仁天皇の条に、出雲大社は天皇の御舎《みあらか》（宮殿）に似せてつくったという記述があるので、出雲大社の正面が二間、こちらの正面が四間というのがどちらも中央に柱がくる偶数柱間で、対応すると考えています。いままでの出雲大社に関する考え方も、再考しなくてはいけない部分があります。

建物Cは伊勢神宮との関係を想定する必要があります。先ほど石野さんがおっしゃった政治の空間と祭祀の空間が、吉野ヶ里では分けて設けられていて、それがかなり一般的なことだったのではないかということに関しては、わたしは反対です。ここは、吉野ヶ里遺跡とかそういう一般の弥生遺跡とは隔絶した建物構造になっているという見方をしています。

石野　そうすると、一般的に弥生後期の二世紀から古墳早期の三世紀にかけて、祭祀的建物と政治的建物とを別の区画でつくっているということが、いまは数は少ないですが、将来的にそれが数が増えて認められてきたとしても、ここは別格だということですか。

黒田　わたしは別格だと思いますね。こんなふうにちゃんと並んだ建物は、いままで発見された弥生の遺跡にはないということでしたね。

石野　一直線に建物を並べるというのは、古墳時代、四世紀から六世紀を通じて、いまのところありません。七世紀、八世紀、飛鳥・奈良時代になって、はじめてそういうものが出てきます。

辰巳　しかも、それは南北軸ですね。

石野　これは東西軸ですからね。反対に五世紀後半の雄略天皇（ワカタケル大王）のときには、大蔵というものが別にあったと『日本書紀』に書いてあります。それと奈良県の五世紀の南郷《なんごう》遺跡群の建物群も、尾根ごとに別々の建物がありますから、もしかすると四世紀、五世紀の大王家の建物群というのは、機能ごとに別々につくっている可能性があると思っています。だからぼくは黒田さんとはその辺が違っていて、別の区画の一つの形が出てきたのかなと思うのですけれど、ただ、いまのところは材料が少ないですね。

辰巳　吉野ヶ里遺跡は、たとえば北の内郭からずっと真っ直ぐ延長していったら、たくさんの甕棺が埋められた空間の真ん中を通過する道に重なり、その道をさらに北へ行くとそこに掘立柱の小さな建物がある。その北側に巨大な墳丘墓があって、そこに一四基以上の巨大な甕棺がつぎつぎと葬られているのです。歴代の首長の墓だと思われます。纒向遺跡の建物群の中心軸の延長線上に纒向石塚古墳が存在するのも、その流れのなかで理解はできないのかと考えています。

黒田　そういう理解は可能かもしれません。そういうお墓なり、自然物なりの対象があって、そこに対する意識が働いている可能性を否定しきれませんし、当然ありうることだろうとは思います。

しかし、吉野ヶ里遺跡の俯瞰図をみると、南内郭も北内郭も、建物配置が乱雑できちんと並んでいません。見張り台だけは、飛び出たところにつくるという原則はありますが、それ以外は適当に置いている。纒向の建物の図面をみると、ビシッと並んでいます。そこに隔絶した文化の違い、考え方の違い、思想の違いがあります。吉野ヶ里遺跡と纒向遺跡は、まったく違うものだと思います。

石野　建物の配列は全然違いますね。ただ、いま辰巳さんが言っていたように、大きな建物の延長上に大きな墓があるという点では同じです。

黒田　それは継承しているかもしれないですね。

辰巳　ただ根本的に違うのは、吉野ヶ里遺跡では歴代の王といっていいのか、亡くなった首長を一つの墓に、つぎからつぎへと埋めています。ところが纒向の場合には石塚あり、勝山ありというふうに一人の首長のために前方後円墳（壺形墳）をつぎつぎとつくっていきます。

石野　八〇メートルから一二〇、一三〇メートルの非常に大きいものですよね。その時期で、列島最大規模のものを、各世代にわたってつくっていますね。

辰巳　その墓を遺跡の西寄りに配置して、東側には王宮区画をもってくる。さらに東側には斎《ゆ》槻岳《つきがたけ》、纒向山、三輪山という聖なる山々がある。都市計画のようなものがあったのかということも考えられます。

黒田　これを王宮といってよければですが、王宮に対する考え方自体も根本的に違うと思います。

吉野ヶ里では、一つの墓につぎつぎと追葬し、先祖を手厚く一つの場所で祭っています。古墳時代には、基本的に一人一基の巨大な墓をつくっています。死後の世界とか墓に対する考え方、血統に対する考え方などそういうものがまったく変わってきて、どういえばいいでしょうか、いまの三階建てくらいの鉄筋コンクリートの建物を長く使っていくのと、超高層ビルをつぎつぎと建て替えていくというくらいの違いがあると思います。

辰巳　いわゆる歴代遷宮につながっていくという考え方ですね。とにかく代がかわれば、王宮もかえるという。

黒田　それと一段高い技術と高度な考え方をもっている。先ほど、東西軸に並んでいるという話がありましたが、そこに日本的な考え方が入っていると考えます。しかも高床式です。建物を並べるという思想は、たぶん中国から入った可能性が高い。しかし、確実に違うのは、中国では土間なのに、こちらは高床になっています。そして中国は基本的に南北軸ですが、こちらは東西軸になっています。どこにもない文化を一挙につくりだしているという感じがします。

石野　黒田さんが書かれたもののなかに、いちばん大きい建物Dは出雲大社型で、建物Cは伊勢神宮型だとありました。建築の人たちは、伊勢神宮型の建物と出雲大社型の建物はまったく系譜が違うと言っておられたと思うのですが、黒田さんは二つの建物のルーツが纒向にあると考えられますか。

黒田　大胆な言い方だと思いますし、『古事記』『日本書紀』の記述と一致する部分があるという言い方にも冒険的な側面はあるのですが、それを歴史学のなかでどう解釈するかというのは、やはりその方面の専門家の方々にお任せしなければいけないとは思います。しかし、少なくとも記紀の記述、伊勢神宮のあり方、それから出雲大社のあり方というのは、記紀の記述に対する批判、疑いをいったん離れて非常にドライにみたときに、纒向の建物に当てはまるのではないかというのは可能だと思います。

石野　一直線に並ぶ建物は、これから全国的にあらわれると思います。二、三世紀ではいままで想定されていなかった建物配置ですから、もしかすると、いま飛鳥時代とか奈良時代だと思っている建物が、実は古墳時代のものだという再検討のきっかけになるでしょう。

これには実例があります。九州の吉武高木《よしたけたかぎ》遺跡の建物は立派すぎて、はじめは五世紀ということでしたが、その後、同じような構造で、年代の古いものが吉野ヶ里遺跡や池上曽根遺跡で出てきたので、よくみたら二世紀のものだったということもありました。

辰巳　吉武高木遺跡の建物の延長線上にも、大きな墳丘墓らしい区画があったようですね。

石野　いま飛鳥時代だと思われているけれど、実は三世紀の建物だったというのが、少なくとも西日本にはいくつかあるに違いない。それらが出そろってはじめて、西日本のなかの三世紀以降の居館の議論ができるのではないかと思って、期待しているのですけれどね。

辰巳　そうなると、纒向遺跡が突出しているということは、弱くなりますか。
石野　いや、そのなかで、これほどのものは、ここにしかないということになってくると思います。線路を越えて東側にもまだ広い未調査の土地がありますから、あれも含めて考えたら、類例は日本列島のあちこちに増えたにしても、その規模や性格からすると、これほどきっちりした建物がいきなり最初に出てきた、ということがたぶん二〇年か三〇年後にわかってくるのではないでしょうか。

建物とモモのかかわり

石野　焼けぼっくいがたくさん出ているので、辻土坑4のマツリは夜だけれど、土坑からは、焼けぼっくいは出ていないですか？
橋本　ちょっとはありますけれど、少ないです。
石野　ということは、これは昼のマツリだ。
辰巳　どこかでおこなったマツリで使用したものを、土坑におさめているわけです。マツリに使われたものを捨てるのではなくて、神聖なものだから穴を掘って人に見えないところへおさめているのです。
黒田　しかし、建築材が上から出ています。しかもあの建築材は、ある程度使われています。仮設のものではないですね。

辰巳　現在でも伊勢神宮などでは、神饌を盛る土器などは、使用の後は見えないところに埋めていますからね。

橋本　あまり根拠はないのですが、遺構の状況から考えると、いまのところマツリは、建物群の解体の時期におこなったのではないかと考えています。

石野　伊勢神宮を移すときに、何かやっていないのですか。

黒田　伊勢神宮では、旧正殿はそのままにすることも多いです。現在ではきれいに撤去して心《しんの》御柱《みはしら》だけ残します。

石野　全部壊して材木を末社にもっていくのではないのですか。本来はほったらかすのですか。

黒田　どちらが本来かは、わからないのです。放置しておく場合もあります。わたしも、最近まで解体して心御柱だけ残しておくのだろうと思っていましたが、そうでもなくて、建物全体をそのまま置いておくということもあるということです。それは、新しい建物のほうで何か事件がおこったらまた臨時に古殿を使うこともあるということのようです。

橋本　古代以前でしたら、基本的に建築材は転用ということを前提に、寺でも宮殿でも解体しますよね。

黒田　伊勢神宮では古材は使いません。

橋本　伊勢は特殊なのでしょうか。

黒田　定期造替の制がある神社では古材は使いません。纒向では古材は、新しい建物を建てるためにもっていったのかもしれませんね。

石野　もしかすると、その建築材の一部を象徴的に入れている可能性あるのではないかと思います。まったく時代は違いますが、奈良時代の太安万侶《おおのやすまろ》の墓から漆喰《しっくい》のかけらが出ています。その漆喰のかけらは、火に当たっていませんでした。真珠も出ていますが、真珠も火に当たっていません。ですから火葬にする以前の殯屋《もがりや》にあった物を、象徴的に火葬墓に入れているということがあるのです。今回の場合も、墓と建物の違いはありますが、建築材がこれだけ少ないということは、土坑の上が削られている可能性もあるとは思いますが、儀礼がおこなわれた建物の建築材の一部を、象徴的に穴におさめているのではないか、という理解も可能性があるのではないかと思います。

辰巳　モモを供えるマツリは毎年おこなっていたと思います。モモの季節に西王母のマツリをおこなって、たまたまその一つのマツリの痕跡が、今回出てきた土坑にあらわれているのではないでしょうか。

石野　建物移転にともなうマツリではなくて、毎年やっているマツリの一つですか。

辰巳　マツリというのは基本的には、くり返しおこなわれ、しかも同じスタイル、同じ次第でおこなわれるわけですから。

石野　たしかに纒向の辻地区では、開発面積の四分の一を調査しただけで三〇の土坑が出ていて、その年数は一五〇年に渡ります。ということは、毎年、季節ごとにマツリをおこなっていた可能性があります。

橋本　居館域のなかでは、この土坑が唯一のものです。辻土坑群のマツリは年々のマツリようですが、これが年々のマツリの痕跡だとしたらもうちょっと土坑がたくさんが出てもいいと思うのですが……

石野　居館のある太田北微高地とよんだこの台地の上を広く掘っているけれど、大きな土坑でものが入っているのは、これは初めてですね。

辰巳　建物を建て替えるのにともなって、最後の段階でモモを供えるマツリをおこなったのならば、よりその建物群がモモに象徴される、そういう意味をもつ建物群だった可能性もあります。

石野　建物を壊すのとモモがたくさんあるということは、話が合いませんかね。

黒田　神聖な地だったので、そこを引きはらうにあたってですね、日本神話のなかで辟邪《へきじゃ》に使われるモモで、魔物を遠ざけようとしたということではないですか。

辰巳　中国でもそうですよ。モモは不老長寿の象徴であると同時に、一方で馬王堆《まおうたい》の前漢のお墓にモモの木でつくった人の形代《かたしろ》を三三個をずらっと並べています。辟邪という意味で使われた、一種の魔除けですね。

黒田　魅力的な説だと思うのは、移転するにあたって、お祓いみたいなことをしたのかもしれないというものです。

石野　たしかに、建物を壊すときの儀礼というのは、どこかに新しい建物をつくるわけだから、それが安全に無事にいくようにというのは、ありえますね。それが同じ区画のなかか、別区画かはわからないけれど。壊すということは、新しくつくるということですからね。

辰巳　先に、ひょっとしたら建物の南側にもう一つ建物あるのではないかと言ったのは、柵を壊してこの土坑ができているということは、南側に新しいものをつくって、それにともなうマツリがここでおこなわれたという可能性はないのかと思ったからです。

石野　ちょっとそこは場所が狭いと思います。大きな自然の川があるから、その手前で止めて考えないと駄目ですね。しかし、年代は違いますが、今城塚古墳の外堤から出た埴輪の配列では、いちばん大きい建物は中軸線上にはなくて、ちょっとずれて配列されていますね。あれを参考にすれば辰巳説もあるかもしれない。

辰巳　おこなわれた祭祀は、まさに新しい中国の神仙思想をとり入れたものだと思います。中国の文化をベースに、自分たちの政治の道具としてそれを使い、いかにそれを可視化していくかということだったのでしょう。

一方で高床の建物を一直線上に並べる王宮をつくり、また、前方後円という形の墓をつくっていく。わたしは古墳の形は、壺の形だと思っています。壺のなかに別の宇宙があるという観念、これは大陸からきたものです。さらにモモのマツリは、神仙思想そのものです。この時代、そういう大陸文化をとり込みながら、おのれの文化をあらたにつくり出していくという方向性がうかがえますね。

石野　中国の思想的な影響は入ってきていると思います。弥生中期段階の鏡にみられる文字と絵は、それなりに理解されていたと思います。それが紀元前後に九州の地に入ってきて、九州の弥生人はそれを理解していたでしょう。しかし、大々的に王宮でのマツリ、国家のマツリとしてやるようになったのは、三世紀段階の大和ではないのかなと思っています。ルーツは中国思想で、日本列島には早くに入っている。しかし、それを王のマツリとして仕上げていったのが大和で、建物配置にも、モモの実にもあらわれているのではないのかと感じています。

歴史の画期、纒向遺跡

石野　新しいマツリを根本的に仕上げていく段階で、弥生時代以来つづいてきた銅鐸や銅剣、銅矛のマツリをやめていく。象徴的には纒向遺跡のなかの小さな銅鐸のかけらです。あるいは同じ桜井市内の大福遺跡や脇本遺跡、三輪山周辺では銅鐸をたたき壊して鋳つぶすという弥生の神を否定するような大変なことがおこなわれているわけです。そういう大変革が二世紀末から三世紀の大和の地でおこっている。

大きくは、この時期に宗教改革・政治改革がおこり、日本の長い歴史のなかの大きな画期であると思います。

辰巳　倭人伝に二世紀の終わりごろ、「その国、本また男子を以て王となし、住《とど》まること七、八十年。倭国乱れ、相攻伐すること歴年、乃ち共に一女子を立てて王となす。名づけて卑弥呼という」と女王卑弥呼を共に立てたという「共立」という言葉が出てきます。そこには争乱状態から新たな統一国家をつくっていこうという動きがみえます。そのときに卑弥呼は〝鬼道〟というもので統一を図ろうとしたわけで、その〝鬼道〟というものが、今回おぼろげながらみえてきているのかなと考えます。

石野　天文学の先生の話によると、二世紀から三世紀の東アジア全体では天候不順がつづいていたということです。同じ『魏志』の韓伝のなかには、「人相食《あいは》む」と書いてあります。人が人を食べていたと。そんなことが本当にあったかどうかは、わからないけれど、そう言われるほど食糧危機がつづいていた。

それまでつづけてきたマツリで弥生の神様に祈っても、祈っても、世のなかは、まったくよくならない。思いきって弥生の神様を捨てて、新しい神様を頼って頑張っていこうという、そういう背景もあったのではないでしょうか。その前の段階に男の王がずっとつづいていたけれど、駄目だったので女王に象徴的に変わっていったのではないですかね。

纒向遺跡は二世紀の終わり、一八〇年か一九〇年ころに突然あらわれ、そして三五〇年前後、三五〇年ちょっと前ぐらいでしょうか、その頃に突然消えるのです。弥生時代以来の暮らしがつづいていた最終段階に突然あらわれ、弥生集落にはみられない自然の川を利用して、それぞれの地域を住宅地域や工場地域というように機能別に分けて、新しいマチづくりをしていく。そして三〇〇年代中頃には突然消える。それまでつづいてきた周辺の大型古墳、大王墓といわれるような古墳もその段階で突然消えて、奈良市の北方へ移っていく。そういう弥生時代から大型古墳に象徴される本格的な大王の政権ができてくる時代の先駆けの時期、そういう背景をもって生まれた新しいマチですね。

明治維新の場合も、幕末から世の中に変革の動きがありました。西欧の新しい文化がやってきて、突然政権交代し、一〇年二〇年のうちに新しい国家体制がつくりあげられていく。纒向遺跡の時代はそういう画期、大きな変化の時じゃないでしょうか。だからマチづくりも、使っているものも基本的に変わってくる。木造建物の世界に鉄筋ビルがいきなりできるような、あるいはダンスパーティーをいきなり開くような、古い文化と新しい文化の大きな変わり目の時代だったということが考えられます。

辰巳　卑弥呼がおこなった鬼道というのは、まさにそれでしょう。従来から入ってきた神仙思想というものを、よりおのれのものとして体系化しようとしたのではないですか。それを倭人伝では〝鬼道〟とよんだのではないでしょうか。卑弥呼はそれで人びとをよく統率したわけです。その一つのあらわれが、西王母のマツリや石塚古墳のような壺形の首長墓が出現する、そこを見るべきでしょう。

やや遅れてホケノ山古墳から出てくる中国鏡（画文帯神獣鏡）には、いわゆる西王母、東王父などの神仙の神々が描いてあります。やがて墓のなかに神仙像を鋳出したたくさんの鏡を埋納するようになっていったと思います。桜井茶臼山古墳の石室が水銀で真っ赤に塗られていたということもそうだし、大量の銅鏡を副葬したこともそうしたあらわれです。黒塚古墳に副葬された三三枚もの三角縁神獣鏡しかり……　それ相応に思想を理解し、それをおのれのものとし、墓をつくる。そうすることで、永遠の不老不死のユートピアに行くことができ、神仙に交わることができると考えていたのでしょう。そういう思想の始まりが、纒向遺跡にあるとみていいのではないですか。

ベースには神仙思想があって、自分たちの文化を新しい王権を裏打ちする新しいイデオロギーとした。そのベースとなったのが、中国思想だということでしょう。それがモモを使ったマツリであり、三角縁神獣鏡であり、その前に壺形墳も出現していますから、そういう事象であったのでしょう。

黒田　この建物群は、画期的なものですね。しかも、高床であったり、偶数柱間であったり、東西軸であったりと、ものすごく中国とは違う考え方が入っています。それがどこからきたかということは、その前の時代をもっと研究していかなければいけないと思います。辰巳さんが言われるように、中国思想が入ってきていたにしても、建築の面からいえば、明らかに日本というものが非常に強く出ています。しかも吉野ヶ里遺跡、唐古・鍵遺跡などとくらべると、技術的に格段の差がある。そして、ここがヤマト王権の発祥の地であるということを考えれば、現代の日本にも大きな影響を与えている可能性が大きいわけです。ここに王宮が出現した時代は、明治維新より大きな根本的な意味をもつ変革があったという気がします。

石野　まさに纒向遺跡のなかの出土品の整理がおこなわれている建物のなかで、関係者によるなまなましく、いきいきとした会話ができたと思います。今後の調査によって、四世紀につながる大きな動きが出てくるかもしれませんが、今回の建物群は纒向遺跡調査の一つの画期になると思います。

ありがとうございました。

（石野博信 2011.12）

追記

「纒向王宮」は政治か祭祀か（二九九〜三一一ページ）

推定一〇〇×一五〇メートルの長方形区画内に並ぶ東西一直線上の四棟の建物群の性格について、『魏志』倭人伝の「鬼道」をおこなう女王と「補佐」する男弟を意識しながらの検討となった。

わたしは、建物群が纒向遺跡辻地区旧河道地帯の祭祀用具埋納土坑群に隣接することを意識し、祭祀棟説をとり、黒田さんは祭政合体説で、辰巳さんもそれに近い。

とくに建築史の黒田さんは建物Cを伊勢神宮の、建物Dを出雲大社のルーツと推定し、両者が三世紀の纒向王宮で共存することを強調しており、今後とも議論をよぶであろう。

纒向王宮は纒向石塚古墳を基点とするか（三〇〇ページ）

辰巳さんは、纒向王宮の主軸線を西に延長すると纒向石塚古墳の円丘上を通過することに注目した。そうであれば、年代では纒向石塚が三世紀初頭で建物群に先行するので、建物群の性格がただちに纒向石塚被葬者の性格に一致することになり、重要である。

（黒田龍二 2011.12）

纒向遺跡の復元とその意義

この討論での黒田の発言および主張の根拠になっている纒向遺跡およびその復元考察と記紀をはじめとする文献史料との一致について基本的な事柄を説明しておく。纒向遺跡の遺構の状況は図36、建物の復元図は図43、44参照。

建物Cと伊勢神宮正殿

建物Cは正面三間、奥行一間で、両側面に棟持柱をもつ。

伊勢神宮の正殿は、正面三間、奥行二間で、両側面に棟持柱をもつ建物である。神宮の成立年代には諸説あるが、基本的な建築形態が固まったのは式年遷宮の制が定まった天武・持統朝とみられる。この時代、飛鳥寺をはじめとする寺院建築が建設されており、それにくらべると神宮の形態は明らかに古風というよりは原始的である。国家的な施設が原始的な形で建てられることには何か深い理由がなければならない。

『日本書紀』崇神天皇の条には、それまで天皇が同殿共床でお祀りしていた天照大神を倭《やまと》の笠縫邑《かさぬいのむら》にお出ししたこと、垂仁天皇の条には、その天照大神を倭姫命に託して伊勢にお遷ししたことが書かれている。天照大神の御体は宝鏡とされる。崇神天皇はおよそ三世紀に実在した初期ヤマト王権の王と考えられている。纒向遺跡は全体として初期ヤマト王権発祥の地とみられていて、今回発見された建物群の年代は三世紀前半とされる。その中心部にある建物Cは大きさと形が神宮正殿によく似ている点で、神宮との関係が想定されてしかるべきである。『神宮雑例集』には崇神紀にみえる祭祀の変更を、宮中の大庭のホクラに大神をお出ししたとあり、まさに遺跡の状態に一致する。このことから、神宮正殿の建築形態は、崇神・垂仁朝の形態が七世紀まで踏襲されたものと結論される。

するとこの次の王宮からは、大神は伊勢に奉遷されたので、建物Cが随伴しない王宮となるはずである。この推定は二〇一一年三月に現実になった。建物Dのすぐ東で、やや下る時代の柱穴が五個発見された。それは大小の柱穴が交互にならぶもので、建物Dと同質の特殊な構造をもつ第二の建物と推定される。その西側はすでに発掘ずみの四棟の建物が発見された区域であり、建物Cに相当する建物は随伴しない。つまり、遺跡の状況は垂仁紀とも一致することとなったのである。

纒向遺跡の復元にあたっては、建物Cは神宮正殿を念頭におきつつ、より簡略な形態に復元した。

建物Dと出雲大社本殿

大型建物Dは正面柱間四間、奥行柱間四間に推定復元される。通常の寺院、神社、王宮の主要建物の正面柱間は奇数柱間である。偶数柱間だと正面中央に柱がたち、不都合である。その点で、建物Dの正面柱間が四間というのは異例であり、建物のもつ意味について、なんらかの解釈が必要である。

出雲大社の建設記事は『古事記』垂仁天皇の条に、出雲大社の本殿を天皇の「御舎《みあらか》」に似せて作ったとある。出雲大社本殿は正面柱間が二間という異例の形態で、江戸時代までは本殿内部で国造（出雲大社の最高神主）を中心とする特殊な神事がおこなわれていた。国造はある状態では神と同化した存在だった。その点に正面四間の建物Dの内部で、天皇が天照大神を直接祭祀されたのと大きな共通性がみられる。建物Dと出雲大社本殿の類似も偶然とは思えないのである。出雲大社の建設にあたって、ヤマト王権がなんらかの影響を及ぼしたのは確かであろう。

建物Dは、外観や構造については出雲大社を念頭におくことなく、もっとも合理性の高い形態に復元した。出雲大社の形に似せることも十分可能ではあるが、あえてそういう形にはしなかった。逆に、内部の構成については大いに出雲大社を参考にした。これによって、三世紀の建築物の内部空間を設計することができたのである。

これらの点を含めて、拙著『纒向から伊勢・出雲へ』（学生社、二〇一二年）にくわしく書いたので参照されたい。

初出一覧

吉野ヶ里と「卑弥呼の時代」(『プレジデント』二七巻七号、プレジデント社、一九八九年七月)
倭人伝を掘る(『倭人伝を掘る—吉野ヶ里・原の辻の世界』長崎新聞社・佐賀新聞社、一九九八年)
邪馬台国は九州か？ 畿内か？(一九九六年六月二九日)
邪馬台国への道(「シンポジウム　邪馬台国への道」『佐賀新聞』二〇〇六年一二月一三日)
邪馬台国はここだ！(「第四回歴史街道シンポジウム」『奈良新聞』一九九五年一〇月三〇日)
邪馬台国 ヤマト説(「考古学から見た三世紀の倭国」『日本文化史研究』第一七号、帝塚山短期大学日本文化史学会、一九九二年)
纒向遺跡は邪馬台国か(『産経新聞』二〇〇九年一二月四日)
大和・纒向の三世紀の居館と祭祀(「纒向遺跡の土坑および居館の検討会」二〇一〇年一一月二日)

写真提供

佐賀県教育委員会：図1〜4・10・13・15・16・22・24〜26・34
壱岐市教育委員会：図5・8・9
長崎市教育委員会：図6・11
奈良県立橿原考古学研究所：図14・18・20
石野博信：図17・28
糸島市教育委員会：図19（国宝・文化庁保管）
桜井市教育委員会：図27・29・30・35・37〜41
福知山市教育委員会：図32
田原本町教育委員会：図42

図版出典・提供

図5・9：壱岐市教育委員会
図7・12・表1：石野博信
図21：奈良県立橿原考古学研究所編『纒向』桜井市教育委員会、一九七六より
図23：高島忠平
図31：小林行雄『古墳時代の研究』青木書店、一九六一より
図33：水野正好ほか『三角縁神獣鏡・邪馬台国・倭国』新泉社、二〇〇六より
図36：桜井市教育委員会（平面図）・黒田龍二（建物の復元設計）
図43・44：黒田龍二
表2：『祈りの世界』桜井市立埋蔵文化財センター展示解説書　第38冊より
吉野ヶ里遺跡とその周辺・吉野ヶ里遺跡図：『弥生時代の吉野ヶ里』佐賀県教育委員会、二〇〇四より
纒向遺跡とその周辺・纒向遺跡図：石野博信

著者紹介

森　浩一（もり・こういち）　同志社大学名誉教授
石野博信（いしの・ひろのぶ）　（編者紹介参照）
西谷　正（にしたに・ただし）　九州大学名誉教授、九州歴史資料館館長
下條信行（しもじょう・のぶゆき）　愛媛大学名誉教授
高島忠平（たかしま・ちゅうへい）　元佐賀女子短期大学学長
木下尚子（きのした・なおこ）　熊本大学教授
田川　肇（たがわ・はじめ）　元原の辻遺跡調査事務所所長
高橋　徹（たかはし・とおる）　元朝日新聞編集委員、フロンティアエイジ編集委員
奥野正男（おくの・まさお）　元宮崎公立大学教授
真野響子（まや・きょうこ）　女優
山尾幸久（やまお・ゆきひさ）　立命館大学名誉教授
青山　茂（あおやま・しげる）　帝塚山短期大学名誉教授
水野正好（みずの・まさよし）　奈良大学名誉教授、大阪府文化財センター理事長
田中　琢（たなか・みがく）　元奈良国立文化財研究所所長
橋本輝彦（はしもと・てるひこ）　桜井市教育委員会文化財課係長
辰巳和弘（たつみ・かずひろ）　元同志社大学教授
黒田龍二（くろだ・りゅうじ）　神戸大学教授

編者紹介

石野博信　いしの・ひろのぶ

1933年、宮城県生まれ
関西大学大学院修了
兵庫県教育委員会、奈良県立橿原考古学研究所副所長兼附属博物館館長を経て現在、奈良県香芝市二上山博物館名誉館長、兵庫県立考古博物館館長。
主な著作　『古墳文化出現期の研究』学生社、『邪馬台国の考古学』吉川弘文館、『アジア民族建築見てある記』小学館、『古墳時代を考える』雄山閣、『三角縁神獣鏡・邪馬台国・倭国』（共著）『邪馬台国の候補地・纒向遺跡』新泉社、『弥生興亡 女王・卑弥呼の登場』文英堂、『研究最前線 邪馬台国：いま、何が、どこまで言えるのか』（共著）朝日選書ほか多数。

石野博信討論集
邪馬台国とは何か　吉野ヶ里遺跡と纒向遺跡

2012年4月15日　第1版第1刷発行

編　者＝石野博信

発行者＝株式会社 新 泉 社
東京都文京区本郷 2-5-12
TEL 03(3815)1662 ／ FAX 03(3815)1422
振替・00170-4-160936番

印刷・製本　シナノ

ISBN978-4-7877-1204-2　C1021